AnwaltsPraxis

Das neue Fahreignungsregister

1. Auflage 2014

Von
Rechtsanwältin **Gesine Reisert**
Fachanwältin für Strafrecht
Fachanwältin für Verkehrsrecht
Berlin

Zitiervorschlag:
Reisert, Das neue Fahreignungsregister, § 1 Rn 1

Hinweis
Die Formulierungs- und Berechnungsbeispiele in diesem Buch wurden mit Sorgfalt und nach bestem Wissen erstellt. Sie stellen jedoch lediglich Arbeitshilfen und Anregungen für die Lösung typischer Fallgestaltungen dar. Die Eigenverantwortung für die Formulierung von Verträgen, Verfügungen und Schriftsätzen trägt der Benutzer. Autorin und Verlag übernehmen keinerlei Haftung für die Richtigkeit und Vollständigkeit der in dem Buch enthaltenen Ausführungen, Formulierungs- und Berechnungsbeispiele.

Anregungen und Kritik zu diesem Werk senden Sie bitte an
kontakt@anwaltverlag.de
Autorin und Verlag freuen sich auf Ihre Rückmeldung.

Copyright 2014 by Deutscher Anwaltverlag, Bonn
Satz: Reemers Publishing Services GmbH, Krefeld
Druck: Medienhaus Plump, Rheinbreitbach
Umschlaggestaltung: gentura, Holger Neumann, Bochum
ISBN 978-3-8240-1284-8

Bibliografische Information der Deutschen Nationalbibliothek
Die Deutsche Nationalbibliothek verzeichnet diese Publikation in der Deutschen Nationalbibliografie; detaillierte bibliografische Daten sind im Internet über http://dnb.d-nb.de abrufbar.

Vorwort

Um es gleich vorweg zu nehmen: Dieses Gesetzesvorhaben ist nicht gelungen. Einfacher, transparenter und gerechter sollte alles werden – tatsächlich hätten Klarstellungen und einfache Korrekturen bereits genügt, um ein funktionierendes und in der Bevölkerung akzeptiertes Punktesystem in Flensburg in eine gerechtere Bahn zu lenken. Maßgebliche Verbände (u.a. Deutscher Anwaltverein, Fahrlehrerverbände und Verkehrspsychologen) haben ihre Bedenken umfassend und laut geäußert, der Grundgedanke des Vorhabens muss als nahezu aus dem Blick verloren gelten: Dass nämlich die Verkehrssicherheit statistisch betrachtet dann erhöht gefährdet ist, wenn für den Fahrerlaubnisinhaber mehr als ein Verstoß im Verkehrszentralregister – ab 1.5.2014: Fahreignungsregister – eingetragen ist.

Der Gesetzgeber gibt aber mit den Fahreignungsseminaren, die zwar erst evaluiert werden müssen, schlicht nicht die erforderlichen Anreize, um seine „Fahreignung" zu verbessern. Wollte eine erheblich wirksamere Ansprache an den Fahrerlaubnisinhaber erfolgen, könnten solcherart Kurse oder Weiterbildungen gefördert werden, wenn sie beispielsweise nach dem ersten Verstoß angeboten würden – dann aber zu einem Preis, der auch jedermann zu zahlen möglich wäre. Denkbar wäre auch ein Rabatt bei den Steuerzahlungen, der motivationsfördernd wäre, ein solches Fahreignungsseminar zu besuchen.

Auch die sprachliche Umsetzung ist mitunter behäbig („Verkehrszentralregister" wird zu „Fahreignungsregister" oder „verkehrssicherheitsbeeinträchtigender Verstoß") und steif in der Normenstruktur, die jedenfalls für Laien sicherlich nicht mehr leicht zugänglich ist; hier hätte im Sinne der Transparenz gewiss geholfen, die jeweiligen Vorschriften nicht mit einer Vielzahl von Absätzen zu belassen, sondern Regelungen zu finden, die aus sich heraus verständlich sind – also eigene Normen mit kurzem Regelungsinhalt zu entwerfen. Ebenso denkbar übrigens: Dem geeigneten Fahrer wird ein Punktekontingent mit der Erteilung der Fahrerlaubnis zugewiesen und Punkte bei Verstößen abgezogen.

Dass dieses Vorhaben in der vergangenen Legislaturperiode überhaupt noch (ganz am Ende) verabschiedet worden ist, war von vielen Fachleuten angesichts der massiven Kritik nicht erwartet worden. Auch die praktische Anwendung der Vorschriften zeigt mangels bisheriger Veröffentlichungen nicht etwa, dass die Normen ganz simpel anzuwenden sind. Im Gegenteil: Der Anwender und auch der betroffene Fahrerlaubnisinhaber werden in Zukunft so manche schwierige Rechenstunde haben. Die Übergangsvorschriften bergen manche Ungerechtigkeit.

Dieses Buch will Ihnen den Einstieg in die geänderte Materie des Fahreignungsrechts verschaffen und eine Übersicht über die geänderte Rechtslage geben. Es kann jedoch nicht ausgeschlossen werden, dass ggf. eine andere Interpretation der Neuregelungen möglich,

Vorwort

die vorliegende eventuell fehlerhaft ist. Zu wenig ist bislang publiziert und auch die lange Beschäftigung mit dem Thema schützt nicht vor Fragen. Viele Aspekte bei der Umsetzung der „Fahreignungsreform" sind aus meiner Sicht vom Gesetzgeber nicht berücksichtigt worden und werfen in der Praxis Fragen auf, die es noch zu klären gilt. Sollten Ihnen Unstimmigkeiten in meiner Bearbeitung auffallen, bin ich für jeden Hinweis dankbar: *rae@gesine-reisert.com*.

Die Grafiken, die zur Veranschaulichung den Text ergänzen, haben im Produktionsprozess viel Zeit verschlungen; Ziel war es, dem Leser auch einen visuellen Zugang zu der Thematik zu ermöglichen und die schwierigen Regelungen – im wahrsten Sinne des Wortes – zu veranschaulichen.

Ich habe mich bemüht, eine Sprache zu finden, die jedermann zugänglich ist. Für die Unterstützung hierbei bedanke ich mich bei meiner Lektorin Eva Maria Marzinkowski und dem Deutschen Anwaltverlag.

Meiner großen Familie habe ich für dieses Buch viele Stunden vorenthalten; das wenigste, was ich tun kann, ist für ihre Geduld und ihren Beistand zu danken. Ich wünsche mir sehr, dass es sich für Sie, liebe Leser, gelohnt hat!

Berlin, Januar 2014 *Gesine Reisert*
Rechtsanwältin,
Fachanwältin für Strafrecht und
für Verkehrsrecht

Inhaltsübersicht

§ 1	Einleitung	13
§ 2	Darstellung des bisherigen Rechts (VZR)	23
§ 3	Kernpunkte der Reform	41
§ 4	Ausgestaltung der Fahreignungsseminare	83
§ 5	Rechtsmittel	93
§ 6	Berechnungsbeispiele und Muster	115
§ 7	Anhang	131
Stichwortverzeichnis		185

Inhaltsverzeichnis

§ 1	Einleitung	13
	A. Allgemeines	13
	B. Reformvorhaben	14
	C. Betroffene	15
	D. Punkteaufteilung	16
	E. Hypothesen	16
	F. Konzeption und Umsetzung	18
	G. Übersicht	20
§ 2	Darstellung des bisherigen Rechts (VZR)	23
	A. Allgemeines	23
	B. Verkehrszentralregister nach bisherigem Recht – Rechtslage bis zum 30.4.2014	24
	I. Eintragungsanlass	24
	II. Fristbeginn	26
	III. Maßnahmen	26
	1. 8 bis 13 Punkte	26
	2. 14 bis 17 Punkte	26
	3. Ab 18 Punkten	27
	IV. Punktevergabe nach altem Recht (bis zum 30.4.2014)	27
	V. Tateinheit und Tatmehrheit	28
	VI. Punkteabbau nach altem Recht (bis zum 30.4.2014)	28
	VII. Punktelöschung bei Entziehung der Fahrerlaubnis nach altem Recht	30
	VIII. Tilgungsfristen	30
	IX. Tilgungs- und Ablaufhemmung	34
	X. Überliegefrist	35
	XI. Bindungswirkung	36
	1. Einstellung durch Strafverfolgungsbehörde	36
	2. Strafgerichtliche Urteile	36
	a) Grundsatz Bindungswirkung	36
	b) Konkreter Zusammenhang mit Sicherheitsbelangen	37
	c) Bindungswirkung für das gesamte Entziehungsverfahren	37
	d) Bindungswirkung nur bei konkreten Feststellungen im Urteil	39
	e) Ausnahme „Besondere Umstände"	39

Inhaltsverzeichnis

§ 3	**Kernpunkte der Reform**	41
A.	Überblick	41
B.	Differenzierung der Verstöße	42
	I. 1 Punkt – Verkehrssicherheitsbeeinträchtigende Verstöße	46
	II. 2 Punkte – Besonders verkehrssicherheitsrelevante Zuwiderhandlungen	50
	III. 3 Punkte – Soweit die Entziehung der Fahrerlaubnis oder eine isolierte Sperre angeordnet ist	53
	IV. Berechnung der Punkte	54
	V. Nicht mehr im FaER enthaltene Verstöße	54
C.	Maßnahmestufen nach § 4 Abs. 4, 5 StVG	55
	I. Einleitung	55
	II. Vormerkung	57
	III. Ermahnung	57
	IV. Verwarnung	58
	V. Entziehung der Fahrerlaubnis	59
	VI. Durchlaufen einer jeden Maßnahmestufe	59
D.	Fahrerlaubnis auf Probe	61
E.	Punkteabbau	61
	I. Punkteabbau im Gesetzgebungsverfahren	61
	II. Überführung der alten Punkteabzüge und Aufbauseminare nach § 65 Abs. 3 Nr. 5 StVG	64
F.	Tilgungsfrist und Überliegefrist	66
	I. Einleitung	66
	II. Tilgung bzw. Löschung nach FaER	69
	III. Beginn der Tilgungsfrist	70
G.	Punkteüberführung	73
	I. Grundsatz	76
	II. Überleitung von Verstößen, die nicht nach FaER punktebewehrt sind	77
	III. Verstöße vor dem 30.4.2014, eingetragen bis zum 30.4.2014 im VZR	78
	IV. Verstöße vor dem 30.4.2014, eingetragen ab dem 1.5.2014 im FaER	79
	V. Überführung der Maßnahmestufen	80
	VI. Überführung der Punktabzüge und (besonderen) Aufbauseminare und verkehrspsychologischen Beratungen	81
H.	Heraufsetzung der Eintragungsgrenze	82

§ 4 Ausgestaltung der Fahreignungsseminare ... 83
- A. Allgemeines ... 83
- B. Ausgestaltung der Seminare ... 83
  - I. Teilmaßnahmen ... 83
  - II. Freiwilligkeit ... 83
  - III. Punktabzug ... 84
- C. Ausgestaltung der Teilmaßnahmen ... 85
  - I. Verkehrspädagogische Teilmaßnahme ... 85
    1. Modul 1: Überblick ... 86
    2. Modul 2: Überblick ... 86
  - II. Verkehrspsychologische Teilmaßnahme – Beratungsteil ... 87
    1. Erste Sitzung ... 87
    2. Zweite Sitzung ... 88
- D. Zeitlicher Ablauf des Fahreignungsseminars ... 88
- E. Qualifizierungserfordernis der Seminarleiter ... 88
  - I. Qualifizierung der Seminarleiter der verkehrspädagogischen Teilmaßnahme ... 89
  - II. Qualifizierung der Seminarleiter der verkehrspsychologischen Teilmaßnahme ... 90
- F. Evaluationsphase des Fahreignungsseminars ... 90
- G. Teilnahmebescheinigungen nach § 44 FeV und Seminarerlaubnis ... 91

§ 5 Rechtsmittel ... 93
- A. Einleitung ... 93
- B. Allgemeines ... 93
  - I. Akteneinsicht ... 93
  - II. Recht auf ein faires Verfahren und Achtung der Verteidigungsrechte ... 94
  - III. Recht auf Prüfung der Zulässigkeit der Beweismittel ... 95
  - IV. Teilhabe durch Kommunikation ... 98
  - V. Rechtliche Überprüfung ... 99
  - VI. Tateinheit/Tatmehrheit ... 100
- C. Einzelne Rechtsmittel ... 101
  - I. Strafrecht ... 101
    1. Überblick ... 101
    2. Instanzenzug ... 102
    3. Taktik ... 103
  - II. Bußgeldsachen ... 104
  - III. Rechtsmittel gegen die Eintragung bei Fehlerhaftigkeit ... 106
    1. Übertragungs- und Überführungsfehler zum 1.5.2014 ... 107
    2. Mitteilung über den Punktestand ... 108

	3. Eintragungsfehler nach dem 1.5.2014	109
IV.	Rechtsmittel gegen die Einordnung in Maßnahmestufen	109
V.	Rechtsmittel gegen die Entziehung der Fahrerlaubnis	110
VI.	Rechtsmittel gegen die Anordnung der Beibringung einer MPU	111
VII.	Exkurs: Rechtsmittel gegen gerichtlichen Beschluss nach § 111a StPO	112

§ 6 Berechnungsbeispiele und Muster ... 115

A. Berechnungsbeispiele ... 115
    I. Schaffung des Problembewusstseins ... 115
    II. Berechnungsgrundlagen, Prüfungsschritte ... 115
    III. Checkliste ... 116
    IV. Zeitpunkt der Eintragung maßgeblich für Tilgungshemmung ... 116
    V. Punkteabbau nach altem Recht ... 117
    VI. Abbaukurs auf alle Fälle erforderlich ... 119
    VII. Angeordneter Punkteabbau zieht Sperrfrist nach sich ... 120
    VIII. Punkteabbau nicht immer sinnvoll ... 121
    IX. Löschung von nicht mehr sanktionierten Verstößen nach FaER ... 121
    X. Eintragungen der Fahrerlaubnisbehörden ... 122
    XI. Maßnahmen der Fahrerlaubnisbehörden ... 123
B. Informationsblätter und Beratungsformulare für Mandanten ... 125
    I. Allgemeines Informationsblatt für Mandanten zum Straf- bzw. Ordnungswidrigkeitenverfahren in Verkehrsangelegenheiten ... 125
    II. Informationsblatt für Mandanten zum neuen Fahreignungsregister ... 127
    III. Informationsblatt zur Medizinisch-Psychologischen Untersuchung (MPU) ... 128
    IV. Beratungsformular bei Punkteinträgen im Verkehrszentralregister (VZR) oder Fahreignungsregister (FaER) ... 130

§ 7 Anhang ... 131

A. StVG ... 131
B. Gesetz über das Fahrlehrerwesen (Fahrlehrergesetz – FahrlG) ... 159
C. FeV ... 168

Stichwortverzeichnis ... 185

§ 1 Einleitung

A. Allgemeines

Im Verkehrsrecht werden sich die Uhren mit der Verabschiedung des altbekannten Verkehrszentralregisters (VZR) durch das **Fahreignungsregister (FaER)** anders drehen. Denn die Umstellung wird vermutlich damit einhergehen, dass Fahrerlaubnisinhaber deutlich schneller fürchten müssen, dass ihnen die Fahrerlaubnis aufgrund von Punkteinträgen in Flensburg entzogen werden könnten. Tatsächlich wird mit etwa 5.000 Entzügen per Anno mehr gerechnet (ob zu Recht oder nicht, wird sich erweisen). 1

Bereits der Umstand, dass im Jahre 2005 eine Fachanwaltschaft im Verkehrsrecht eingerichtet wurde, zeigt deutlich, dass das Rechtsgebiet viel komplizierter und komplexer ist als sein Ruf. Besonderer anwaltlicher Beratungsbedarf besteht daher ab sofort im Fahrerlaubnisrecht und in Bußgeldangelegenheiten bzw. Verkehrsstrafsachen: Es geht um bereits bestehende und ggfls. zu vermeidende punktbewehrte Verstöße, die dem Mandanten mitunter empfindliche Bußen einbringen und ihn auch unter der Geltung des Fahreignungsregisters noch eine ganze Weile begleiten könnten.

Mit der „Punktereform" hat der Gesetzgeber entschieden, dass das VZR durch das FaER abgelöst wird. Es **tritt am 1.5.2014 in Kraft**.[1]

Dies könnte zunächst vernachlässigenswert sein, wenn es nicht mit erheblichen **Regressgefahren** für die bearbeitenden Rechtsanwälte[2] verbunden wäre. Erster Baustein ist daher eine aktive Verteidigung – mit Blick auf die zukünftige Regelung ab 1.5.2014. 2

> *Praxistipp* 3
>
> Wenn Handlungen mit Punkten bewertet werden, ist der **Punktestand zu prüfen**, speziell **im Hinblick auf die Tilgungsreife**. Zu fragen ist dabei, ob der Punktestand bzw. die jeweiligen Eintragungen auf die in Rede stehende Strafe oder Geldbuße bzw. Führerscheinmaßnahme Auswirkungen zeigt, wenn das neue Recht in Kraft treten wird.

---

1 Fünftes Gesetz zur Änderung des Straßenverkehrsgesetzes und anderer Gesetze v. 28.8.2013, BGBl I 2013, 3313 und Neunte Verordnung zur Änderung der Fahrerlaubnis-Verordnung und anderer straßenverkehrsrechtlicher Vorschriften v. 5.11.2013, BGBl I 2013, 3920; vgl. auch zur Genese der Reform folgende BR-Drs. 547/13, 799/12, 387/13 und 810/12 sowie die BT-Drs. 17/14125 und 17/12363 Anlage 3 und 4, zuletzt am 16.10.2013 durch die Bundesregierung der Beschluss der Maßgabenfassung.
2 Die männliche Form wird über das gesamte Buch geführt, gemeint sind aber sowohl die männliche wie weibliche Form.

§ 1 Einleitung

4 *Hinweis*
Eine fehlende und damit womöglich falsche Beratung des Mandanten löst Regressansprüche aus,[3] sollten späterhin Nachteile für die Mandanten durch eine solche (Nicht- oder Fehl-)Beratung entstehen.

B. Reformvorhaben

5 Das Reformvorhaben war das „Aufregerthema" der vergangenen Monate aus dem Bundesministerium für Verkehr, Bau und Stadtentwicklung (BMVBS).[4] Die **Auswirkungen auf** die betroffenen **Punkteinhaber** werden **weitreichend** sein, dabei war der Ausgang des Reformvorhabens nicht immer eindeutig vorgegeben. Der Referentenentwurf lag seit Anfang November 2012 vor, der Bundesrat hatte seine Stellungnahme ebenfalls abgegeben, der Bundestag seine erste Lesung – diskutiert wurde allenthalben.[5] Das Gesetz erfuhr im Gesetzgebungsverfahren vielfache und erhebliche Änderungen: So wurde das Vorhaben zunächst nur mit zwei Punkten vorgestellt, dann kamen drei Punkte; Punkteabbaukurse waren erst gar nicht vorgesehen, dann war von zwei Punkten Abzug die Rede, nunmehr ist es ein Punkt. Eine Anordnung eines Fahreignungsseminars ist nicht mehr vorgesehen. Die Wirksamkeit der neuen Seminare, die erheblich qualifizierte Fahreignungsmängel beheben wollen, soll innerhalb der kommenden 5 Jahre auch erst einmal evaluiert werden. Der Streit um Tattagsprinzip oder Rechtskraftprinzip ist in einer Kombination (zulasten der im Fahreignungsregister eingetragenen Personen) mit der Verabschiedung des Vorhabens beendet, die Berechnung alter Punkte wird – anders als zuletzt bekannt – vorgenommen und schließlich wird auch die Punktefächerung nochmals anders ausgeführt als noch im Mai 2013 angenommen.

6 Es wurde von verschiedenen Seiten beträchtliche Kritik laut: Die **Reform des Punktsystems ist** beispielsweise **auf dem politisch wichtigen Verkehrsgerichtstag 2013**[6] **ins Kreuzfeuer geraten.**
In seiner Eröffnungsrede ging der Präsident des Verkehrsgerichtstages – *Kay Nehm* – das Vorhaben scharf an und kritisierte es detailliert.[7] Der hierzu stattfindende Arbeitskreis war außerordentlich stark frequentiert.

---

3 Siehe auch *Reisert*, NJW 2012, Kanzlei aktuell, S. 374 f.
4 Online unter *www.bmvbs.de*.
5 Siehe *Reisert*, zfs 2012, 544 ff.; ebenso in Kurzform: *Reisert*, NJW 2012, 2493 – Aktuelle Regressfallen für Rechtsanwälte durch das geplante Fahreignungsregister.
6 Zu finden unter *www.deutscher-verkehrsgerichtstag.de*.
7 Eröffnungsrede des 51. Verkehrsgerichtstages des Präsidenten des Verkehrsgerichtstages, Tagungsband.

Die **Empfehlungen** des entsprechenden Arbeitskreises des 51. Deutschen Verkehrsgerichtstages lauteten:[8]

1. *Der Deutsche Verkehrsgerichtstag begrüßt es, dass die Bundesregierung die Impulse des 47. Deutschen Verkehrsgerichtstags 2009 aufgegriffen hat, das Mehrfachtäterpunktsystem einfacher und transparenter zu gestalten. Das gilt insbesondere für die Abschaffung der Tilgungshemmung.*
2. *Allerdings ist der Arbeitskreis nahezu einhellig der Auffassung, dass dem Gesetzesvorschlag der Bundesregierung in der vorliegenden Fassung nicht zugestimmt werden kann:*
   a) *Durch die Beibehaltung des Tattagprinzips und der damit verbundenen Überliegefrist im vorliegenden Entwurf bleibt das System für alle Beteiligten nach wie vor intransparent. Deshalb fordert der Arbeitskreis durchgehend das Rechtskraftprinzip verbindlich festzuschreiben.*
   b) *Der Arbeitskreis fordert weiter, die Möglichkeit des Punkteabbaus durch Absolvieren freiwilliger Maßnahmen beizubehalten.*
   c) *Es wird empfohlen, die durch die vorgeschlagene Anhebung der Verwarnungsgeld-Obergrenze entstandenen Unstimmigkeiten mit der Bußgeldkatalog-Verordnung zu überprüfen.*
3. *Der Arbeitskreis äußert Bedenken, ob es erforderlich ist, das bisherige 18-Punkte-System zugunsten des vorgesehenen 8-Punkte-Systems aufzugeben.*
4. *Der Arbeitskreis hat zudem Zweifel, ob Zuwiderhandlungen in dem von der Bundesregierung geplanten Umfang aus der Bepunktung herausgenommen werden sollten.*
5. *Der Arbeitskreis empfiehlt, das jetzt vorgeschlagene neue Fahreignungsseminar zum Thema eines der nächsten Verkehrsgerichtstage zu machen.*

Zeitweise war gar nicht mehr damit gerechnet worden, dass das Vorhaben noch in der vergangenen Legislaturperiode umgesetzt würde, bzw. sogar ganz in der Schublade verschwinden könnte. Allerdings haben sich die Vorschläge des Bundesrats, das Gesetz auf den Weg zu bringen, schließlich durchgesetzt.

Nachfolgend werden die Hintergründe kurz skizziert.

C. Betroffene

Das neue Fahreignungsregister soll einfacher, transparenter und gerechter werden.[9] Diese Änderungen werden etwa 53 Millionen Fahrerlaubnisinhaber betreffen. Etwa 2,7 Millio-

---

8 Die Empfehlungen des Arbeitskreises IV sind u.a. nachzulesen in zfs 2013, 123.
9 Siehe auch die sehr öffentlichkeitswirksame Darstellung im Internet unter *www.bmvbs.de*.

§ 1 Einleitung

nen Vorgänge befinden sich in der Überliegefrist.[10] Von den in Deutschland im Jahr 2010 zugelassene 50 Millionen Kraftfahrzeugen sind an einem durchschnittlichen Werktag etwa 60 %, also 30 Millionen in Benutzung. Dabei werden im Schnitt 36 km Fahrstrecke zurückgelegt, wobei 50 % der Fahrten unter 10 km liegen. Addiert man die Strecken über das Jahr 2010 erhält man knapp 42 Milliarden gefahrene Kilometer.[11]

D. Punkteaufteilung

10 Mehr als die Hälfte der Eingetragenen sind mit 1 bis 3 Punkten belastet. 1,6 Millionen der im Register erfassten Personen haben einen Punktestand von 4 bis 7 Punkten. In dieser Gruppe befinden sich „Mehrfachtäter", die bereits mehr als eine Ordnungswidrigkeit begangen haben und/oder Personen, die rechtskräftig wegen einer Straftat im Straßenverkehr verurteilt wurden.[12]

11 Die Gruppe der „schwer belehrbaren Verkehrsteilnehmerinnen und -teilnehmer" beträgt ca. eine halbe Million Personen – von denen nur 10 % Frauen sind. Sie haben 8 bis 17 Punkte.[13] Etwa 11.000 Personen haben über 17 Punkte und erwarten Sanktionen.

12 Jährlich werden im Schnitt 200.000 Verwarnungen ausgesprochen und ca. 116.000 Teilnahmebescheinigungen über die freiwillige Teilnahme am Aufbauseminar ausgestellt. Im Jahr 2011 nahmen gut 18.800 im Verkehrszentralregister eingetragene Personen die Möglichkeit des Punkteabbaus in Anspruch, wobei etwa 15.200 eine Bescheinigung über die freiwillige Teilnahme an einem Aufbauseminar vorlegen konnten.[14]

E. Hypothesen

13 Ausgangspunkte für die Reform sind nachfolgende Hypothesen,[15] die statistisch belegt sind (oder sein sollen) durch Forschungen der Bundesanstalt für Straßenwesen (BASt) sowie des Kraftfahrtbundesamtes (KBA):

---

10 Siehe auch Bericht des KBA für das Jahr 2011, online abrufbar über *www.kba.de*, S. 6, der den Personenstand in 2011 erstmalig mit seinen stetigen Zuwächsen auf über 9 Millionen festhält.
11 Vgl. Kraftfahrzeuge in Deutschland KiD – eine Verkehrsbefragung 2010; als download unter *http://www.bmvbs.de/cae/servlet/contentblob/82570/publicationFile/54969/kid-2010.pdf* zu finden.
12 KBA-Bericht 2011, S. 28.
13 KBA-Bericht 2011, S. 28. Wörtlich heißt es in dem Bericht etwas nebulös: *„Bei diesen Personen wird sich zeigen, ob Maßnahmen wie Verwarnung (bei 8 Punkten) oder die Anordnung einer Teilnahme an einem Aufbauseminar (bei 14 Punkten) Änderungen im Verkehrsverhalten hervorrufen."* Übersichtlich hierzu auch: KBA Statistik 2011 – Verkehrsauffälligkeiten, S. 12.
14 KBA-Bericht 2011, S. 27: im Vorjahr war der Anteil höher, dies ist eine Abnahme um -1,9 %. Etwas stärker fiel der Rückgang (-2,7 %) bei den freiwilligen verkehrspsychologischen Beratung aus.
15 So auch der Gesetzentwurf der Bundesregierung vom 21.12.2012, BR-Drs. 799/13 in der Begründung auf S. 37 ff.

E. Hypothesen § 1

1. *Fahrerlaubnisinhaber mit nur einer Eintragung haben statistisch ein 3-mal erhöhtes Risiko, wegen schuldhaften Unfalls im VZR eingetragen zu werden.*
2. *Die Anzahl der Punkte ist nicht entscheidend für das statistisch erhöhte Unfallrisiko und die Rückfälligkeit, sondern die Anzahl ihrer Eintragungen im VZR.*

In dem aktuellen Bericht 2011 des KBA wird allerdings konstatiert, dass der Bestand in der Anzahl seit Jahren gleichbleibend bei ca. 5,3 Millionen Einträgen liegt.[16] Die Änderung wird dortseits dann auch eher damit begründet, dass die Notwendigkeit für Maßnahmen zur Verbesserung der Verkehrssicherheit bestehe, da die EU das Ziel einer Verringerung der Verkehrstoten um 50 % bis 2020 vorgegeben hat.

Dabei werden die folgenden Verstöße mit 75 % als **dominierende Ursache für tödliche Verkehrsunfälle** gezählt:

- Geschwindigkeitsverstöße,
- Fahren im alkoholisierten Zustand,
- Rotlichtverstöße sowie die
- Nichtnutzung des Sicherheitsgurts.

In einem weiteren Schritt ist durch die im November 2011 verkündete „Cross-Border Exchange (CBE)-Richtlinie" neben den sog. vier big killers zusätzlich aufgenommen worden:

- das Fahren unter Drogeneinfluss,
- das Nichttragen eines Schutzhelms,
- Telefonieren am Steuer und die
- unzulässige Nutzung von Fahr- bzw. Standstreifen.

Erstaunlich ist aber dabei die Tendenz, dass sowohl für Fahrverbote als auch für Entziehungen prozentual weniger Sanktionen bei knapp 444.000 Fahrverboten und 110.000 Entziehungen in 2011 festzustellen sind. Im Bericht des KBA heißt es, dass „der kontinuierliche Rückgang von Entziehungen seit 2004 allerdings in Verbindung mit den zurückgehenden Fahrverboten seit 2007 die Vermutung nahelege, dass sich das Verhalten der Verkehrsteilnehmer nachhaltig positiv verändert hat."[17]

Eine „Ansammlung von (tatmehrheitlich begangenen) Verstößen" soll verhindert werden. Erst muss jede Maßnahmestufe durchlaufen sein, bevor eine Maßnahme der nächsthöheren Stufen greifen kann (Ausnahme: das Fahreignungsseminar).[18]

Die Konzeption des neuen Fahreignungsregisters fußt im Wesentlichen auf dem Reformbedarf bei der intransparenten und unübersichtlichen – und damit offenbar auch ungerechten –

---

16 KBA-Bericht 2011, S. 7.
17 KBA-Bericht 2011, S. 35.
18 Gesetzentwurf der Bundesregierung v. 21.12.2012, BR-Drs.799/12, S. 37.

geltenden Rechtslage.[19] Die Gegenüberstellung von altem zu neuem Recht in diversen Grafiken soll die transparente, effiziente und gerechtere Regelung des FaER belegen.[20]

F. Konzeption und Umsetzung

20 Unter der Überschrift „Probleme mit den Punkten"[21] befasste sich der Deutsche Verkehrsgerichtstag 2009 mit dem Verkehrszentralregister. Man mag sich eine eigene Meinung dazu bilden, ob den Empfehlungen Rechnung getragen worden ist. In den Empfehlungen hieß es damals wörtlich:

> *„Eine Vereinfachung der Vorschriften des bestehenden Punktsystems ist dringend erforderlich. Die Tilgungshemmung und die Überliegefrist sollen entfallen und gleichzeitig die Tilgungsfristen des § 29 Abs. 1 StVG und die Punkteschwelle überprüft werden."*

21 Bei der Bewertung des gesamten Vorhabens ist zu kritisieren, dass der ursprüngliche Ansatz und Ausgangspunkt schlicht und ergreifend nicht konsequent umgesetzt wurde. Immer noch kann ein Verkehrssünder theoretisch vielfache Verstöße begehen, ohne dass ihn eine Sanktion ereilt. Gerade das war aber doch der intellektuell-wissenschaftliche Unterbau des Vorhabens: Dass nämlich die Anzahl und nicht die Schwere der Verstöße für die Bemessung des Unfallrisikos maßgeblich sind. Auch die Überführungsvorschriften sind kompliziert und eben nicht transparent, geschweige denn gerecht.

22 Auch das gesetzgeberische Hin und Her hat nicht dazu beigetragen, dass dem Vorhaben mehr Energie innewohnen könnte. Die Bürgerbeteiligung – groß angelegt und sicherlich kostenintensiv – ist vor dem Hintergrund der jetzigen Regelungen witzlos gewesen: Denn weder ist den konzeptionellen Wünschen noch den Interessen der an der Bürgerbeteiligung befragten Bürgern Rechnung getragen worden, da diese im Wesentlichen einen Punkteabbau in das Vorhaben eingestellt wissen wollten und zudem eine nachvollziehbare Klassifizierung erwarten durften. Beispielhaft sei auf die Fahrlässige Körperverletzung verwiesen.

23 *Fahrlässige Körperverletzung im Straßenverkehr*
Der Bürger wird einer fahrlässigen Körperverletzung im Straßenverkehr beschuldigt. Nun bestehen folgende Möglichkeiten.

---

19 Ausführlich *Albrecht*, Die Konzeption des Bundesverkehrsministeriums für die Reform des Verkehrszentralregisters, SVR 2012, 81 ff. m.w.N.
20 So jedenfalls unter *http://www.bmvbs.de/DE/VerkehrUndMobilitaet/Verkehrsteilnehmer/Fahreignungsregister/fahreignungsregister_node.html.*
21 Empfehlungen vom Verkehrsgerichtstag 2009 in Goslar des AK VII.

F. Konzeption und Umsetzung § 1

- Das Ermittlungsverfahren wird eingestellt:
- nach § 170 Abs. 2 StPO;
- nach § 153 StPO;
- nach § 153a StPO gegen Erbringung einer Auflage;
- nach weiteren – anderen Einstellungsvorschriften.

Schon an diesem Beispiel wird sichtbar, dass der beratende Rechtsanwalt über eine prophetische Gabe verfügen muss, will er den Punktestand prognostizieren: Denn es wird landläufig sicherlich nach der Schwere der Verletzungen – die oftmals aber zufällig eintreten können und auch mit der Konstitution des Geschädigten in Verbindung stehen – eine strafgerichtliche Verfolgung einhergehen. Wie unterschiedlich allerdings in der Bundesrepublik Deutschland diese Praxis sein kann, ist ausführlich auf dem 50. Verkehrsgerichtstag 2012 diskutiert worden. Zu berücksichtigen sind insoweit auch die Forderungen des Arbeitskreises V:[22]

24

„(...)

III. Allerdings empfiehlt der Arbeitskreis dem Gesetzgeber, in den Katalog des § 153 a StPO ausdrücklich auch die Möglichkeit einer verkehrserzieherischen Maßnahme aufzunehmen.

IV. Im Bereich der fahrlässigen Körperverletzung im Straßenverkehr beobachtet der Arbeitskreis mit Sorge eine unterschiedliche Einstellungspraxis bei den Staatsanwaltschaften. Die Landesjustizverwaltungen und in diesem Rahmen die Generalstaatsanwaltschaften sollten sich dieser Frage annehmen und werden aufgefordert, zur Vereinheitlichung der Praxis in Ergänzung zu Nr. 243 Abs. 3 RiStBV Richtlinien und Verwaltungsanordnungen zu erlassen."

Wenn diese Klippe nicht genommen wird, steht bereits die Nächste Klippe an: nämlich die unterschiedliche Bewertung durch den Einzelrichter. Dass auch hier beträchtliche Unterschiede bestehen, dürfte sich von selbst verstehen, festzuhalten bleibt jedenfalls, dass diese Bewertungen für den Laien nicht nachvollziehbar und schon gar nicht transparent und gerecht sind. Das Hauptziel der Reform ist damit nicht erreicht.

25

---

22 Die Empfehlungen sind zu finden unter: *http://www.mobilundsicher.de/media/empfehlungen_50_vgt.pdf*.

§ 1 Einleitung

G. Übersicht

26

Begriff	Alte Regelung	Neue Regelung
Aufbauseminar	Jeder kann freiwillig ein Aufbauseminar besuchen. Abhängig von seinem Punktestand zum Zeitpunkt des Seminars kann der Betroffene 2–4 Punkte abbauen. Der Besuch ist obligatorisch bei Anordnung der Fahrerlaubnisbehörde, wenn 14–17 Punkte vorliegen. Es werden dann 2 Punkte in Abzug gebracht	Das Aufbauseminar wird durch ein *Fahreignungsseminar* ersetzt, das jedoch evaluiert werden soll. Es wird 1 Punkt abgezogen, wenn der Punktestand zwischen 1–5 Punkten liegt. Dies ist einmal in 5 Jahren möglich. Bei einem Punktestand von 6–7 Punkten kann ein Fahreignungsseminar freiwillig besucht werden, ohne Punktabzug.
Entziehung der Fahrerlaubnis	Ist die Fahrerlaubnis entzogen, darf kein Kraftfahrzeug mehr geführt werden. Der Entzug ist vorgesehen, wenn der Inhaber ungeeignet oder unfähig für das Führen von Kraftfahrzeugen ist. Dies ist der Fall, sobald 18 Punkte im VZR eingetragen sind.	Ist die Fahrerlaubnis entzogen, darf kein Kraftfahrzeug mehr geführt werden. Der Entzug ist vorgesehen, wenn der Inhaber ungeeignet oder unfähig für das Führen von Kraftfahrzeugen ist. Dies ist nach dem FaER der Fall, sobald die 3. Maßnamenstufe ab 8 Punkten erreicht ist.
Ermahnung	—	Bei einem Punktestand von mehr als 5 Punkten wird der Betroffene von seinem Punktestand und weiter informiert, dass er freiwillig ein Fahreignungsseminar besuchen kann, um einen Punkt abzubauen.
Fahrverbot	Ein- bis dreimonatiges Verbot, ein Kraftfahrzeug im Straßenverkehr zu führen.	
Fahreignungsregister (FaER)		Das FaER löst das VZR ab. Es wird unterschieden in schwere und besonders schwere Ordnungswidrigkeiten sowie Straftaten mit verkehrsrechtlichem Bezug, wenn sie die Verkehrssicherheit beeinträchtigen.

G. Übersicht § 1

Begriff	Alte Regelung	Neue Regelung
Punkte	Nach dem VZR wurden zwischen 1–7 Punkte, je nach Schwere des Verstoßes, vergeben.	Nach dem FaER werden Punkte zwischen 1–3 nach der Schwere des Verstoßes vergeben
Tilgungsfristen	Tilgungsfristen belaufen sich auf 2 Jahre, 5 Jahre und 10 Jahre (zuzüglich einer Überliegefrist von einem Jahr) und sind abhängig von der Tilgungshemmung.	Die Tilgungsfristen sind fix auf 2,5 Jahre, 5 Jahre und 10 Jahre festgeschrieben (zzgl. einer Überliegefrist von jeweils einem Jahr).
Tilgungshemmung	Eine Eintragung wird in ihrer Tilgung gehemmt, sobald ein neuer Verstoß vor Ablauf der Tilgungsfrist begangen und bis zum Ablauf der Überliegefrist eingetragen wird. Die Tilgung einer Eintragung wird sozusagen nach hinten verschoben.	*Ist im FaER nicht vorgesehen.*
Überführung	—	Die im VZR registrierten Punkte werden alle in das FaER zum 1.5.2014 überführt, soweit sie nach neuem Recht eingetragen werden müssten.
Überliegefrist	Eintragungen werden nach Ablauf der Tilgungsfristen noch ein Jahr im Register geführt. Damit wird sichergestellt, dass vor Ablauf der Tilgungsfrist kein neuer Verstoß begangen wurde oder eine Entscheidung getroffen worden ist, die eine Tilgungshemmung bewirkt.	Eintragungen werden nach Ablauf der Tilgungsfristen noch ein Jahr im Register geführt. Damit wird sichergestellt, dass vor Ablauf der Tilgungsfrist kein neuer Verstoß begangen wurde oder eine Entscheidung getroffen worden ist, die eine Tilgungshemmung bewirkt.
Verkehrszentralregister (VZR)	Im VZR sind Ordnungswidrigkeiten und Straftaten im Straßenverkehr registriert sowie Maßnahmen zur Fahrerlaubnis gespeichert.	*Das FAER ersetzt das VZR.*
Verwarnung	—	Dies ist nach dem FaER der Fall, sobald die 3. Maßnamenstufe ab 6 Punkten erreicht ist; der Betroffene wird über das Erreichen informiert und ein Fahreignungsseminar obligatorisch angeordnet.

§ 1 Einleitung

Begriff	Alte Regelung	Neue Regelung
Vormerkung	—	Erforderliche Ersterfassung zur Erkennung einer wiederholt auffälligen Person. Der Betroffene hat die 1. Maßnahmestufe erreicht.

§ 2 Darstellung des bisherigen Rechts (VZR)

A. Allgemeines

Die bisherige rechtliche Überprüfung von Verstößen betrifft vornehmlich folgende Bereiche:

- **Subsumtion des Tatbestandes**: Ist die Tat tatsächlich begangen und erfüllt sie den genannten Tatbestand?
- Liegt **Tatmehrheit oder Tateinheit** vor, also sind mehraktige Vorwürfe im Raum?
- **Vorsatz/Fahrlässigkeit**: Liegt Vorsatz oder Fahrlässigkeit vor und welche Sanktion erfolgt dann?
- **Punkteeintrag**: Ist die Sanktion mit dem Punkteeintrag in Einklang?
- **Verjährung**: Ist der Vorwurf verjährt?
- **Verjährungsunterbrechung**: Liegt eine Unterbrechung der Verjährung vor?

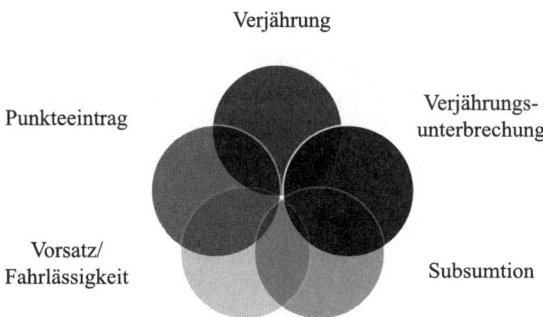

Rechtliche Überprüfung

Dies wird sich auch in Zukunft kaum ändern, hat aber bei der **Bemessung der Verstöße** sicherlich ein größeres Gewicht. Hinzu kommt, dass jedenfalls die Überführung etwaiger Punkte des Betroffenen vor Inkrafttreten des Gesetzes antizipiert, nach Inkrafttreten aber auf Richtigkeit überprüft werden muss.

Eine wichtige **taktische Überlegung** ist es, die Differenzierung zwischen **Tateinheit** und **Tatmehrheit** zu betrachten, die durch die Verwaltungsbehörden nicht immer richtig gehandhabt werden. Dies macht ggf. erhebliche Unterschiede aus, wenn die Punkte addiert werden (hierzu vgl. unten Rn 16 ff.).

B. Verkehrszentralregister nach bisherigem Recht – Rechtslage bis zum 30.4.2014

4 Das in der Bundesrepublik Deutschland seit gut 50 Jahren bekannte Verkehrszentralregister (VZR) beim Kraftfahrt-Bundesamt in Flensburg (sog. Flensburger Kartei) führt nach Schwere des Verstoßes von 1–7 Punkten bewertete, einzutragende Verkehrsstraftaten und Ordnungswidrigkeiten.

I. Eintragungsanlass

5 In §§ 28 ff. StVG ist geregelt, welche Eintragungen in das Register aufgenommen werden. So soll nicht nur das **Eignungsdefizit** des Kraftfahrers bestimmt, sondern mit einem Punkteabbau die Möglichkeit eröffnet werden, dieses zu beheben.[1]

6 § 28 Abs. 3 StVG lautet – in der bis zum 30.4.2014 gültigen Fassung:[2]

§ 28 Führung und Inhalt des Fahreignungsregisters

(...)

(3) Im Verkehrszentralregister werden Daten gespeichert über

1. *rechtskräftige Entscheidungen der Strafgerichte, soweit sie wegen einer im Zusammenhang mit dem Straßenverkehr begangenen rechtswidrigen Tat auf Strafe, Verwarnung mit Strafvorbehalt erkennen oder einen Schuldspruch enthalten,*
2. *rechtskräftige Entscheidungen der Strafgerichte, die die Entziehung der Fahrerlaubnis, eine isolierte Sperre oder ein Fahrverbot anordnen sowie Entscheidungen der Strafgerichte, die die vorläufige Entziehung der Fahrerlaubnis anordnen,*
3. *rechtskräftige Entscheidungen wegen einer Ordnungswidrigkeit nach §§ 24, 24a oder § 24c, wenn gegen den Betroffenen ein Fahrverbot nach § 25 angeordnet oder eine Geldbuße von mindestens vierzig Euro festgesetzt ist, soweit § 28a nichts anderes bestimmt,*
4. *unanfechtbare oder sofort vollziehbare Verbote oder Beschränkungen, ein fahrerlaubnisfreies Fahrzeug zu führen,*
5. *unanfechtbare Versagungen einer Fahrerlaubnis,*
6. *unanfechtbare oder sofort vollziehbare Entziehungen, Widerrufe, Aberkennungen oder Rücknahmen einer Fahrerlaubnis oder die Feststellung über die fehlende Berechtigung, von der Fahrerlaubnis im Inland Gebrauch zu machen,*
7. *Verzichte auf die Fahrerlaubnis,*

---

[1] *Borzym*, Das neue Fahreignungsregister, SVR 2013, 167 f.
[2] Die ab 1.5.2014 geltende Fassung des § 28 Abs. 3 StVG ist im Anhang abgedruckt (vgl. § 7 Rn 8).

B. Verkehrszentralregister nach bisherigem Recht – Rechtslage bis zum 30.4.2014 § 2

8. *unanfechtbare Ablehnungen eines Antrags auf Verlängerung der Geltungsdauer einer Fahrerlaubnis,*
9. *die Beschlagnahme, Sicherstellung oder Verwahrung von Führerscheinen nach § 94 der Strafprozessordnung,*
10. *unanfechtbare Entscheidungen ausländischer Gerichte und Verwaltungsbehörden, in denen Inhabern einer deutschen Fahrerlaubnis das Recht aberkannt wird, von der Fahrerlaubnis in dem betreffenden Land Gebrauch zu machen,*
11. *Maßnahmen der Fahrerlaubnisbehörde nach § 2a Abs. 2 Satz 1 Nr. 1 und 2 und § 4 Abs. 3 Satz 1 Nr. 1 und 2,*
12. *die Teilnahme an einem Aufbauseminar und die Art des Aufbauseminars und die Teilnahme an einer verkehrspsychologischen Beratung, soweit dies für die Anwendung der Regelungen der Fahrerlaubnis auf Probe (§ 2a) und des Punktsystems (§ 4) erforderlich ist,*
13. *Entscheidungen oder Änderungen, die sich auf eine der in den Nummern 1 bis 12 genannten Eintragungen beziehen. Gegenstand des Registers sind, zudem die Entscheidungen der Fahrerlaubnisbehörden, soweit eine Fahrerlaubnis versagt, entzogen oder neu erteilt wird. Weiterhin hat der Gesetzgeber obligatorisch folgende Maßnahmestufen in § 4 Abs. 3 StVG vorgesehen, die abgestuft greifen.*

Ohne Punktebelastung wird eingetragen, wenn nach **§ 28 Abs. 3 Nr. 4–12 StVG** entsprechende Sachverhalte vorliegen. Ebenso werden auch ausländische – nicht punktbewertete – Verurteilungen bzw. Behördenentscheidungen nach Nr. 10 eingetragen, wenn die Fahrerlaubnis nicht in dem betroffenen Land benutzt werden darf. Eine Tilgungshemmung wohnt diesen Einträgen aber nicht inne.[3]   7

Ansonsten gilt, dass unanfechtbare Bußgeldbescheide/Verurteilungen nach **§§ 24, 24a StVG** wie auch Straftaten, soweit sie im Zusammenhang mit dem Straßenverkehr stehen, in das Register aufgenommen werden.   8

Es wird zwar eine weithin eher großzügige Auslegung durch die Rechtsprechung akzeptiert, Straftaten, die nicht unmittelbar mit dem Straßenverkehr in Zusammenhang stehen, ebenfalls einzutragen. Allerdings findet sie in der Entscheidung des BGH[4] ihre Grenze hinsichtlich Verkehrsstraftaten bei verkehrsfremden Anlasstaten: 9

„Der Entzug der Fahrerlaubnis wegen charakterlicher Nichteignung bei Straftaten in Verbindung mit dem Führen eines Kraftfahrzeugs durch den Strafrichter darf

---

3 Gebhardt, Das verkehrsrechtliche Mandat, Bd. 1, § 11 Rn 30 f.
4 BGH v. 18.12.2007 – 1 StR 86/05, NStZ 2008, 279; anders wohl OLG Zweibrücken, NZV 2001, 482, das eine „Innere Beziehung" zum Straßenverkehr beim Zeigen eines Vogels als gegeben ansieht.

25

§ 2 Darstellung des bisherigen Rechts (VZR)

nur dann erfolgen, wenn aus der Anlasstat in hinreichender Weise gefolgert werden kann, dass der Straftäter willens ist, durch die Verfolgung seiner eigenen strafbaren Interessen die Sicherheit des Straßenverkehrs zu gefährden.

So sind demzufolge bei der Begehung einer Freiheitsberaubung mit Hilfe eines Kraftfahrzeugs beispielsweise Feststellungen dazu zu treffen, ob die Gefahr gegeben war, dass sich das Opfer im Laufe der Fahrt gegen die Freiheitsberaubung körperlich wehrte, womit bei einem eventuellen Ringen sodann mindestens die Möglichkeit der Entstehung einer Gefährdung der Sicherheit des Straßenverkehrs bestand."

II. Fristbeginn

10 Der Fristbeginn für die Verjährung und die Ergreifung von Maßnahmen beginnt mit dem Tag des Ersturteils bzw. der Unterzeichnung des später rechtskräftigen Strafbefehls. Eine Ausnahme bildet die Maßregel des § 69a StGB – wenn das Gericht also eine Sperre angeordnet hat. Diese Frist beginnt spätestens 5 Jahre nach der ursprünglichen Erteilung oder aber mit der Wiedererteilung der Fahrerlaubnis, womit sich eine maximale Eintragungsdauer und Verwertbarkeit von 15 Jahren ergibt.[5]

III. Maßnahmen

1. 8 bis 13 Punkte

11

8 bis 13 Punkte
■ Schriftliche Unterrichtung und Verwarnung;
■ Hinweis auf die Möglichkeit einer freiwilligen Teilnahme an einem Aufbauseminar.

2. 14 bis 17 Punkte

12

14 bis 17 Punkte
■ Anordnung des Aufbauseminars (Nachschulung);
■ falls innerhalb der letzten 5 Jahre bereits die Teilnahme an einem Aufbauseminar → nur Verwarnung;
■ Hinweis auf verkehrspsychologische Beratung;
■ Hinweis, dass bei 18 Punkten Fahrerlaubnisentzug erfolgt.

---

5 *Gebhardt*, Das verkehrsrechtliche Mandat, Bd. 1, § 11 Rn 45.

B. Verkehrszentralregister nach bisherigem Recht – Rechtslage bis zum 30.4.2014 § 2

3. Ab 18 Punkten

Ab 18 Punkten
■ Entzug der Fahrerlaubnis.

13

IV. Punktevergabe nach altem Recht (bis zum 30.4.2014)

Die Eintragung der Punkte richtet sich nach der Straßenverkehrsordnung (StVO) und der Fahrerlaubnisverordnung (FeV). Eingetragen werden in das VZR alle **Verkehrsstraftaten** sowie **Ordnungswidrigkeiten, deren Bußgeld wenigstens 40 EUR** beträgt. Sie sind sanktioniert zwischen 1 bis 4 Punkten.[6]

14

Punkte	Ordnungswidrigkeiten (Beispiele)
1–4 Punkte	■ Geschwindigkeits- und Abstandsverstöße; ■ Benutzung eines Mobiltelefons; ■ andere Ordnungswidrigkeiten, deren Bußgeld mehr als 40 EUR beträgt.

Die im Verkehrszentralregister erfassten **Straftaten** werden je nach Art und Schwere mit 5 bis 7 Punkten bewertet:

15

Punkte	Straftaten (Beispiele)
5 Punkte	■ Nötigung; ■ Körperverletzung; ■ unterlassene Hilfeleistung; ■ unerlaubtes Entfernen vom Unfallort; ■ sonstige Straftaten.
6 Punkte	■ Kennzeichenmissbrauch; ■ Fahren ohne Fahrerlaubnis; ■ Fahren trotz Fahrverbot.
7 Punkte	■ Trunkenheit im Verkehr; ■ unerlaubtes Entfernen vom Unfallort ohne tätige Reue; ■ Gefährdung des Straßenverkehrs grob verkehrswidrig bzw. rücksichtslos.

---

[6] Übersichtlich daher die Tabelle von *Bode*, Bußgeldkatalog, da dort neben der finanziellen Sanktion ebenfalls die jeweils vergebenen Punkte aufgeführt werden.

V. Tateinheit und Tatmehrheit

16 Bei **tateinheitlich** begangenen mehreren Zuwiderhandlungen wird nur gem. § 4 Abs. 2 S. 2 StVG die Zuwiderhandlung mit der höchsten Punktezahl berücksichtigt. Es findet also **keine Addition der einzelnen Verstöße** statt.

17 Liegen mehrere Straftaten oder Verkehrsordnungswidrigkeiten (gem. § 20 OWiG) mit mehreren Sanktionen vor, sind die jeweiligen **tatmehrheitlich** begangenen **Verstöße** zu **addieren**.

18 *Hinweis*
Es ist daher notwendig zu prüfen, ob bei der Verteidigung verhindert werden kann, dass Tatmehrheit angenommen wird und so für den Mandant ein geringerer Punktestand erreicht werden kann.

19

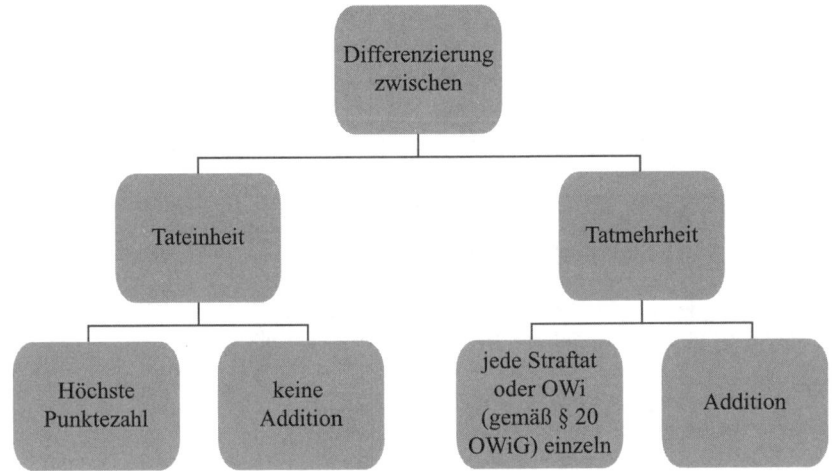

VI. Punkteabbau nach altem Recht (bis zum 30.4.2014)

20 Für viele Kraftfahrer ist nach diversen Einträgen der Abbau von Punkten oftmals die einzige **Möglichkeit, schwerere Sanktionen zu verhindern**. Auch wenn der Sinn der „Punkteabbaukurse" im Einzelnen umstritten sein mag, hat jedenfalls der Gesetzgeber bislang keine Veranlassung gehabt, die Anforderungen an die Seminare sowohl an die Seite der Unterrichtenden wie auch an die Teilnehmer zu erhöhen. Dies hat dann salopp formuliert dazu geführt, dass die Kurse nur abgesessen wurden, statistisch jedenfalls of-

B. Verkehrszentralregister nach bisherigem Recht – Rechtslage bis zum 30.4.2014 § 2

fenbar keine fundamentalen Erfolge im Hinblick auf die Verkehrssicherheit feststellbar waren. Dennoch erfreuen sich diese Kurse aber hoher Akzeptanz, da die Betroffenen jedenfalls die Chance erhielten, von ihrem bisherigen Fahrverhalten abzurücken und dadurch einen Punkte-Erlass zu erhalten.

Bisheriges System in der Übersicht

21

Punkte	1	2	3	4	5	6	7	8	9	10	11	12	13	14	15	16	17	18
Abzug	-1	-2	-3	-4	-4	-4	-4	-2	-2	-2	-2	-2	-2	-2	-2	-2	-2	./.
	Freiwilliges Aufbauseminar möglich													Freiwillige Teilnahme an verkehrspsychologischer Beratung				
Stufe							Verwarnung							Anordnung Aufbauseminar				Entzug

Gerade bei **Berufskraftfahrern** ist dies ein erheblicher Eingriff (in das Grundrecht aus Art. 12 GG), wenn es zum Entzug der Fahrerlaubnis kommen sollte. Eine Änderung der Eignung des betroffenen Kraftfahrers herbeizuführen, muss aber möglich sein. Und je früher diese Schulungen erfolgen, desto mehr Erfolg, also mehr Punkte werden in Abzug gebracht.

22

Der Punkteabbau ist nach den bisherigen Regelungen wie folgt geregelt:

23

Rabattsystem durch Aufbauseminare/verkehrspsychologischer Beratung	
Freiwilliges Aufbauseminar	**Freiwillige verkehrspsychologische Beratung**
■ bei 4–8 eingetragene Punkten: Reduktion um 4 Punkte	■ bei 14–17 eingetragenen Punkten: Reduktion um 2 Punkte
■ bei 9–13 eingetragenen Punkten: Reduktion um 2 Punkte	

Rabatt durch Aufbauseminare/Beratungen

24

- Freiwilliges Aufbauseminar
  - 4 Punkte bis zu 8 eingetragenen
  - 2 Punkte ab 9 eingetragenen
- Freiwillige verkehrspsychologische Beratung
  - 2 Punkte

VII. Punktelöschung bei Entziehung der Fahrerlaubnis nach altem Recht

25 Die unangreifbare Entziehung der Fahrerlaubnis und die Anordnung einer Sperre für die Neuerteilung einer Fahrerlaubnis nach § 69a Abs. 1 S. 3 StGB ziehen schließlich die Löschung der Punkte für die vor dieser Entscheidung begangenen Verstöße (§ 4 Abs. 2 S. 3 StVG) nach sich.

26 Bei Verzicht auf die Fahrerlaubnis kommt es nicht zur Löschung der Punkte. In diesem Fall bleibt das Punktekonto bis zur Tilgung der zugrunde liegenden Eintragungen bestehen.

27 *Hinweis*
Unabhängig von der Löschung der Punkte sind die Eintragungen der Entscheidungen. Diese werden nicht gelöscht, sondern die ansonsten gültigen Tilgungsfristen finden weiter Anwendung.[7]

VIII. Tilgungsfristen

28 Das KBA löscht automatisch nach Ablauf der Tilgungs- und Überliegefrist die eingetragenen Punkte im Register. Einer der Gründe für die Gesetzesinitiative besteht sicherlich darin, das komplizierte System von Tilgungs- und Überliegefrist[8] zu entwirren und zu vereinfachen (siehe § 1 Rn 19).

29 Die maßgebliche Vorschrift ist **§ 29 StVG** – in der bis zum 30.4.2014 gültigen Fassung:[9]

§ 29 Tilgung der Eintragungen (a.F. bis 30.4.2013)

(1) Die im Register gespeicherten Eintragungen werden nach Ablauf der in Satz 2 bestimmten Fristen getilgt. Die Tilgungsfristen betragen
1. zwei Jahre bei Entscheidungen wegen einer Ordnungswidrigkeit,
2. fünf Jahre
   a) bei Entscheidungen wegen Straftaten mit Ausnahme von Entscheidungen wegen Straftaten nach § 315c Abs. 1 Nr. 1 Buchstabe a, den §§ 316 und 323a des Strafgesetzbuches und Entscheidungen, in denen die Entziehung der Fahrerlaubnis nach den §§ 69 und 69b des Strafgesetzbuchs oder eine Sperre nach § 69a Abs. 1 Satz 3 des Strafgesetzbuchs angeordnet worden ist,

---

7 Mit Ausnahme der Entziehung der Fahrerlaubnis wegen Nichtteilnahme an einem angeordneten Aufbauseminar gem. § 4 Abs. 2 S. 4 StVG a.F.
8 Hinsichtlich der Verwertung von Eintragungen vor dem 1.1.1999 gilt § 65 Abs. 9 StVG, vgl. ausführlich *Gebhardt*, Das verkehrsrechtliche Mandat, Bd. 1, § 11 Rn 22, wobei ein Problem sich allenfalls bis Ende 2014 diesbezüglich ergeben sollte.
9 Die ab 1.5.2014 geltende Fassung des § 29 StVG ist im Anhang abgedruckt (vgl. § 7 Rn 10).

B. Verkehrszentralregister nach bisherigem Recht – Rechtslage bis zum 30.4.2014 § 2

b) bei von der Fahrerlaubnisbehörde verhängten Verboten oder Beschränkungen, ein fahrerlaubnisfreies Fahrzeug zu führen,
c) bei der Teilnahme an einem Aufbauseminar oder einer verkehrspsychologischen Beratung,
3. zehn Jahre in allen übrigen Fällen.

Eintragungen über Maßnahmen der Fahrerlaubnisbehörde nach § 2a Abs. 2 Satz 1 Nr. 1 und 2 und § 4 Abs. 3 Satz 1 Nr. 1 und 2 werden getilgt, wenn dem Betroffenen die Fahrerlaubnis entzogen wird. Sonst erfolgt eine Tilgung bei den Maßnahmen nach § 2a ein Jahr nach Ablauf der Probezeit und bei Maßnahmen nach § 4 dann, wenn die letzte mit Punkten bewertete Eintragung wegen einer Straftat oder Ordnungswidrigkeit getilgt ist. Verkürzungen der Tilgungsfristen nach Absatz 1 können durch Rechtsverordnung gemäß § 30c Abs. 1 Nr. 2 zugelassen werden, wenn die eingetragene Entscheidung auf körperlichen oder geistigen Mängeln oder fehlender Befähigung beruht.

(2) Die Tilgungsfristen gelten nicht, wenn die Erteilung einer Fahrerlaubnis oder die Erteilung des Rechts, von einer ausländischen Fahrerlaubnis wieder Gebrauch zu machen, für immer untersagt ist.

(3) Ohne Rücksicht auf den Lauf der Fristen nach Absatz 1 und das Tilgungsverbot nach Absatz 2 werden getilgt
1. Eintragungen über Entscheidungen, wenn ihre Tilgung im Bundeszentralregister angeordnet oder wenn die Entscheidung im Wiederaufnahmeverfahren oder nach den §§ 86, 102 Abs. 2 des Gesetzes über Ordnungswidrigkeiten rechtskräftig aufgehoben wird,
2. Eintragungen, die in das Bundeszentralregister nicht aufzunehmen sind, wenn ihre Tilgung durch die nach Landesrecht zuständige Behörde angeordnet wird, wobei die Anordnung nur ergehen darf, wenn dies zur Vermeidung ungerechtfertigter Härten erforderlich ist und öffentliche Interessen nicht gefährdet werden,
3. Eintragungen, bei denen die zugrundeliegende Entscheidung aufgehoben wird oder bei denen nach näherer Bestimmung durch Rechtsverordnung gemäß § 30c Abs. 1 Nr. 2 eine Änderung der zugrundeliegenden Entscheidung Anlass gibt,
4. sämtliche Eintragungen, wenn eine amtliche Mitteilung über den Tod des Betroffenen eingeht.

(4) Die Tilgungsfrist (Absatz 1) beginnt
1. bei strafgerichtlichen Verurteilungen mit dem Tag des ersten Urteils und bei Strafbefehlen mit dem Tag der Unterzeichnung durch den Richter, wobei dieser Tag auch dann maßgebend bleibt, wenn eine Gesamtstrafe oder eine einheitliche Jugendstrafe gebildet oder nach § 30 Abs. 1 des Jugendgerichtsgesetzes auf

Jugendstrafe erkannt wird oder eine Entscheidung im Wiederaufnahmeverfahren ergeht, die eine registerpflichtige Verurteilung enthält,

2. bei Entscheidungen der Gerichte nach den §§ 59, 60 des Strafgesetzbuchs und § 27 des Jugendgerichtsgesetzes mit dem Tag der Entscheidung,

3. bei gerichtlichen und verwaltungsbehördlichen Bußgeldentscheidungen sowie bei anderen Verwaltungsentscheidungen mit dem Tag der Rechtskraft oder Unanfechtbarkeit der beschwerenden Entscheidung,

4. bei Aufbauseminaren und verkehrspsychologischen Beratungen mit dem Tag der Ausstellung der Teilnahmebescheinigung.

(5) Bei der Versagung oder Entziehung der Fahrerlaubnis wegen mangelnder Eignung, der Anordnung einer Sperre nach § 69a Abs. 1 Satz 3 des Strafgesetzbuchs oder bei einem Verzicht auf die Fahrerlaubnis beginnt die Tilgungsfrist erst mit der Erteilung oder Neuerteilung der Fahrerlaubnis, spätestens jedoch fünf Jahre nach der beschwerenden Entscheidung oder dem Tag des Zugangs der Verzichtserklärung bei der zuständigen Behörde. Bei von der Fahrerlaubnisbehörde verhängten Verboten oder Beschränkungen, ein fahrerlaubnisfreies Fahrzeug zu führen, beginnt die Tilgungsfrist fünf Jahre nach Ablauf oder Aufhebung des Verbots oder der Beschränkung.

(6) Sind im Register mehrere Entscheidungen nach § 28 Abs. 3 Nr. 1 bis 9 über eine Person eingetragen, so ist die Tilgung einer Eintragung vorbehaltlich der Regelungen in den Sätzen 2 bis 6 erst zulässig, wenn für alle betreffenden Eintragungen die Voraussetzungen der Tilgung vorliegen. Eine Ablaufhemmung tritt auch ein, wenn eine neue Tat vor dem Ablauf der Tilgungsfrist nach Absatz 1 begangen wird und bis zum Ablauf der Überliegefrist (Absatz 7) zu einer weiteren Eintragung führt. Eintragungen von Entscheidungen wegen Ordnungswidrigkeiten hindern nur die Tilgung von Entscheidungen wegen anderer Ordnungswidrigkeiten. Die Eintragung einer Entscheidung wegen einer Ordnungswidrigkeit – mit Ausnahme von Entscheidungen wegen einer Ordnungswidrigkeit nach § 24a – wird spätestens nach Ablauf von fünf Jahren getilgt. Die Tilgung einer Eintragung einer Entscheidung wegen einer Ordnungswidrigkeit unterbleibt in jedem Fall so lange, wie der Betroffene im Zentralen Fahrerlaubnisregister als Inhaber einer Fahrerlaubnis auf Probe gespeichert ist. Wird eine Eintragung getilgt, so sind auch die Eintragungen zu tilgen, deren Tilgung nur durch die betreffende Eintragung gehemmt war.

(7) Eine Eintragung wird nach Eintritt der Tilgungsreife zuzüglich einer Überliegefrist von einem Jahr gelöscht. Während dieser Zeit darf der Inhalt der Eintragung nicht übermittelt und über ihn keine Auskunft erteilt werden, es sei denn, der Betroffene begehrt eine Auskunft über den ihn betreffenden Inhalt.

(8) Ist eine Eintragung im Verkehrszentralregister getilgt, dürfen die Tat und die Entscheidung dem Betroffenen für die Zwecke des § 28 Absatz 2 nicht mehr vor-

B. Verkehrszentralregister nach bisherigem Recht – Rechtslage bis zum 30.4.2014 — § 2

gehalten und nicht zu seinem Nachteil verwertet werden. Unterliegt eine Eintragung im Verkehrszentralregister über eine gerichtliche Entscheidung einer zehnjährigen Tilgungsfrist, darf sie nach Ablauf eines Zeitraums, der einer fünfjährigen Tilgungsfrist nach den vorstehenden Vorschriften entspricht, nur noch für folgende Zwecke an die nach Landesrecht zuständige Behörde übermittelt und dort genutzt werden:
1. zur Durchführung von Verfahren, die eine Erteilung oder Entziehung einer Fahrerlaubnis zum Gegenstand haben,
2. zum Ergreifen von Maßnahmen nach dem Punktsystem nach § 4 Absatz 3.
Außerdem dürfen für die Prüfung der Berechtigung zum Führen von Kraftfahrzeugen Entscheidungen der Gerichte nach den §§ 69 bis 69b des Strafgesetzbuchs übermittelt und verwertet werden. Die Sätze 1 und 2 gelten nicht für Eintragungen wegen strafgerichtlicher Entscheidungen, die für die Ahndung von Straftaten herangezogen werden; insoweit gelten die Regelungen des Bundeszentralregistergesetzes.

Es gelten daher für die bis zum 30.4.2014 eingetragenen Verstöße folgende Tilgungsfristen: **30**

Tilgungsfrist	Eintragungsgegenstand
2 Jahre	■ Ordnungswidrigkeiten
5 Jahre	■ Straftaten ohne Zusammenhang mit Alkohol und Drogen; ■ Verbote/Beschränkungen der Fahrerlaubnisbehörde; ■ Aufbauseminar/verkehrspsychologische Beratung.
10 Jahre	■ Straftaten, die mit Alkohol und Drogen im Zusammenhang stehen; ■ bei Entziehung, Versagung oder Erteilungssperre der Fahrerlaubnis.

Hinweis **31**

Die Tilgung wird jedoch erst vorgenommen, sollten keine weiteren hemmenden Eintragungen innerhalb der jeweiligen Frist hinzugekommen sein.

Die Tilgungsfrist beginnt bei **32**

- gerichtlichen und verwaltungsbehördlichen Bußgeldentscheidungen sowie bei anderen Verwaltungsentscheidungen **mit dem Tag der Rechtskraft oder Unanfechtbarkeit der beschwerenden Entscheidung**;
- strafgerichtlichen Verurteilungen mit dem **Tag des ersten Urteils** und bei **Strafbefehlen mit dem Tag der Unterzeichnung durch den Richter** – auch dann, falls später eine Gesamtstrafe gebildet wird;

§ 2 Darstellung des bisherigen Rechts (VZR)

- Entscheidungen der Gerichte nach den §§ 59, 60 StGB **mit dem Tag der Entscheidung;**
- Aufbauseminaren und verkehrspsychologischen Beratungen **mit dem Tag der Ausstellung der Teilnahmebescheinigung;**
- Verzicht auf die Fahrerlaubnis **mit dem Tag des Zugangs der Verzichtserklärung** bei der zuständigen Behörde;
- Versagung oder Entziehung der Fahrerlaubnis
- wegen mangelnder Eignung,
- wegen der Anordnung einer Sperre zur Erteilung einer neuen Fahrerlaubnis oder
- bei dem Verzicht auf die Fahrerlaubnis
mit der Erteilung oder Neuerteilung der Fahrerlaubnis, spätestens jedoch fünf Jahre nach der beschwerenden Entscheidung oder dem Tag des Zugangs der Verzichtserklärung;
- Verhängung eines Verbots oder einer Beschränkung, ein fahrerlaubnisfreies Fahrzeug zu führen, **fünf Jahre nach Ablauf oder Aufhebung des Verbots oder der Beschränkung.**

IX. Tilgungs- und Ablaufhemmung

33 Das gesamte System wird kompliziert durch die Regelungen zu Tilgungs- und Ablaufhemmung.[10] Denn die Tilgung der Punkte erfolgt erst dann, wenn für sämtliche eingetragenen Punkte die **Tilgungsvoraussetzungen** gegeben sind. Denn eine Löschung der Punkte ist nur möglich, wenn nach Ablauf von frühestens zwei Jahren plus ein Jahr Überliegefrist keine neue Eintragung ins VZR eingetragen wird.[11]

34 *Hinweis*

Erfolgt in dieser Zeit eine weitere Eintragung, wird die Tilgungsfrist der ersten Eintragung verlängert – und zwar bis zum Fristablauf der zweiten Verkehrsordnungswidrigkeit!

35 Dabei ist zu beachten, dass Ordnungswidrigkeiten nur die Tilgung von Entscheidungen wegen anderer Ordnungswidrigkeiten – nicht also die von Straftaten – hindern. Längstens darf der Eintrag dann fünf Jahre geführt werden – mit Ausnahme von Entscheidungen wegen einer Ordnungswidrigkeit nach § 24a StVG.[12]

36 Die einzige Einschränkung ergibt sich daraus, dass Ordnungswidrigkeiten ausschließlich die Tilgung von Ordnungswidrigkeiten hindern; also sind **Tilgungsfristen von Straftaten nicht betroffen.**

---

10 Dies ist auch ausführlich bemängelt von *Albrecht*, SVR 2012, 81 ff.
11 *Borzym*, SVR 2013, 167 f.
12 Gemäß § 28 Abs. 3 Nr. 1–9 StVG.

B. Verkehrszentralregister nach bisherigem Recht – Rechtslage bis zum 30.4.2014 § 2

Die Tilgungshemmung besteht bei der Fahrerlaubnis auf Probe so lange, wie der Betroffene im Zentralen Fahrerlaubnisregister als Inhaber einer Fahrerlaubnis auf Probe gespeichert ist. **Wird eine Eintragung getilgt, so sind auch die Eintragungen zu tilgen, deren Tilgung nur durch die betreffende Eintragung gehemmt war.** 37

X. Überliegefrist

Eintragungen werden nach Ablauf der Tilgungsfristen noch ein Jahr im Register geführt. Damit wird sichergestellt, dass vor Ablauf der Tilgungsfrist kein neuer Verstoß begangen wurde oder eine Entscheidung getroffen worden ist, die eine Tilgungshemmung bewirkt. Auch bei Anfragen im KBA sind die in der Überliegefrist befindlichen Entscheidungen bei der Auskunftserteilung aufzuführen. 38

> *Praxistipp* 39
> Vor der Überführung, aber in jedem Fall bei einem neuen punktbewehrten Vorfall, sollte der **Punktestand** abgefragt werden. Dies geht problemlos online unter *www.kba.de* oder schriftlich **mit einem Antragsformular:**[13]
> ▼
> **Kraftfahrt-Bundesamt**
> **24932 Flensburg**
> **Antrag auf Auskunft aus dem Verkehrszentralregister**
>
> Ich beantrage hiermit, mir Auskunft über die zu meiner Person im Verkehrszentralregister gespeicherten Entscheidung(en) zu erteilen.
>
> ▬
>
> *(Name und ggf. Geburtsname)*
>
> ▬
>
> *(Vorname)*
>
> ▬
>
> *(Geburtstag und -ort)*
>
> ▬
>
> *(aktuelle Adresse)*

---

[13] Antragsformular auch online, falls keine Personaldokumente zur Verfügung stehen: *http://www.kba.de/ nn_124594/DE/ZentraleRegister/VZR/Auskunft/formular__pdf,templateId=raw,property=publicationFile .pdf/formular_pdf.pdf.*

> Als erforderlichen Identitätsnachweis füge ich eine Kopie meines gültigen Personalausweises (Vorder- und Rückseite) oder meines Reisepasses bei.
>
> *(Datum, Unterschrift Antragsteller/in)*
> ▲

XI. Bindungswirkung

40 Ein wichtiges Thema bei der Verteidigung im Verkehrsstrafrecht bzw. in Bußgeldangelegenheiten liegt in der Bindungswirkung von gerichtlichen Entscheidungen bzw. den Einstellungsverfügungen durch die Staatsanwaltschaft.

41 Die Fahrerlaubnisbehörde darf den **Sachverhalt**, der Gegenstand eines anhängigen Strafverfahrens gegen den Inhaber der Fahrerlaubnis ist, und deren Entziehung nach § 69 StGB in Betracht kommt, im Entziehungsverfahren nicht berücksichtigen, aber durchaus im Neuerteilungsverfahren.[14]

42 Jedoch ist die Fahrerlaubnisbehörde nach **der nur im Verhältnis zu Strafverfahren geltenden Bestimmung des § 3 Abs. 3 StVG** nicht gehindert, die Entziehung der Fahrerlaubnis anzuordnen. Dies auch für den Fall, wenn wegen desselben Sachverhaltes ein Ordnungswidrigkeitenverfahren eingeleitet, aber noch nicht rechtskräftig abgeschlossen ist.[15]

1. Einstellung durch Strafverfolgungsbehörde

43 Ein Ziel in der Verteidigung liegt natürlich in der Einstellung des Verfahrens oder sogar im Freispruch des Angeklagten oder Betroffenen. Die Vorschriften aus der StPO nach §§ 153 ff. oder nach § 47 JGG oder aber den Einstellungsvorschriften nach dem OWiG haben grundsätzlich keine Bindungswirkung.

2. Strafgerichtliche Urteile

a) Grundsatz Bindungswirkung

44 § 3 Abs. 4 S. 1 StVG gibt vor, dass die im **Straf- und Bußgeldverfahren rechtskräftige Entscheidung Bindungswirkung** für die Fahrerlaubnisbehörde **entfaltet**. Sinn und Zweck der Regelung ist, die dem Strafgericht vorgegebene Befugnis nach § 69 StGB ei-

---

14 LG Erfurt NZV 2003, 523.
15 VGH Baden-Württemberg, Beschl. v. 24.7.2007 – 10 S 306/07, zfs 2007, 713 = Blutalkohol Vol. 45/2008; vgl. auch Niedersächsisches OVG zfs 2008, 114.

B. Verkehrszentralregister nach bisherigem Recht – Rechtslage bis zum 30.4.2014 § 2

nerseits mit der behördlichen Befugnis nach § 3 Abs. 1 StVG andererseits abzustimmen und Doppelprüfungen wie auch sich widersprechende Entscheidungen zu verhindern. Dabei hat die gerichtliche Entscheidung Vorrang, weil der Strafrichter eine auf die Zukunft gerichtete, im Rahmen der Hauptverhandlung festgestellte Entscheidung über die Gefährlichkeit des Betroffenen für den öffentlichen Straßenverkehr trifft. Dies stellt keine Nebenstrafe dar.

b) Konkreter Zusammenhang mit Sicherheitsbelangen

Der Große Strafsenat hat mit der Entscheidung vom 27.4.2005 festgehalten, dass die Fahrerlaubnis nur entzogen werden kann, wenn ein **konkreter Zusammenhang mit Sicherheitsbelangen** gegeben ist.[16] Dieser Zusammenhang kann sich aber auch aus früherem Verhalten oder aus der konkreten Durchführung oder Vorbereitung der Tat – was dann aber eigens durch das Tatgericht festgestellt werden muss – ergeben. Stellt das Gericht mithilfe eigener Sachkunde in der Hauptverhandlung keine charakterliche Ungeeignetheit fest, hat es nurmehr die Möglichkeit, als Nebenstrafe ein Fahrverbot zu verhängen.

c) Bindungswirkung für das gesamte Entziehungsverfahren

Die in § 3 Abs. 4 S. 1 StVG angeordnete Bindungswirkung gilt nicht nur für die Maßnahme der Entziehung selbst, sondern nach ihrem Sinn und Zweck für das gesamte Entziehungsverfahren. Dies umfasst auch die vorbereitenden Maßnahmen. Das hat zur Folge, dass die Behörde schon die Beibringung des Gutachtens nicht anordnen darf.[17] Dies gilt auch bei der Punktebewertung für die sich hieran knüpfenden Maßnahmen der Fahrerlaubnisbehörde gem. § 4 Abs. 3 S. 2 StVG. Einzelheiten oder das Vorliegen der Tat werden nicht mehr geprüft.[18]

Das ergibt sich auch aus der aktuellen Entscheidung des BVerwG vom 28.6.2012[19] in der es wörtlich heißt:

*„Nach § 3 Abs. 3 StVG darf, solange gegen den Inhaber der Fahrerlaubnis ein Strafverfahren anhängig ist, in dem die Entziehung der Fahrerlaubnis nach § 69 des Strafgesetzbuches in Betracht kommt, die Fahrerlaubnisbehörde den Sachverhalt, der Gegenstand des Strafverfahrens ist, in einem Entziehungsverfahren **nicht berücksichtigen**. Diese Regelung wird für die Zeit nach dem Abschluss des Strafverfahrens durch § 3 Abs. 4 StVG ergänzt. Nach dessen Satz 1 kann die Fahrerlaubnisbehörde, wenn sie in einem Entziehungsverfahren einen Sachverhalt berücksichtigen will, der Gegenstand der Ur-*

---

16 BGH, Beschl. v. 27.4.2005 – GSSt 2/04, zfs 2005, 464 ff.
17 St. Rspr.: BVerwG vom 15.7.1988 – 7 C 46.87, BVerwGE 80,43; VGH Bad Württemberg, zfs 2010, 415 m.w.N.; OVG NRW 2012, zfs 2012, 539 f.
18 Vgl. *Bode*, ZAP Fach 9, S. 495 ff. (502).
19 BVerwG, Urt. v. 28.6.2012 – 3 C 30/11, zfs 2012, 592 ff. (Hervorhebungen durch die Autorin).

§ 2 Darstellung des bisherigen Rechts (VZR)

*teilsfindung in einem Strafverfahren gegen den Inhaber der Fahrerlaubnis gewesen ist, vom Inhalt des Urteils insoweit nicht abweichen, als es sich auf die Feststellung des Sachverhalts oder die Beurteilung der Schuldfrage oder die Eignung zum Führen von Kraftfahrzeugen bezieht. (...), dass das Berücksichtigungsverbot des § 3 Abs. 3 StVG in das Verbot einer abweichenden Entscheidung nach § 3 Abs. 4 StVG übergeht, wenn zwischenzeitlich ein rechtskräftiges Strafurteil ergangen oder es sonst gemäß § 3 Abs. 4 Satz 2 StVG zu einem Abschluss des Strafverfahrens gekommen ist. Soweit nach den dort getroffenen Feststellungen widersprüchliche Entscheidungen von Fahrerlaubnisbehörde und Strafgericht ausgeschlossen sind, wird der Sachverhalt für die Fahrerlaubnisbehörde und das Verwaltungsgericht **auch im Nachhinein** berücksichtigungsfähig."*

49 § 3 Abs. 3 und 4 StVG dienen demzufolge dazu, sich widersprechende Entscheidungen der Strafgerichte und der Fahrerlaubnisbehörden zu vermeiden.[20] Dadurch wird dem Widerspruch begegnet, dass derselbe Lebenssachverhalt unterschiedlich gehandhabt wird. Daher soll die Beurteilung durch den Strafrichter betont werden, da dessen Prognoseentscheidung hinsichtlich der Eignung aufgrund der letzten Hauptverhandlung erfolgte und den aktuellsten Einblick beinhaltet.[21]

50 Die Bindungswirkung der Abs. 3 und 4 erstreckt sich also auf den Sachverhalt, und damit auf den gesamten Vorgang, auf den sich die Untersuchung erstreckt. Weiter stellt das BVerwG[22] klar:

„Auch wenn § 3 Abs. 3 und 4 StVG demselben Regelungsziel dienen, so unterscheiden sie sich doch in ihrer Reichweite in Abhängigkeit davon, welchen Stand das anhängige Strafverfahren mittlerweile erreicht hat. § 3 Abs. 3 StVG betrifft die Zeit bis zu dessen Abschluss. Er enthält im Hinblick darauf, dass bis dahin weder dessen Ausgang noch die Feststellungen zu den für die Beurteilung der Fahreignung des Betroffenen maßgeblichen Umständen abschließend feststehen, ein umfassendes sich auf den gesamten relevanten Sachverhalt beziehendes Berücksichtigungsverbot. § 3 Abs. 4 StVG schließt daran zeitlich an und modifiziert dieses Verbot. Da mit dem Abschluss des Strafverfahrens nun auch Klarheit hinsichtlich der Feststellungen zu den genannten Umständen eingetreten ist, reduziert es sich nunmehr auf das Verbot einer Entscheidung der Fahrerlaubnisbehörde, die im Widerspruch zu den im Strafverfahren getroffenen Feststellungen steht."

---

20 *Hentschel/König/Dauer*, § 3 StVG Rn 15; *Burmann/Heß/Jahnke/Janker*, § 3 StVG Rn 9, jeweils m.w.N.
21 BVerwG, Beschl. v. 11.1.1988 – BVerwG 7 B 242.87, Buchholz 442.10 § 4 StVG Nr. 78 = NZV 1988, 37 und v. 3.9.1992 – BVerwG 11 B 22.92 – Buchholz 442.10 § 4 StVG Nr. 88 = NZV 1992, 501.
22 BVerwG, Urt. v. 28.6.2012 – 3 C 30/11, zfs 2012, 592 ff.

d) Bindungswirkung nur bei konkreten Feststellungen im Urteil

Die Bindungswirkung kann sich aber nach einer Entscheidung des OVG NRW vom 25.6.2012[23] ergeben, wenn sich aus den schriftlichen Urteilsgründen ein Sachverhalt ergibt, der erkennen lässt, dass sich das Gericht mit der Fahreignung befasst hat und zu welchem Ergebnis es gekommen ist. **51**

Die Bindungswirkung ist daher nicht gegeben, wenn sich keine Ausführungen im Urteil finden lassen, die sich auf die Fahreignung beziehen. Das bedeutet unter Umständen, dass gegen einen Strafbefehl Einspruch eingelegt werden muss, um eben diese Feststellungen in das Urteil hinein zu bekommen. **52**

> *Praxistipp* **53**
>
> Bei bereits im Ermittlungsverfahren mit der Strafverfolgungsbehörde geführten Gesprächen sollte deutlich gemacht werden, dass im Strafbefehlswege entschieden werden könnte, jedoch der Strafbefehlsantrag entsprechend spezifisch sein sollte. Ein Formulierungsvorschlag, der im Vorfeld schriftlich übermittelt wird, sollte dann in den Antrag Eingang finden: Denn die rechtskräftige Entscheidung, aufgrund derer die Behörde entscheiden muss, ist dann der Strafbefehl.
>
> Zudem hat diese Vorgehensweise den Vorteil, dass bei einer Entscheidung im Strafbefehlswege unter Mitwirkung des Verteidigers und Wegfall der Hauptverhandlung die Gebührenvorschrift 4141 VV RVG Anwendung findet und die Befriedungsgebühr anfällt.[24]

e) Ausnahme „Besondere Umstände"

Liegen besonderer Umstände vor, die zu weiterer Amtsaufklärung Anlass geben, z.B. wenn der Betroffene substantiiert darlegt und nachweist, dass er bei der zugrunde liegenden Verurteilung nicht Fahrer des Fahrzeugs war, kann dies allerdings noch zugunsten des Betroffenen erfolgen. Hier ist allerdings ausführlicher und dezidierter Sachvortrag notwendig. **54**

---

23 OVG NRW, Beschl. v. 25.6.2012 – 16 B 711/12, zfs 2012, 539 ff.
24 *Reisert*, Anwaltsgebühren im Straf- und Bußgeldrecht, § 2 Rn 108.

§ 3 Kernpunkte der Reform

A. Überblick

Die **Kernpunkte der Reform** messen sich an den Zielen der Neuregelungen, namentlich der **Verbesserung der Verkehrssicherheit**, indem die schweren Ordnungswidrigkeiten durch das Fahreignungs-Bewertungssystem betont werden. Sie soll Teil des Verkehrssicherheitsprogramms der Bundesregierung sein und sowohl **Transparenz, Vereinfachung** und **Verhältnismäßigkeit** beinhalten.[1] Zudem sollen Beschränkungen der Eintragungen auf die sog. verkehrssicherheitsrelevanten Verstöße beschränkt werden.[2] Dies bedeutet, dass Verstöße, die keinen unmittelbaren Einfluss auf die tatsächliche Verkehrssicherheit haben, auch nicht mehr eingetragen werden sollen. Hierzu zählen beispielsweise Verstöße gegen die Kennzeichenpflicht.

1

Die Speicherung soll grob formuliert dann erfolgen, wenn ein Fahrverbot, die Entziehung der Fahrerlaubnis oder aber eine isolierte Sperre angeordnet worden ist, soweit es sich um Straftaten im Zusammenhang mit dem Straßenverkehr handelt. Allerdings ist der Gesetzgeber hierbei nicht konsequent geblieben, fallen auch weiterhin sämtliche Straftaten wegen des Unerlaubten Entfernens vom Unfallort gem. § 142 StGB hierunter. Dies darf wohl als Folge der Tätigkeiten des Vermittlungsausschusses gelten. Denn bei Vorliegen von § 142 StGB wird schlechterdings nicht die Sicherheit des Straßenverkehrs gefährdet, auch sind die Vorschriften nicht dem Schutz von Maßnahmen zur Rettung aus Gefahren für Leib oder Leben untergeordnet. § 4 Abs. 1 S. 2 StVG ist erst auf die Intervention des Vermittlungsausschusses in das Gesetz eingefügt worden, um die Sanktion nach § 142 StGB in das Gesetz als Durchbrechung einzufügen.[3]

2

Das „Verkehrszentralregister" ist durch den Begriff des Fahreignungsregisters ausgetauscht worden. Der Begriff des „Mehrfach-Punktsystems" wird durch „Fahreignungs-Bewertungssystem" sprachlich ersetzt. Hierdurch soll die Zweckbestimmung des Gesetzes, um ungeeignete Fahrerlaubnisinhaber zu identifizieren, ihnen eine Warnung zuteil werden zu lassen, um ihr Verhalten zu ändern und gegebenenfalls Ungeeignete durch Entziehung der Fahrerlaubnis an der Teilnahme am Straßenverkehr als Kraftfahrer zu hindern, erreicht werden. Ein weiteres Ziel ist die Schaffung eines gerechteren Systems. Ob dies gelungen ist, darf jedoch bezweifelt werden (siehe oben § 1 Rn 20 f.).

3

---

1 *Albrecht*, Die Reform des Verkehrszentralregisters, DAR 2013, 438, vgl. aber die Kritik in diesem Buch unter § 1 Rn 20 f.
2 *Funke*, Die Reform des Punktsystems: das neue Fahreignungsregisters, NZV 2013, 1 ff.
3 *Albrecht*, Die Reform des Verkehrszentralregisters, DAR 2013, 438.

§ 3 Kernpunkte der Reform

4 Das bisher gültige System (bis zur Vergabe von 18 Punkten) wird geändert und die Punkte nunmehr anders verteilt. Eine Entziehung der Fahrerlaubnis erfolgt bereits bei 8 Punkten. Allerdings müssen zuvor die vorherigen Maßnahmestufen durchlaufen worden sein, damit der Fahrerlaubnisinhaber auch die Möglichkeit hat, sein Verhalten entsprechend zu ändern. Neben der **Einführung von drei Maßnahmestufen** hat sich der Gesetzgeber entschieden, die **einzelnen Bußgelder teilweise anzuheben** und **die Eintragungsgrenze** ebenfalls im Zuge dessen **zu erhöhen**. Zudem gibt es erhebliche Änderung im Bereich des Punkteabbaus wie auch durch den Wegfall der Tilgungshemmung durch die Einführung fester Tilgungsfristen und Überliegefrist. Ein weiterer wesentlicher **Schwerpunkt der Reform ist die Einführung des Fahreignungsseminars.**

B. Differenzierung der Verstöße

5 Die zentrale Vorschrift für die Einführung des FaER ist § 4 StVG (siehe § 7 Rn 3),[4] der vollständig geändert worden ist:

Zunächst einmal führt die Vorschrift ein, dass sich das Fahreignungs-Bewertungssystem an Fahrerlaubnisinhaber richtet, die wiederholt gegen die Sicherheit des Straßenverkehrs betreffende straßenverkehrsrechtliche oder gefahrgutbeförderungsrechtliche Vorschriften verstoßen haben (§ 4 Abs. 1 S. 1 StVG). Die zuständigen Landesbehörden sollen sodann die entsprechenden Maßnahmen ergreifen. Vorschriften, die dem Schutz von Maßnahmen zur Rettung aus Gefahren für Leib und Leben von Menschen oder aber zivilrechtlicher Ansprüche der Unfallbeteiligten dienen, stehen ebenfalls im Fokus (§ 4 Abs. 1 S. 2 StVG).

6 Dabei sind das Fahreignungs-Bewertungssystem wie auch die Regelungen über die Fahrerlaubnis auf Probe gleichberechtigt in Anwendung zu bringen (§ 4 Abs. 1 S. 4 StVG).

7 Gesetzgeberisches Ziel ist die in diesem Zusammenhang festgestellte general- und spezialpräventive Wirkung mit dem Ziel der **Verbesserung der Verkehrssicherheit**.[5] In den Fokus gerückt ist damit nur verkehrssicherheitsrelevantes Fehlverhalten. Damit meint der Gesetzgeber, dass „die entsprechende Handlung zumindest potenziell negative Folgen für das Unfallgeschehen erwarten lassen kann."[6] Dabei wird einerseits ein engerer Rahmen gezogen, andererseits aber soll das Fahreignungs-Bewertungssystem weder zusätzlich Sanktion noch Abschreckungseffekt zeitigen, sondern Gleichbehandlung befördern, und vor allem Fahreignungsmängel bestimmen. Soweit die Behörden daneben Kenntnis

---

4 Fünftes Gesetz zur Änderung des Straßenverkehrsgesetzes und anderer Gesetze v. 28.8.2013, BGBl. I 2013, S. 3315.
5 Stellungnahme des Bundesrates zum Entwurf eines Vierten Gesetzes zur Änderung des Straßenverkehrsgesetzes und anderer Gesetze, BR-Drs. 799/12 v. 1.2.2013, S. 38.
6 Stellungnahme des Bundesrates zum Entwurf eines Vierten Gesetzes zur Änderung des Straßenverkehrsgesetzes und anderer Gesetze, BR-Drs. 799/12 v. 1.2.2013, S. 38.

B. Differenzierung der Verstöße § 3

von anderen Umständen haben, die die Entziehung der Fahrerlaubnis begründen, muss sie auch weiterhin – wie bislang – tätig werden.

Der Gesetzgeber sieht sich ansonsten gehalten, neben der Evaluierungsphase von 5 Jahren für die Fahreignungsseminare die Fahrerlaubnisverordnung (FeV) zur Regelung der Qualitätssicherung zu ergänzen und in den kommenden Jahren den gesamten Bußgeldkatalog (BKat) zu überprüfen und ggf. anzupassen.

Zu dem Vorhaben ist zunächst festzuhalten, dass bei der **Qualifizierung der Verstöße in 8 3 Kategorien unterschieden wird**, wobei berücksichtigt ist, dass nur die Anzahl – nicht die Schwere – der Verstöße für das Unfallrisiko relevant sein sollen.[7]

Weiter ist in § 4 Abs. 2 StVG geregelt, dass für die Anwendung des Fahreignungs-Bewer- 9 tungssystems die in einer Rechtsverordnung nach **§ 6 Abs. 1 Nr. 1 Buchst. s StVG** (siehe § 7 Rn 6) bezeichneten Straftaten und Ordnungswidrigkeiten maßgeblich sind. Die Verstöße werden jedoch nicht aufgezählt, um die entsprechende Liste im Zuge der Fortschreibung des Straßenverkehrsrechts auch entsprechend anzugleichen, wenn neue Verkehrsverstöße hinzutreten. Infolgedessen soll eine einfacher zu ändernde Rechtsverordnung hierfür Klarheit schaffen.[8] Auch werden die Verstöße aller Verkehrsteilnehmer nach **§ 28 Abs. 3 StVG** gespeichert (siehe § 7 Rn 8), nicht nur diejenigen der Kraftfahrer. So wird es bei Personen, die eine Fahrerlaubnis beantragen wollen, gleichsam möglich sein, eine Aufstellung der eingetragenen Punkte vorzunehmen.[9]

Bei der Neugestaltung des Fahreignungs-Bewertungssystems wird der **Begriff „Betrof- 10 fener"** restriktiver gehandhabt. Einerseits wird der Fahrerlaubnisinhaber immer klar formuliert; aber sobald Personen ohne Fahrerlaubnis im Fokus stehen, werden sie „Betroffene" genannt. Allerdings wurde – noch – nicht das gesamte Straßenverkehrsgesetz dieser Klarstellung unterzogen.[10]

Ausländische Entscheidungen über fahrerlaubnisbeschränkende Maßnahmen sind 11 nicht vorgesehen. Hierzu zählen auch ausländische Gerichts- oder Verwaltungsentscheidungen, in denen den Inhabern einer deutschen Fahrerlaubnis das Recht entzogen wird, von der Fahrerlaubnis in dem jeweils betreffenden Land Gebrauch zu machen.[11]

---

7 Das ist ursprünglicher Ausgangspunkt für eine Unterscheidung lediglich in ein 2-Punkte-System gewesen in schwere und besonders schwere Verstöße. Denn das Unfallrisiko erhöht sich mit der Anzahl der Verstöße, steht aber wohl nicht mit der Schwere des jeweiligen Verstoßes in Zusammenhang. Ebenso *Borzym*, Das neue Fahreignungsregister, SVR 2013, 170 f.
8 Vergleiche hierzu die Stellungnahme des Bundesrates zum Entwurf eines Vierten Gesetzes zur Änderung des Straßenverkehrsgesetzes und anderer Gesetze, BR-Drs. 799/12 v. 1.2.2013, S. 71.
9 *Albrecht*, Die Reform des Verkehrszentralregisters, DAR 2013, 442 f.
10 Stellungnahme des Bundesrates zum Entwurf eines Vierten Gesetzes zur Änderung des Straßenverkehrsgesetzes und anderer Gesetze, BR-Drs. 799/12 v. 1.2.2013, S. 47.
11 *Albrecht*, Die Reform des Verkehrszentralregisters, DAR 2013, 440 unter Hinweis darauf, dass das ungeregelte Mitteilungsverfahren zu Ungleichbehandlungen führen könnte.

§ 3 Kernpunkte der Reform

12 In § 4 Abs. 2 S. 2 StVG (siehe § 7 Rn 3) wird weiter geregelt, wie die Zuwiderhandlungen in das Fahreignungs-Bewertungssystem Eingang finden sollen. Das bisherige 7-Punkte-System wird hierdurch ersetzt. Der Gesetzgeber war der Auffassung, dass die Kategorisierung in sieben Punkte unnötig kompliziert ist und zudem die differenzierte Bepunktung auch keine Aussage darüber trifft, ob er bei dem jeweiligen Kraftfahrer eine Fahreignung vorliegt. Ausgangspunkt hierfür ist die Untersuchung der BASt und des KBA, dass nicht die Anzahl der eingetragenen Punkte, sondern es vielmehr für das Unfallrisiko und die Rückfallgeschwindigkeit entscheidend ist, wie viele Eintragungen der jeweilige Fahrerlaubnisinhaber im Register hat. Dies unabhängig von der Schwere der jeweiligen Eintragungen.[12]

13 Die Verstöße werden ab dem 1.5.2013 wie folgt qualifiziert:

Punkte	Verstoß	Folge für die Verkehrssicherheit
1	§ 4 Abs. 2 Nr. 3 StVG: verkehrssicherheitsbeeinträchtigende oder gleichgestellte Ordnungswidrigkeiten	leichtere Nachteile für die Verkehrssicherheit
2	§ 4 Abs. 2 Nr. 2 StVG: Straftaten mit Bezug auf die Verkehrssicherheit oder gleichgestellte Straftaten, sofern sie nicht von Nr. 1 erfasst sind, und besonders verkehrssicherheitsbeeinträchtigende oder gleichgestellte Ordnungswidrigkeiten	grobe Verkehrsordnungswidrigkeiten
3	§ 4 Abs. 2 Nr. 1 StVG: Straftaten mit Bezug auf die Verkehrssicherheit oder gleichgestellte Straftaten, sofern in der Entscheidung über die Straftat die Entziehung der Fahrerlaubnis nach den §§ 69 und 69b des Strafgesetzbuches oder eine Sperre nach § 69a Abs. 1 S. 3 des Strafgesetzbuches angeordnet worden ist	schwerwiegendere Nachteile für die Verkehrssicherheit mit Entziehung der Fahrerlaubnis oder Anordnung einer isolierten Sperre

14 Als verkehrssicherheitsrelevante Zuwiderhandlungen mit **einem Punkt** werden Verkehrsordnungswidrigkeiten bewertet, die leichtere Nachteile für die Verkehrssicherheit erkennen lassen.

---

12 So jedenfalls die Stellungnahme des Bundesrates zum Entwurf eines Vierten Gesetzes zur Änderung des Straßenverkehrsgesetzes und anderer Gesetze, BR-Drs. 799/12 v. 1.2.2013, S. 71 unter Bezugnahme auf „*Schade/ Heinzmann*, Risikogruppen im Verkehrszentralregister als Basis für eine Prämiendifferenzierung in der Kfz-Haftpflicht, Berichte der BASt, Heft M 159, Bergisch Gladbach 2004"; *Diamantopoulou, Cameron, Dyte, Harrison*, The Relationship between Demerit Points Accrual and crash involvement, Monash University Accident Research Center Rapport, 1997.

B. Differenzierung der Verstöße § 3

Als besonders verkehrssicherheitsbeeinträchtigende Ordnungswidrigkeiten werden diese mit **zwei Punkten** gewichtet, mithin also die Verstöße, die nicht mehr nur kleine Nachteile mit sich bringen, sondern beträchtliche Gefahren in sich bergen. Hier sind beispielhaft erhebliche Geschwindigkeitsverstöße, Überholfehler, und natürlich Trunkenheitsfahrten gemeint, die bislang üblicherweise mit Fahrverboten bewehrt waren.

15

Bei Verkehrsstraftaten, die schwerwiegendere Nachteile für die Verkehrssicherheit mit sich bringen, wird nach der strafrichterlichen Sanktion differenziert: liegt keine Entziehung des Fahrerlaubnis (§§ 69, 69b StGB) oder keine Anordnung einer Sperre nach § 69a Abs. 1 S. 3 StGB vor, werden die Straftaten mit **zwei Punkten**, mit diesen Rechtsfolgen mit **drei Punkten** bewertet.

16

Nach § 4 Abs. 2 S. 3 StVG **ergeben sich die Punkte mit Begehung der Straftat oder Ordnungswidrigkeit, sofern diese rechtskräftig sanktioniert wird.** So wird der Zeitpunkt des Entstehens von Punkten und damit die rechnerische Grundlage für die Berechnung des Punktestandes festgelegt.[13] Mit der Anknüpfung an das Rechtskraftprinzip für die Entstehung der Punkte übernimmt der Gesetzgeber die Einwände des BMVBS insoweit nicht, als taktische Einlegung von Rechtsmitteln befürchtet worden waren und eine Entlastung der Justiz insoweit erhofft wurde.

17

Falls **Tateinheit** vorliegt, wird nur die Zuwiderhandlung mit der höchsten Punktzahl berücksichtigt, § 4 Abs. 2 S. 3 StVG.

18

Die Unterscheidung sieht aus wie folgt:

19

verkehrssicherheitsbeeinträchtigende Verstöße
■ 1 Punkt
Straftaten ohne Entzug oder Sperre und besonders verkehrssicherheitsbeeinträchtigende Verstöße
■ 2 Punkte
Straftaten mit Entzug oder angeordneter Sperre
■ 3 Punkte

In Anlage 13 zu § 40 FeV[14] (siehe § 7 Rn 27) ist im Einzelnen geregelt, welche Verstöße wie geahndet werden sollen – nur wenn der Verstoß in dieser Anlage aufgeführt ist, wird

20

---

13 Dies war lange umstritten, da das BMVBS im Referentenentwurf, S. 72 jedenfalls das Tattagsprinzip insoweit favorisierte unter Bezugnahme auf die Entscheidung des BVerwG, Urt. v. 25.9.2008 – 3 C 3/07, das für die Frage der Berechnung der Höhe des Punkteabzugs nach dem Punktsystem (§ 4 Abs. 4, 5 StVG a.F.) und zur Begründung maßgeblich auf die Erziehungswirkung des Systems abgestellt hatte.
14 Zuletzt geändert durch die Neunte Verordnung zur Änderung der Fahrerlaubnis-Verordnung und anderer straßenverkehrsrechtlicher Vorschriften v. 5.11.2013, BGBl. I v. 11.11.2013, S. 3925 ff.

er in das FaER eingetragen. Liegt ein anderweitiger Verstoß vor, der nicht in der Anlage 13 spezifiziert ist, kann er auch nicht eingetragen werden. In der Neuregelung soll sichergestellt werden, dass nurmehr die Tat darüber entscheidet, ob diese in der Folge in das Register eingetragen wird. Denn einerseits muss die Geldbuße die Eintragungsgrenze von 60 EUR erreichen, weiterhin muss der Verstoß gegen Vorschriften vorliegen, die dem Schutz von Maßnahmen zur Rettung aus Gefahren für Leib und Leben von Menschen oder aber dem Schutz zivilrechtlicher Ansprüche Unfallbeteiligter dienen. Dies wird mit der Ermächtigungsnorm des § 6 Abs. 1 Buchst. s StVG sichergestellt, da diese ausdrücklich als Speichervoraussetzung aufgeführt sind. Zudem sorgt § 28 Abs. 3 Nr. 1 bis 3 StVG i.V.m. Anlage 13 zu § 40 FeV dafür, dass nurmehr die dort aufgeführten Tatbestände abschließend und konkret aufgeführt sind, **womit sich die Punktevergabe allein aus Anlage 13 zu § 40 FeV speist.**[15]

21 Es ist denkbar, dass ein Fahrverbot außerhalb der Regelfahrverbote nach der BKatV verhängt, Punkte allerdings nicht vergeben werden, weil der Verstoß nicht in Anlage 13 zu § 40 FeV aufgeführt ist.

I. 1 Punkt – Verkehrssicherheitsbeeinträchtigende Verstöße

22 Mit einem Punkt sind die verkehrssicherheitsbeeinträchtigenden Verstöße belegt, die in Anlage 13 zu § 40 FeV unter Nr. 3 (siehe § 7 Rn 27) aufgeführt werden.

23 Neu ist die **Aufnahme der Verstöße gegen die Vorschriften der Gefahrgutverordnung Straße, Eisenbahn und Binnenschifffahrt** (GGVSEB) ins Fahreignungsregister, die bepunkten, wenn fehlerhaft gesichert oder befördert bzw. verpackt wird. Beförderer selbst und in der Funktion als Halter des Fahrzeugs stehen ebenfalls im Fokus entgegen § 19 Abs. 2 Nr. 15 GGVSEB, wenn dem Fahrzeugführer die erforderliche Ausrüstung zur Durchführung der Ladungssicherung nicht zur Verfügung gestellt wurde. Besonders nachdenklich stimmt aber, dass Lenk- und Ruhezeitverstöße nach dem Fahrpersonalgesetz ohne Sanktion nach dem Fahreignungsregister bleiben sollen.

24 Gemeint sind also Zuwiderhandlungen, die lediglich „leichtere Nachteile für die Verkehrssicherheit" erkennen lassen.

Nummer	Verstöße gegen die Vorschriften	laufende Nummer des BKat
3.1.1	§ 24c des Straßenverkehrsgesetzes	243
3.2.1	Straßenbenutzung durch Fahrzeuge	4.1, 4.2, 5a, 5a.1, 6

---

15 Ebenso *Albrecht*, Die Reform des Verkehrszentralregisters, DAR 2013, 439 f.

B. Differenzierung der Verstöße §3

Nummer	Verstöße gegen die Vorschriften	laufende Nummer des BKat
3.2.2	Geschwindigkeit	8.1, 9, 10, 11 in Verbindung mit 11.1.3, 11.1.4, 11.1.5, 11.1.6 der Tabelle 1 des Anhangs (11.1.6 nur außerhalb geschlossener Ortschaften), 11.2.2, 11.2.3, 11.2.4, 11.2.5 der Tabelle 1 des Anhangs (11.2.5 nur außerhalb geschlossener Ortschaften), 11.3.4, 11.3.5, 11.3.6 der Tabelle 1 des Anhangs (11.3.6 nur außerhalb geschlossener Ortschaften)
3.2.3	Abstand	12.5 in Verbindung mit 12.5.1, 12.5.2, 12.5.3, 12.5.4 oder 12.5.5 der Tabelle 2 des Anhangs, 12.6 in Verbindung mit 12.6.1 oder 12.6.2 der Tabelle 2 des Anhangs, 12.7 in Verbindung mit 12.7.1 oder 12.7.2 der Tabelle 2 des Anhangs, 15
3.2.4	Überholen	17, 18, 19, 19.1, 153a, 21, 22
3.2.5	Vorfahrt	34
3.2.6	Abbiegen, Wenden und Rückwärtsfahren	39.1, 41, 42.1, 44
3.2.7	Park- oder Halteverbote mit Behinderung von Rettungsfahrzeugen	51b.3, 53.1
3.2.8	Liegenbleiben von Fahrzeugen	66
3.2.9	Beleuchtung	76
3.2.10	Benutzung von Autobahnen und Kraftfahrtstraßen	79, 80.1, 82, 83.1, 83.2, 85, 87a, 88
3.2.11	Verhalten an Bahnübergängen	89, 89b.1
3.2.12	Verhalten an öffentlichen Verkehrsmitteln und Schulbussen	92.1, 92.2, 93, 95.1, 95.2
3.2.13	Personenbeförderung, die Sicherungspflichten	99.1, 99.2
3.2.14	Ladung	102.1, 102.1.1, 102.2.1, 104
3.2.15	sonstige Pflichten des Fahrzeugführers	108, 246.1, 247
3.2.16	Verhalten am Fußgängerüberweg	113
3.2.17	übermäßige Straßenbenutzung	116
3.2.18	Verkehrshindernisse	123

§ 3 Kernpunkte der Reform

Nummer	Verstöße gegen die Vorschriften	laufende Nummer des BKat
3.2.19	Verhalten gegenüber Zeichen oder Haltgebot eines Polizeibeamten sowie an Wechsellichtzeichen, Dauerlichtzeichen und Grünpfeil	129, 132, 133.1, 133.2, 133.3.1, 133.3.2,
3.2.20	Vorschriftzeichen	150, 151.1, 151.2, 152, 152.1
3.2.21	Richtzeichen	157.3, 159b
3.2.22	andere verkehrsrechtliche Anordnungen	164
3.2.23	Auflagen	166, 233
3.3.	Verstöße gegen die Vorschriften der Fahrerlaubnis-Verordnung[16]	171, 172, 251a
3.4.	Verstöße gegen die Vorschriften der Fahrzeug-Zulassungs-Verordnung[17]	175, 253
3.5.1	Untersuchung der Kraftfahrzeuge und Anhänger	186.1.3, 186.1.4, 186.2.3, 187a
3.5.2	Verantwortung für den Betrieb der Fahrzeuge	189.1.1, 189.1.2, 189.2.1, 189.2.2, 189.3.1, 189.3.2, 189a.1, 189a.2
3.5.3	Abmessungen von Fahrzeugen und Fahrzeugkombinationen	192, 193
3.5.4	Kurvenlaufeigenschaften von Fahrzeugen	195, 196
3.5.5	Achslast, das Gesamtgewicht, die Anhängelast hinter Kraftfahrzeugen	98 und 199 jeweils in Verbindung mit 198.1.2 bis 198.1.7, 199.1.2 bis 199.1.6, 198.2.4 oder 199.2.4, 198.2.5 oder 199.2.5, 198.2.6 oder 199.2.6 der Tabelle 3 des Anhangs
3.5.6	Besetzung von Kraftomnibussen	201, 202
3.5.7	Bereifung und Laufflächen	212, 213
3.5.8	Sonstige Pflichten für den verkehrssicheren Zustand des Fahrzeugs	214.1, 214.2, 214a.1, 214a.2
3.5.9	Stützlast	217
3.5.10	Geschwindigkeitsbegrenzer	223, 224

16 Hier nur in der Überschrift angegeben, Einzelheiten in Anlage 13 FeV (siehe § 7 Rn 27).
17 Hier nur in der Überschrift angegeben, Einzelheiten in Anlage 13 FeV (siehe § 7 Rn 27).

B. Differenzierung der Verstöße § 3

Nummer	Verstöße gegen die Vorschriften	laufende Nummer des BKat
3.6.	Verstöße gegen die Vorschriften der Gefahrgutverordnung Straße, Eisenbahn und Binnenschifffahrt (GGVSEB)[18]	Unterabschnitt 7.5.7.1 ADR i.V.m. § 37 Abs. 1 Nr. 21 Bust. a GGVSEB

Diese Liste macht deutlich, dass der Gesetzgeber bemüht ist, Verstöße, die die Verkehrssicherheit nachhaltig beeinträchtigen könnten, zu sanktionieren und Fehlverhalten von Fahrzeugführern zu identifizieren. **25**

Zudem ist die Verwarnungsgeldobergrenze gem. § 56 Abs. 1 OWiG von bis dato 35 EUR auf 55 EUR angehoben worden, worauf folgend die **Eintragungsgrenze** von bislang 40 EUR auf **60 EUR** angehoben werden musste, zumal die Eintragungsgrenze seit 25 Jahren Bestand hatte. Geringfügige Ordnungswidrigkeiten sollen daher schneller und einfacher erledigt werden können. Sanktionen aufgrund von Vorschriften, die für die Verkehrssicherheit erforderlich sind, mussten konsequent angehoben werden, so dass sich eine Reihe von Anpassungen bei den Bußgeldregelsätzen ergab.[19] Denn nur so ist die Eintragung im Register bei Zuwiderhandlung möglich.[20] **26**

Beispielhaft[21] soll hier nur angeführt werden, dass das Parken an unübersichtlichen Stellen bei Behinderung von Rettungsfahrzeugen, nicht kenntlich gemachten liegen gebliebenen Fahrzeugen, der Kindersicherungspflicht wie auch der übermäßigen Straßenbenutzung oder der Schaffung von Verkehrshindernissen, der Missachtung von Zeichen oder Anordnungen eines Polizeibeamten, ebenso wie Vorfahrt- oder Rotlichtverstöße und der erforderlichen Bereifung, dem Fahren ohne Begleitung als Siebzehnjähriger und dem vermutlich häufigsten Verstoß des Handyverbotes von 40 EUR auf 60 EUR bzw. von 50 EUR auf 70 EUR angehoben worden sind. **27**

Im Vergleich zur alten Regelung sind mit einem Punkt nunmehr Verstöße sanktioniert, die nach den vorherigen Vorschriften ein bis vier Punkte für die jeweiligen Ordnungswidrigkeiten, die mit einem Bußgeld von 40 EUR belegt ist, erhalten haben.[22] **28**

> *Hinweis* **29**
>
> An dieser Stelle wird bereits deutlich, dass bei der **Überführung der alten Punkte** in das neue Fahreignungsregister jedenfalls mit der reinen Umrechnung der Punkte ein Un-

---

18 Hier nur in der Überschrift angegeben, Einzelheiten in Anlage 13 FeV (siehe § 7 Rn 27).
19 Zuletzt geändert durch die Neunte Verordnung zur Änderung der Fahrerlaubnis-Verordnung und anderer straßenverkehrsrechtlicher Vorschriften v. 5.11.2013, BGBl. I v. 11.11.2013, S. 3925 ff.
20 *Albrecht*, Die Reform des Verkehrszentralregisters, DAR 2013, 439.
21 *Albrecht*, Die Reform des Verkehrszentralregisters, DAR 2013, 439 mit einer Aufzählung der betroffenen Vorschriften.
22 *Albrecht*, Die Reform des Verkehrszentralregisters, DAR 2013, 442; *Borzym*, Das neue Fahreignungsregister, SVR, 2013, 167.

gleichgewicht entstehen könnte, wenn nach neuem Recht nämlich lediglich ein Punkt für einen Verstoß, der zuvor mit vier Punkten sanktioniert worden ist, vergeben wird.

II. 2 Punkte – Besonders verkehrssicherheitsrelevante Zuwiderhandlungen

30 Die neuen Regelungen sehen vor, dass zwei Punkte für **besonders verkehrssicherheitsbeeinträchtigende Verstöße** und ihnen gleichgestellte Zuwiderhandlungen vergeben werden. In diese Kategorie fallen jedenfalls **Straftaten, für die keine Entziehung der Fahrerlaubnis oder isolierte Sperre angeordnet** worden ist.

31 Eine Durchbrechung des Systems im Hinblick auf die Verkehrssicherheit stellt sicherlich das unerlaubte Entfernen vom Unfallort gem. § 142 StGB dar, das unabhängig davon, ob ein Fahrverbot angeordnet wird oder nicht, mit zwei Punkten geahndet wird.[23]

32 Noch im Regierungsentwurf war diese Straftat vor dem Hintergrund entfallen, dass das unerlaubte Entfernen vom Unfallort nicht die Verkehrssicherheit gefährdet. So hatte ursprünglich der Regierungsentwurf danach unterschieden, ob die Fahrerlaubnis entzogen oder eine isolierte Sperre bei Tätern ohne Fahrerlaubnis verhängt wird – war dies nicht der Fall, wurden lediglich zwei Punkte in das Register eingetragen.[24] Auf Drängen der Länder jedoch ist die entsprechende Vorschrift des § 4 Abs. 1 Nr. 2 StVG eingefügt worden, wonach zivilrechtliche Ansprüche Unfallbeteiligter ebenfalls in das Fahreignungs-Bewertungssystem eingestellt werden sollen. Im Einzelnen handelt es sich um folgende Straftaten, die mit zwei Punkten bewährt sind, sofern kein Fahrverbot oder keine isolierte Sperre angeordnet wird (sonst drei Punkte, siehe Rn 37 ff.).

33

Nummer	Straftat	Vorschriften
2.1.1	Fahrlässige Tötung, soweit ein Fahrverbot angeordnet worden ist	§ 222 StGB
2.1.2	Fahrlässige Körperverletzung, soweit ein Fahrverbot angeordnet worden ist	§ 229 StGB
2.1.3	Nötigung, soweit ein Fahrverbot angeordnet worden ist	§ 240 StGB
2.1.4	Gefährliche Eingriffe in den Straßenverkehr	§ 315b StGB
2.1.5	Gefährdung des Straßenverkehrs	§ 315c StGB
2.1.6	Unerlaubtes Entfernen vom Unfallort	§ 142 StGB

---

23 *Albrecht*, Die Reform des Verkehrszentralregisters, DAR 2013, 442.
24 *Funke*, Die Reform des Punktsystems: Das neue Fahreignungsregister, NZV 2013, 3.

B. Differenzierung der Verstöße §3

Nummer	Straftat	Vorschriften
2.1.7	Trunkenheit im Verkehr	§ 316 StGB
2.1.8	Vollrausch, soweit ein Fahrverbot angeordnet worden ist	§ 323a StGB
2.1.9	Unterlassene Hilfeleistung, soweit ein Fahrverbot angeordnet worden ist	§ 323c StGB
2.1.10	Führen oder Anordnen oder Zulassen des Führens eines Kraftfahrzeugs ohne Fahrerlaubnis, trotz Fahrverbots oder trotz Verwahrung, Sicherstellung oder Beschlagnahme des Führerscheins	§ 21 StVG
2.1.11	Kennzeichenmissbrauch, soweit ein Fahrverbot angeordnet worden ist	§ 22 StVG

Zu den weiteren Verstößen gehören **grobe Ordnungswidrigkeiten**, also diejenigen, für die ein Regelfahrverbot vorgesehen ist. Diese Verstöße hat bereits der Verordnungsgeber als „grob" im Sinne des Straßenverkehrsgesetzes gewertet. Sollte auf Seiten des Betroffenen Beharrlichkeit oder ein wiederholter Verstoß vorliegen, bleibt es jedoch bei der Wertung von einem Punkt, da die erneute Tatbegehung keine größere Gefährdung der Verkehrssicherheit mit sich bringt.[25]

Neben den oben aufgeführten Straftaten sind unter Ziffer 2.2 sodann die besonders verkehrssicherheitsbeeinträchtigende Ordnungswidrigkeiten aufgeführt:

laufende Nummer	Ordnungswidrigkeit	laufende Nummer der Anlage zur Bußgeldkatalog- Verordnung (BKat)
2.2.1	Kraftfahrzeug geführt mit einer Atemalkohol-konzentration von 0,25 mg/l oder mehr oder mit einer Blutalkoholkonzentration von 0,5 Promille oder mehr oder mit einer Alkoholmenge im Körper, die zu einer solchen Atem- oder Blutalkoholkonzentration führt	241, 241.1, 241.2
2.2.2	Kraftfahrzeug unter der Wirkung eines in der Anlage zu § 24a Abs. 2 des Straßenverkehrsgesetzes genannten berauschenden Mittels geführt	242, 242.1, 242.2

---

25 Ebenso *Albrecht*, Die Reform des Verkehrszentralregisters, DAR 2013, 442.

§ 3 Kernpunkte der Reform

laufende Nummer	Ordnungswidrigkeit	laufende Nummer der Anlage zur Bußgeldkatalog- Verordnung (BKat)
2.2.3	Zulässige Höchstgeschwindigkeit überschritten	9.1 bis 9.3, 11.1 bis 11.3 jeweils in Verbindung mit 11.1.6 bis 11.1.10 der Tabelle 1 des Anhangs (11.1.6 nur inner- halb geschlossener Ortschaften), 11.2.5 bis 11.2.10 der Tabelle 1 des Anhangs (11.2.5 nur inner- halb geschlossener Ortschaften) oder 11.3.6 bis 11.3.10 der Tabelle 1 des Anhangs (11.3.6 nur innerhalb geschlossener Ortschaften)
2.2.4	Erforderlichen Abstand von einem vorausfahrenden Fahrzeug nicht eingehalten	12.6 in Verbindung mit 12.6.3, 12.6.4 oder 12.6.5 der Tabelle 2 des Anhangs sowie 12.7 in Verbindung mit 12.7.3, 12.7.4 oder 12.7.5 der Tabelle 2 des Anhangs
2.2.5	Überholvorschriften nicht eingehalten	19.1.1, 19.1.2, 21.1, 21.2
2.2.6	Auf der durchgehenden Fahrbahn von Auto- bahnen oder Kraftfahrtstraßen gewendet, rückwärts oder entgegen der Fahrtrichtung gefahren	83.3
2.2.7	Als Fahrzeugführer Bahnübergang unter Verstoß gegen die Wartepflicht oder trotz geschlossener Schranke oder Halbschranke überquert	89b.2, 244
2.2.8	Als Fahrzeugführer rotes Wechsellichtzeichen oder rotes Dauerlichtzeichen nicht befolgt bei Gefährdung, mit Sachbeschädigung oder bei schon länger als einer Sekunde andauernder Rotphase eines Wechsellichtzeichens	132.1, 132.2, 132.3, 132.3.1, 132.3.2
2.2.9	Als Kraftfahrzeugführer an einem Kraftfahrzeugrennen teilgenommen	248

III. 3 Punkte – Soweit die Entziehung der Fahrerlaubnis oder eine isolierte Sperre angeordnet ist

Immer dann, wenn die strafrichterliche Entscheidung eine **Entziehung der Fahrerlaubnis** oder aber die **Anordnung einer isolierten Sperre bei einer Verkehrsstraftat** anordnet, erfolgt eine Bepunktung in Höhe von drei Punkten.[26]

Nummer	Straftat	Vorschriften
1.1	Fahrlässige Tötung	§ 222 StGB
1.2	Fahrlässige Körperverletzung	§ 229 StGB
1.3	Nötigung	§ 240 StGB
1.4	Gefährliche Eingriffe in den Straßenverkehr	§ 315b StGB
1.5	Gefährdung des Straßenverkehrs	§ 315c StGB
1.6	Unerlaubtes Entfernen vom Unfallort	§ 142 StGB
1.7	Trunkenheit im Verkehr	§ 316 StGB
1.8	Vollrausch	§ 323a StGB
1.9	Unterlassene Hilfeleistung	§ 323c StGB
1.10	Führen oder Anordnen oder Zulassen des Führens eines Kraftfahrzeugs ohne Fahrerlaubnis, trotz Fahrverbots oder trotz Verwahrung, Sicherstellung oder Beschlagnahme des Führerscheins	§ 21 StVG
1.11	Kennzeichenmissbrauch	§ 22 StVG

Die Aufzählung macht deutlich, dass hier schwerwiegende Verstöße ins Auge gefasst werden sollen, die auch langfristig in das Fahreignungs-Bewertungssystem Eingang finden müssen. Nicht nur unterliegen sie der langen Verjährungsfrist, sondern sie haben für den jeweiligen Betroffenen erhebliche Konsequenzen, weil weitere verkehrsrechtliche Verstöße jedenfalls zu weiteren Maßnahmen der Fahrerlaubnisbehörden führen werden. Mit einem „Sprung" von 3 Punkten erreicht der Fahrerlaubnisinhaber zwanglos die nächste Maßnahmestufe, sobald auch nur ein vorheriger Verstoß eingetragen ist.

Ob damit wirklich mehr Gerechtigkeit Einzug halten kann, muss angesichts der drastischen Folgen – gerade bei der fahrlässigen Körperverletzung – aber bezweifelt werden. Zu bedenken ist insbesondere, dass es keine allgemein gültige Handlungsanweisung im Rahmen der RiStBV gibt, wonach die Verfahren großzügig nach § 153a StPO eingestellt werden sollen.[27] Zuletzt ist auf dem 50. Verkehrsgerichtstag 2012 in dem Arbeitskreis VII hinsichtlich der Entkriminalisierung der fahrlässigen Körperverletzung im Straßenverkehr auch auf die-

---

26 Diese Kategorie fasst die bisherige Bewertung mit 5 bis 7 Punkten zusammen.
27 Der ACE hat in einer Evaluierung anlässlich des Verkehrsgerichtstages 2011 festgestellt, dass erhebliche regionale Unterschiede in der Praxis bestehen.

§ 3 Kernpunkte der Reform

sen Umstand hingewiesen worden und in die Empfehlungen eingeflossen: „Jedenfalls ist dies zu kritisieren, solange die Praxis noch derart uneinheitlich verfährt."[28]

IV. Berechnung der Punkte

40 Zur Berechnung der Punkte selbst ist diese durch ein Kombinationsmodell von Tattags- und Rechtskraftprinzip folgendermaßen vorzunehmen, wenn und soweit Maßnahmen seitens der Behörden zu ergreifen sind – damit ist dann jeweils auf den **Zeitpunkt** der Ergreifung der Maßnahme abzustellen:
1. Tat
2. Urteil/Bußgeldbescheid
3. Rechtskraft
4. Eintragung in FaER
5. Tilgungsreife
6. Löschung

41 Die Punkte entstehen mit der Begehung der Tat und können damit bei der Ergreifung der Maßnahme auch zugrunde gelegt werden. Zusammen mit weiteren Taten, die sich nicht in der Überliegefrist mit ihrer Tilgungsreife befinden, führen die addierten Punktestände unter Umständen zu einer Maßnahme. Spätere Tilgungen sind für das Ergreifen einer Maßnahme folgerichtig nicht zu berücksichtigen.

42 *Hinweis*

Die Verwertbarkeit der Punkte erstreckt sich danach nicht lediglich auf den Zeitraum der Rechtskraft bis zur Tilgungsreife, sondern vielmehr vom Beginn der Tat bis zum Eintritt der Tilgungsreife.

Es ist daher immer genau zu ermitteln, welcher Punktestand am Tag der Maßnahmenergreifung bestanden hat, denn die Maßnahme kann nur beim entsprechenden Punktestand rechtmäßig erfolgen. Dies kann aber aufgrund der Kombination von Tattags- und Rechtskraftprinzip im Einzelfall schwierig zu berechnen sein.

V. Nicht mehr im FaER enthaltene Verstöße

43 Für nicht mehr sanktionswürdig und damit **folgenlos im Fahreignungsregister** sind die folgenden Verstöße aufzuzählen:
- Verstöße bei Veranstaltungen, Bauarbeiten an der Straße;
- Verstöße gegen das Sonn- und Feiertagsfahrverbot (Anhebung auf 120/570 EUR);

---

28 Empfehlungen des Deutschen Verkehrsgerichtstages sämtlich unter *www.deutscher-verkehrsgerichtstag.de* nachzulesen.

C. Maßnahmestufen nach § 4 Abs. 4, 5 StVG | § 3

- Verstöße gegen die Ferienreise-Verordnung (Anhebung auf 60/150 EUR);
- Verstöße in einer Umweltzone (Anhebung auf 80 EUR);
- Kennzeichenmissbrauch (teilweise Anhebung);
- Verstöße gegen eine Fahrtenbuchauflage (Anhebung auf 100 EUR);
- Verstöße gegen die Prüfpflicht von Geschwindigkeitsbegrenzern;
- Verstöße gegen die Feststellungspflichten bzgl. Achs-/Anhängelast/Gesamtgewicht;
- Gebrauch unversicherter Kraftfahrzeuge oder Anhänger.

Diese Verstöße werden nicht mehr als verkehrssicherheitsrelevant qualifiziert.

C. Maßnahmestufen nach § 4 Abs. 4, 5 StVG

I. Einleitung

Das gesetzgeberische Vorhaben fußt auf der Idee, Maßnahmestufen bei auffälligen Kraftfahrern einzuführen. Je nach Punktestand soll dieser bei Verstößen eine Maßnahmestufe „weiterrücken". Unglücklich ist auch die „Tachoampel", mit der das BMVBS die jeweiligen Maßnahmestufen dargestellt hat,[29] etwas weniger problematisch dürfte daher folgende Darstellung die Maßnahmen zeigen, wonach der Verkehrsteilnehmer mit einem Punktestand von **1–3** mit **Vormerkung** aber ohne Maßnahme der Fahrerlaubnisbehörde, ab einem Punktestand von mehr als **4–5 Punkten** ist die Stufe der **Ermahnung** erreicht, sodann die Information zum Fahreignungs-Bewertungssystem – und ein freiwilliges Fahreignungsseminar möglich. Ab **6–7 Punkten** wird es für den Kraftfahrer ernst, weil eine **Verwarnung** ausgesprochen wird.

44

Die verschiedenen Stufen

45

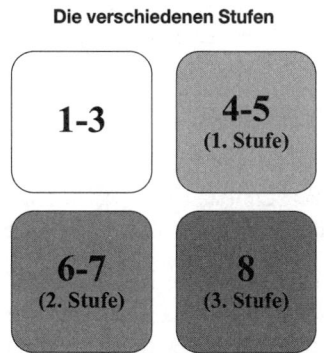

Sind **8 Punkte** erreicht, ist die **Entziehung der Fahrerlaubnis** vorzunehmen.

46

---

29 Soll etwa mit der grünen Farbe angedeutet werden, dass der Kraftfahrer „sorglos" drauf losfahren kann, wenn er sich noch im „grünen Bereich" befindet?

§ 3 Kernpunkte der Reform

47 Die **Maßnahmen treffen ausschließlich die Fahrerlaubnisinhaber** nach § 4 StVG.[30] Die Behörde hat bei den Maßnahmen die Verstöße einzeln zu bezeichnen, eine Aufforderung zur Verhaltensänderung bei den ersten beiden Maßnahmestufen sowie eine Kostenentscheidung auszusprechen. Diese ist dann separat angreifbar. Bei einer Entziehung ist dann mit Widerspruch und Anfechtungsklage das gesamte behördliche Handeln angreifbar, das eingelegte Rechtsmittel hat aber keine aufschiebende Wirkung; eine Wiedererteilung ist erst nach 6 Monaten möglich.

48 Nach § 4 Abs. 4 StVG ist der Fahrerlaubnisinhaber mit einem Punktestand von einem Punkt bis zu drei Punkten mit der Speicherung der zugrunde liegenden Entscheidungen nach § 28 Abs. 3 Nr. 1 oder 3 für die Zwecke des Fahreignungs-Bewertungssystems vorgemerkt.

49 In **§ 4 Abs. 5 StVG** ist dann geregelt, dass die Fahrerlaubnisbehörde gegenüber dem Inhaber einer Fahrerlaubnis **Maßnahmen stufenweise** zu ergreifen hat, also gebundenes Ermessen vorliegt, wenn sich in der Summe diese Punktestände ergeben:

50

Maßnahmestufe	Punktzahl	Maßnahme
Ermahnung	4–5	Schriftliche Ermahnung
		Hinweis, dass ein Fahreignungsseminar nach § 4a StVG freiwillig besucht werden kann, um das Verkehrsverhalten zu verbessern (Abzug 1 Punkt – nur einmal in 5 Jahren).
Verwarnung	6–7	Schriftliche Verwarnung
		Hinweis, dass ein Fahreignungsseminar nach § 4a StVG freiwillig besucht werden kann, um das Verkehrsverhalten zu verbessern, allerdings ohne Punktabzug;
		Unterrichtung, dass bei Erreichen von acht Punkten die Fahrerlaubnis entzogen wird.
Entziehung	8 oder mehr	Inhaber der Fahrerlaubnis ist ungeeignet zum Führen von Kfz; Entziehung der Fahrerlaubnis.

51 *Hinweis*
Die Behörde hat hierbei kein Ermessen; sie ist bei den Maßnahmen an die rechtskräftige Entscheidung über die Straftat oder die Ordnungswidrigkeit gebunden.

52 Wichtig ist allerdings noch, dass die Behörde obligatorisch für das Ergreifen der Maßnahmen auf den Punktestand abstellen muss, der sich **zum Zeitpunkt der Begehung der letzten zur Ergreifung der Maßnahme führenden Straftat oder Ordnungswidrigkeit** ergeben hat. Insofern werden bei der Berechnung des Punktestandes nur diejenigen Zuwiderhandlungen eingestellt, deren Tilgungsfrist zum Zeitpunkt der Begehung der letzten

---

30 Ebenso *Albrecht*, Die Reform des Verkehrszentralregisters, DAR 2013, 443.

C. Maßnahmestufen nach § 4 Abs. 4, 5 StVG § 3

zur Ergreifung der Maßnahme führenden Straftat oder Ordnungswidrigkeit noch nicht abgelaufen waren. Entfallen im Laufe der Zeit Punkte wegen des Ablaufes der Tilgungsfrist, kann dies aber nicht mehr in Ansatz gebracht werden.

II. Vormerkung

Die Vormerkung stellt nach der gesetzgeberischen Intention keine Maßnahmestufe dar.[31] **53**
Die Fahrerlaubnisbehörde darf die jeweils „fälligen" Maßnahmen aber nach **§ 4 Abs. 6 StVG** nur dann ergreifen, sofern die jeweils davor liegende Maßnahme nach § 4 Abs. 5 S. 1 Nr. 1 oder 2 StVG bereits zuvor ergriffen worden ist.

> *Hinweis* **54**
> Die Vormerkung im Fahreignungs-Bewertungssystem wird dem Betroffenen schriftlich auf Anfrage mitgeteilt. Ansonsten findet sich der Hinweis über den Eintritt in die Vormerkung lediglich im Bußgeldbescheid. Dennoch ist ein Fahreignungsseminar bereits jetzt schon möglich, um einen Punkteabzug zu erreichen.

III. Ermahnung

Die Ermahnung wird schriftlich ausgesprochen, wenn sich **4 oder 5 Punkte** beim Fahrerlaubnisinhaber angesammelt haben. Denklogisch ist dies **mindestens der zweite Verstoß**, der geahndet und eingetragen wird. Es handelt sich um einen wiederholt auffälligen Kraftfahrer.[32] Das Ziel der Ermahnung ist nicht nur über den schriftlichen Hinweis, wie das Fahreignungs-Bewertungssystem funktioniert, Verständnis zu wecken, sondern eine Verhaltensänderung zu bewirken, weil ein freiwilliges Fahreignungsseminar auf dieser Stufe zu einem Punkteabzug von 1 Punkt führt, solange noch nicht die mit 6–7 Punkten zweite Maßnahmestufe erreicht ist. Denn einer der Ausgangspunkte der Reform fußt darauf, dass wiederholt auffällige Kraftfahrer ein besonders hohes Risiko für das Entstehen von weiteren Verkehrsunfällen in sich bergen.[33] Es wird weiterhin auf die nächste Stufe der Verwarnung hingewiesen. Rechtsmittel sind lediglich gegen die Kostenentscheidung möglich. **55**

---

31 *Albrecht*, Die Reform des Verkehrszentralregisters, DAR 2013, 443.
32 Ebenso *Albrecht*, Die Reform des Verkehrszentralregisters, DAR 2013, 443.
33 So die Stellungnahme des Bundesrates zum Entwurf eines Vierten Gesetzes zur Änderung des Straßenverkehrsgesetzes und anderer Gesetze, BR-Drs. 799/12 v. 1.2.2013, S. 71 unter Bezugnahme auf „*Schade/Heinzmann*, Risikogruppen im Verkehrszentralregister als Basis für eine Prämiendifferenzierung in der Kfz- Haftpflicht, Berichte der BASt, Heft M 159, Bergisch Gladbach 2004"; *Diamantopoulou, Cameron, Dyte, Harrison*, The Relationship between Demerit Points Accrual and crash involvement, Monash University Accident Research Center Rapport, 1997.

IV. Verwarnung

56 Auch mit der nächsten Maßnahmestufe wird dasselbe Ziel – Erreichung einer Verhaltensänderung – verfolgt. Liegen bei dem Fahrerlaubnisinhaber **6 oder 7 Punkte** vor, ist er beim Erreichen eines dieser Punktestände schriftlich zu verwarnen; wobei er darüber zu unterrichten ist, dass bei Erreichen von 8 Punkten die Fahrerlaubnis entzogen wird. Das ursprüngliche Konzept[34] sah noch die Anordnung zur Teilnahme an einem Fahreignungsseminar vor:

Alte Regelungsidee

von 0 bis 2	3 bis 5 Punkte (1. Stufe)	6 oder 7 Punkte (2. Stufe)	8 Punkte plus (3. Stufe)
Vormerkung ohne weitere Maßnahmen	**Ermahnung** und Information zum Fahreignungs-Bewertungssystem **freiwilliges Fahreignungsseminar möglich**	**Verwarnung** und eine **Anordnung** zur Teilnahme an einem Fahreignungsseminar	**Entziehung** der Fahrerlaubnis

57 Davon aber hat der Gesetzgeber aus verschiedenen Gründen dann doch noch Abstand genommen. Einerseits ist nämlich nur ein einmaliger Punktabbau möglich, was in der vorher diskutierten Fassung noch mit 2 Punkten befördert werden sollte; zum anderen gab es Kritik an der Gestaltung der Fahreignungsseminare, die nach dem aktuellen Gesetzesstand einer Evaluierungsphase unterworfen werden. Daher sieht die Regelung nunmehr wie folgt aus:

Drei Maßnahmenstufen

von 0 bis 3	4 oder 5 Punkte (1. Stufe)	6 oder 7 Punkte (2. Stufe)	8 Punkte plus (3. Stufe)
■ **Vormerkung** ohne weitere Maßnahmen ■ freiwilliges Fahreignungsseminar möglich ■ einmal in 5 Jahren mit 1 Punkt Abzug	■ **Ermahnung** ■ freiwilliges Fahreignungsseminar möglich ■ einmal in 5 Jahren mit 1 Punkt Abzug	■ **Verwarnung** ■ freiwilliges Fahreignungsseminar ■ kein Punktabzug ■ Hinweis auf Entziehung bei 8 Punkten	■ **Entziehung** der Fahrerlaubnis ■ **Wiederteilung erst nach 6 Monaten möglich**

---

34 *Albrecht*, Die Reform des Verkehrszentralregisters, DAR 2013, 443, der ebenso darauf hinweist, dass dies im Regierungsentwurf noch so vorgesehen war.

C. Maßnahmestufen nach § 4 Abs. 4, 5 StVG | § 3

Deshalb muss die Behörde im Rahmen der schriftlichen Verwarnung auch darauf hinweisen, dass ein **Punkteabzug nun nicht mehr möglich** ist, wenngleich der **freiwillige Besuch eines Fahreignungsseminars natürlich willkommen ist**, da die Verhaltensänderung ja durch den Besuch des Seminars befördert werden soll, also angeraten wird. Einen Punkteabzug kann der Betroffene erst wieder erreichen, wenn er auf den Punktestand von 4–5 Punkten abgesunken ist. Aber auch dann gilt wiederum, dass dies nur einmal alle 5 Jahre möglich ist. Allerdings kann der Besuch des Seminars nicht beliebig lange zurückliegen und sollte daher sinnvollerweise erst dann erfolgen, wenn der Punktestand von 5 oder weniger erreicht ist.

58

V. Entziehung der Fahrerlaubnis

Hat der Fahrerlaubnisinhaber **8 oder mehr Punkte** erreicht, gilt er als ungeeignet zum Führen von Kraftfahrzeugen und die **Fahrerlaubnis** ist durch die zuständige Behörde zu **entziehen**. Hierbei hat die Behörde keine Ermessensspielräume, sondern muss allein auf den erreichten Punktestand abheben.

59

VI. Durchlaufen einer jeden Maßnahmestufe

Voraussetzung des § 41 Abs. 1 FeV (siehe § 7 Rn 23) ist, dass die Ermahnung des Inhabers einer Fahrerlaubnis nach § 4 Abs. 5 S. 1 Nr. 1 StVG, seine Verwarnung nach § 4 Abs. 5 S. 1 Nr. 2 StVG und der jeweilige gleichzeitige **Hinweis auf die freiwillige Teilnahme an einem Fahreignungsseminar schriftlich unter Angabe der begangenen Verkehrszuwiderhandlungen erfolgen muss.**

60

> *Hinweis*
> Die Frage darf also gestellt werden, was geschieht, wenn diese Voraussetzungen nicht erfüllt sind. Eine Verletzung der Formvorschriften kommt einer fehlenden rechtlichen Anhörung gleich, die zur Folge haben dürfte, dass die jeweils dann erreichte Maßnahmestufe noch nicht als erreicht betrachtet werden muss. Das würde bedeuten, dass im Rahmen des rechtlichen Gehörs der Betroffene umfassend über sein weiteres Verhalten belehrt werden muss, da ansonsten eine Maßnahme nach den neuen Bestimmungen nicht angewendet werden kann, da jede Maßnahmestufe erst durchlaufen sein muss, um die folgende Stufe zu erreichen.

Dabei soll keine Maßnahmestufe „übersprungen" werden, denn die Hoffnung, auf das Verhalten des Betroffenen einzuwirken – gerade über die Fahreignungsseminare – ist bei dem Vorhaben im Zentrum der Überlegungen gewesen. Auch hielt man für ungerecht, dass ein Fahrerlaubnisinhaber bei tatmehrheitlich begangenen Verstößen auf einen Streich inner-

61

halb von kurzer Zeit sonst seiner Fahrerlaubnis verlustig gehen müsste. Daraus folgt, dass nach Tilgung von tilgungsreif gewordenen Punkten dann auch die jeweiligen Maßnahmestufen erneut und wiederholt durchlaufen werden können bzw. müssen.[35]
Die Kategorien lauten daher: **Vormerkung – Ermahnung – Verwarnung – Entzug.** Bei den drei letztgenannten handelt es sich um die jeweils zu durchlaufenden Maßnahmestufen.

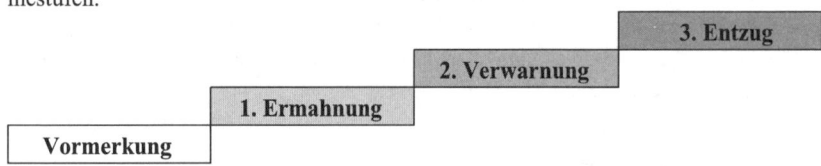

62 **Dabei ist dann auch das Stufenverhältnis zu berücksichtigen, § 4 Abs. 6 StVG.** Wenn der Fahrerlaubnisinhaber 6 oder 8 Punkte erreichen sollte, ohne dass die Behörde die Maßnahme der Ermahnung nach § 4 Abs. 5 S. 1 Nr. 1 ergriffen hat, verringert sich der Punktestand dann auf 5 Punkte bzw. falls keine Verwarnung nach Abs. 5 S. 1 Nr. 2 erfolgte, reduziert sich der Punktestand auf 7 Punkte. Spätere Verringerungen aufgrund von Tilgungen werden von dem sich nach den Abs. 5 S. 2 oder 3 ergebenden Punktestand abgezogen.

§ 4 Abs. 7 S. 1 StVG

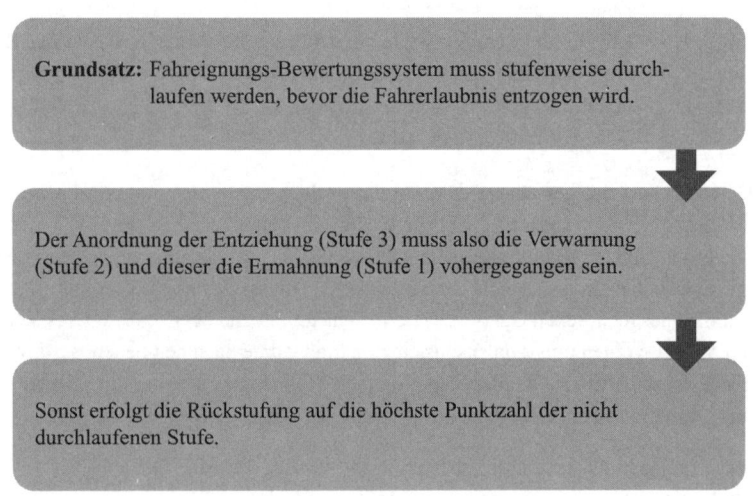

---

35 *Albrecht*, Die Reform des Verkehrszentralregisters, DAR 2013, 443.

E. Punkteabbau § 3

Anmerkung 63

Ob das nun alles so durchdacht ist, fragt sich der Beobachter. Denn die Vergabe der Punkte führte erst bei 5 Verstößen, wenn jeweils 3 Punkte vergeben wurden, zu einer Maßnahme der zuständigen Behörden: Ist beispielsweise eine Geschwindigkeitsüberschreitung, die mit 3 Punkten bewehrt war, gegeben, konnte ein Betroffener erhebliche Verstöße begehen, bevor zu einer Maßnahme gegriffen wurde. Nach der jetzigen Bewertung sind es aber immerhin 6 oder sogar 7 Verstöße denkbar, bevor Maßnahmen greifen. Die hohe Anzahl macht bereits deutlich, dass diese Vielzahl an Verstößen doch eben gerade vermieden werden sollte, weil nach wissenschaftlicher Erkenntnis die Anzahl und nicht die Schwere der Verstöße für ein erhöhtes Unfallrisiko maßgeblich sind. **Besonders bei Geschwindigkeitsüberschreitungen ist diese Konsequenz nachgerade kontraproduktiv.**

Zudem ist zu kritisieren, dass die **weniger erheblichen Verstöße**, die nach alter Rechtslage mit 1 Punkt bewertet worden sind, **nunmehr vergleichsweise scharf sanktioniert** sind nach der Überführung einerseits und der neuen Gewichtung andererseits.

D. Fahrerlaubnis auf Probe

Auch ist das Fahreignungs-Bewertungssystem neben den Vorschriften bei der Fahrerlaubnis auf Probe anwendbar, so dass die Fahrerlaubnisinhaber auf Probe nach § 2a StVG und nach § 4 StVG gespeichert werden mit den sich jeweils daraus ergebenden Maßnahmen. Hat die Behörde die Möglichkeit, ein Aufbauseminar nach § 2a Abs. 2 S. 1 Nr. 1 StVG und ein Fahreignungsseminar nach § 4 Abs. 5 StVG anzuordnen, ist das Fahranfängerseminar vorrangig zu behandeln, weil auf die besonderen Schulungsbedürfnisse des Fahranfängers abgestimmt ist.[36]

64

E. Punkteabbau

I. Punkteabbau im Gesetzgebungsverfahren

Erst spät in das Gesetzgebungsverfahren hat sich eine Punktabbauregelung eingefunden: Man darf davon ausgehen, dass die FDP-Fraktion ihre Zustimmung zum Gesetzesvorhaben hiervon abhängig gemacht haben dürfte. Es soll entgegen der ursprünglichen Planung nun ein **Abbau von einem Punkt** ermöglicht werden, allerdings nur einmalig innerhalb von fünf Jahren bei einem Punktestand bis zu fünf Punkten. Zugleich kann ein

65

---

36 So auch sachgerecht argumentiert in der Stellungnahme des Bundesrates zum Entwurf eines Vierten Gesetzes zur Änderung des Straßenverkehrsgesetzes und anderer Gesetze, BR-Drs. 799/12 v. 1.2.2013, S. 38.

§ 3 Kernpunkte der Reform

Kraftfahrer freiwillig den Kurs besuchen, sofern er zwischen sechs bis sieben Punkten liegt. Gedacht ist dabei an Vielfahrer, die keinen Nachteil erleiden sollen und denen eine „Umkehr" ihres bisherigen Verkehrsverhaltens ermöglicht wird. Ursprünglich hatte die Diskussion einen Punkteabbau von zwei Punkten ermöglichen wollen; der Vermittlungsausschuss zwischen Bundesrat und Bundestag aber hat sich für die Variante entschieden, dass lediglich ein Punkt abgebaut werden kann. Hierbei ist sicherlich zu berücksichtigen, dass im Regierungsentwurf zunächst überhaupt kein Punkteabbau vorgesehen war, allerdings von Seiten der Bürgerbeteiligung wie auch verschiedenen Fraktionen ein solcher in das Vorhaben Eingang finden sollte.

66 Der Bundestag hatte deshalb einen neuen Abs. 7a dem Bundesrat zur Beratung überlassen, der jedoch dann im Vermittlungsausschuss keine Mehrheit mehr finden konnte:

*„(7a) Nehmen Inhaber einer Fahrerlaubnis **freiwillig** an einem Fahreignungsseminar teil und legen sie hierüber ... innerhalb von **zwei Wochen nach Beendigung** des Seminars eine Teilnahmebescheinigung vor, werden ihnen bei einem Punktestand von vier oder fünf Punkten zwei Punkte abgezogen. Der Besuch ... führt jeweils **nur einmal innerhalb von fünf Jahren** zu einem Punkteabzug. Für den zu verringernden Punktestand und die **Berechnung der Fünfjahresfrist ist jeweils das Ausstellungsdatum der Teilnahmebescheinigung** maßgeblich. Bei der Berechnung der Fünfjahresfrist sind auch nach Abs. 5 S. 1 Nr. 2 absolvierte Fahreignungsseminare zu berücksichtigen."*

67 Nunmehr lautet der entsprechende Passus in § 4 Abs. 7 StVG:

*(7) Nehmen Inhaber einer Fahrerlaubnis **freiwillig** an einem Fahreignungsseminar teil und legen sie hierüber der nach Landesrecht zuständigen Behörde **innerhalb von zwei Wochen nach Beendigung** des Seminars eine Teilnahmebescheinigung vor, wird ihnen bei einem **Punktestand von ein bis fünf Punkten ein Punkt** abgezogen; maßgeblich ist der Punktestand zum Zeitpunkt der Ausstellung der Teilnahmebescheinigung. Der Besuch eines Fahreignungsseminars führt jeweils nur **einmal innerhalb von fünf Jahren** zu einem Punktabzug. Für den zu verringernden Punktestand und die Berechnung der Fünfjahresfrist ist jeweils das Ausstellungsdatum der Teilnahmebescheinigung maßgeblich.*

68 Inzwischen spricht der Gesetzentwurf von Kosten gemittelt von wenigstens 645 EUR für das Fahreignungsseminar, die dem bisherigen Aufwand von 245 EUR gegenüberstehen, obwohl der zeitliche Aufwand für den Betroffenen fast drei Stunden weniger betragen soll.[37] Auch der hohe Preis ist Anstoß bei den Beratungen im Bundesrat gewesen und daher

---

37 Stellungnahme des Bundesrates zum Entwurf eines Vierten Gesetzes zur Änderung des Straßenverkehrsgesetzes und anderer Gesetze, BR-Drs. 799/12 v. 1.2.2013, S. 43.

ebenfalls einer Gründe, weshalb das Fahreignungsseminar evaluiert werden soll. Weitere Hürde für den Betroffenen ist der Umstand, dass der Nachweis des absolvierten Seminars innerhalb kurzer Frist vorliegen soll, um die weitere Fahreignung zu dokumentieren.

Anmerkung
Dass damit dem gesamten Vorhaben seine wissenschaftlichen Grundlage entzogen wird, scheint nicht aufgefallen zu sein; jedenfalls ist nunmehr eine Änderung für viel Geld auf den Weg gebracht worden, die man mit wesentlich weniger Aufwand durch die Änderung der Verjährungs- und Tilgungsfristen ebenso hätte herbeiführen können. Daher muss die Frage erlaubt sein, weshalb angesichts der ursprünglichen Hypothesen das Vorhaben noch verfolgt wurde. Denn die neue Regelung ist auch nicht viel besser mit diesen in Übereinstimmung zu bringen:

Denn dass nun eben den „unbelehrbaren Wiederholungstätern" die neuen Maßnahmen (Verwarnung mit Anordnung des Fahreignungsseminars und Entziehung) ausgearbeitet wurden, scheint ein hoher Bogen zu sein, der geworfen werden muss. Ausschließlich die Verbesserung des Fahrverhaltens soll die Verstöße mithin verhindern.[38] Auch der sorgfältigste Kraftfahrer kann und wird aber Fehler machen, die sanktionswürdig sind, aber nicht sanktioniert werden. Hier verbleibt der Eindruck, das Kind sei mit dem Bade ausgeschüttet worden.

Die Annahme, dass mit der Ausgestaltung des viel aktiveren Fahreignungsseminars eine echte Umkehr des Fahrerlaubnisinhabers bewirkt werden kann, ist insofern schwer nachvollziehbar, weil die Wirksamkeit der Seminare in den kommenden fünf Jahren erst einmal evaluiert werden soll. In § 4b StVG heißt es zur Evaluierung, dass das Fahreignungsseminar, die Vorschriften hierzu und der Vollzug von der Bundesanstalt für Straßenwesen wissenschaftlich begleitet und evaluiert werden. Auch soll die Evaluierung insbesondere untersuchen, ob das Fahreignungsseminar eine verhaltensverbessernde Wirkung im Hinblick auf die Verkehrssicherheit hat. Bis zum 1.5.2019 soll das BMVBS die Ergebnisse dem Deutschen Bundestag vorlegen. Schließlich war auch die Höhe der Kosten für das Seminar in die Kritik geraten, womit dem Fahreignungsseminar in den kommenden Jahren viel Aufmerksamkeit gewiss sein sollte.

---

38 *Borzym*, Das neue Fahreignungsregister, SVR 2013, 171.

II. Überführung der alten Punkteabzüge und Aufbauseminare nach § 65 Abs. 3 Nr. 5 StVG

70 Durch die Regelung in § 65 Abs. 3 Nr. 5 StVG (siehe § 7 Rn 13) werden die Regelungen zu den nach altem Recht durchgeführten (besonderen) Aufbauseminaren und verkehrspsychologischen Beratungen im Rahmen des Punktsystems in das Fahreignungs-Bewertungssystem überführt. Der Fahrerlaubnisinhaber geht ihrer also nicht verlustig. Punkteabzüge nach § 4 Abs. 4 S. 1 und 2 StVG a.f. bleiben bis zur Tilgung der letzten Eintragung wegen einer Straftat oder einer Ordnungswidrigkeit nach § 28 Abs. 3 Nr. 1–3 StVG a.f., längstens aber zehn Jahre ab dem 1.5.2014 – also bis zum 30.4.2019 – im Fahreignungsregister gespeichert.

71 Für die Überführung zum 1.5.2014 sind nach § 65 Abs. 3 Nr. 5a StVG (siehe § 7 Rn 13) Punkteabzüge nur noch vorzunehmen, wenn der Betroffene die Bescheinigung über die Teilnahme an einem freiwilligen Aufbauseminar oder einer freiwillig besuchten verkehrspsychologischen Beratung **vor dem 1.5.2014 der zuständigen Behörde vorlegt.**

72 *Hinweis*
Ist also ein freiwilliges Aufbauseminar oder eine verkehrspsychologische Beratung vor dem 30.4.2014 erfolgt und die Bescheinigung bis zum 30.4.2013 bei der Behörde eingegangen, sind die Punkterabatte nach altem Recht zu gewähren.

73 Nach § 65 Abs. 3 Nr. 5b StVG (siehe § 7 Rn 13) sollen Aufbauseminare, die noch vor dem 1.5.2014 angeordnet und begonnen, aber noch nicht abgeschlossen worden sind, für eine Übergangszeit von sieben Monaten – bis zum 30.11.2014 – nach den alten Regelungen beendet werden können. In § 65 Abs. 3 Nr. 5c StVG (siehe § 7 Rn 13) wird damit über sechs Monate das Anbieten der Aufbauseminare gewährleistet, so dass angeordnete Aufbauseminare auch noch absolviert werden können.[39]

74 Falls die Anbieter von Aufbauseminaren diese nicht mehr anbieten, kann anstatt des Aufbauseminars ein Fahreignungsseminar absolviert werden und dann den Anforderungen genügen.[40]

---

[39] Stellungnahme des Bundesrates zum Entwurf eines Vierten Gesetzes zur Änderung des Straßenverkehrsgesetzes und anderer Gesetze, BR-Drs. 799/12 v. 1.2.2013, S. 99.
[40] Nur sind die Kosten für das Fahreignungsseminar mit ca. 600 EUR deutlich höher als die bisherigen Aufbauseminare, die max. ca. 200–400 Euro kosteten. Dies wird auch von *Mielchen* bemängelt, Verfehlte Transparenz bei vielfacher Verböserung – Die Reform des Verkehrszentralregisters, ZRP 2013, 47.

E. Punkteabbau §3

§ 65 Abs. 3 Nr. 5 StVG für Fälle vor dem 1.5.2014

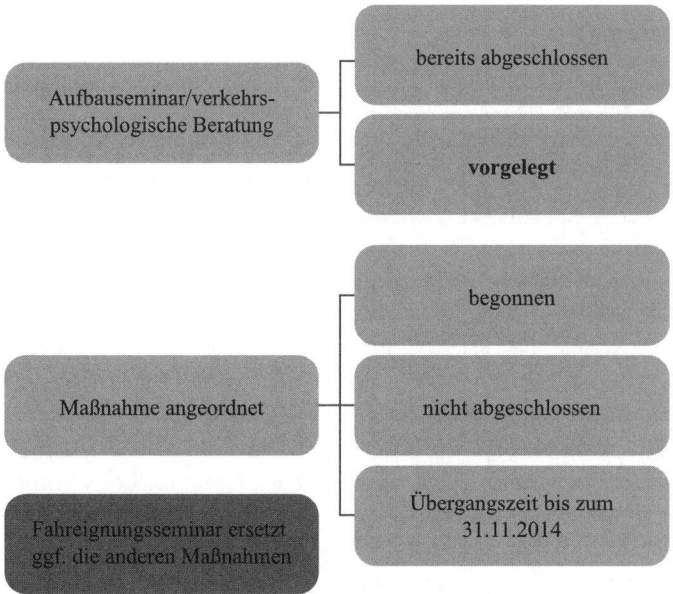

Es ist denkbar, dass eine alte – also vor Inkrafttreten des FaER – Anwendung des Punkteabbaus dem Fahrerlaubnisinhaber für einen neuerlichen Punktabbau im Wege stehen kann. Denn bei der Berechnung der Fünfjahresfrist nach § 4 Abs. 7 S. 2 und 3 StVG sind auch (alte) Punkteabzüge zu berücksichtigen, die nach § 4 Abs. 4 S. 1 und 2 StVG in der bis zum Ablauf des 30.4.2014 anwendbaren Fassung vorgenommen worden sind. Ungeregelt ist hierbei aber, wie mit Punkteabzügen zu verfahren ist, wenn diese auf Anordnung der Fahrerlaubnisbehörden erfolgten, weil nicht eintragungsfähige bzw. nicht zu überführende Delikte (Verstoß gegen das PflichtVersG) vorgelegen haben. Hierzu verhält sich das Gesetz nicht. Da jedoch die zugrundeliegenden Eintragungen mit der Überführung gelöscht werden, ist es nur konsequent, sodann auch den Punkteabbau entsprechend nicht erst zu überführen bzw. zu löschen, wenn dieser ausschließlich darauf fußt, dass nicht eintragungsfähige Verstöße Auslöser für die Anordnung gewesen sind.

75

F. Tilgungsfrist und Überliegefrist

I. Einleitung

76 Als **Tilgungsfrist** bezeichnet man die Frist, in der Punkte nicht gelöscht, aber für weitere Punkteverstöße relevant werden können. Je nach Schwere des Verstoßes sind die Tilgungsfristen für die durch den Verstoß erreichten Punkte unterschiedlich lang. Der Gesetzgeber hat sich für feste Tilgungsfristen **von 2 ½, 5 und 10 Jahren** entschieden.

77 Es gibt nun einen **einheitlichen Beginn** der Tilgungsfristen **mit dem Eintritt der Rechtskraft**. Jeder Verstoß hat seine eigene Tilgungsfrist, die jeweils einzeln zu berechnen ist. Daher ist der Punktestand bei mehreren Einträgen gewissermaßen dynamisch, da jeder Verstoß für sich steht.

78 Innerhalb der Tilgungsfrist dürfen die Punkteeinträge zulasten des Fahrerlaubnisinhabers verwertet werden. Ist das Ende der Tilgungsfrist erreicht, tritt **Tilgungsreife** ein, eine Verwertbarkeit ist zulasten des Betroffenen nun nicht mehr möglich.

79 Allerdings wird der Eintrag über ein weiteres Jahr im Fahreignungsregister gespeichert. Diese Jahresfrist nennt man „**Überliegefrist**". Nach Ablauf der Überliegefrist sind die Punkte „gelöscht". Punkte, die sich in der Überliegefrist befinden, werden nicht mehr berechnet bei der Auslösung von Maßnahmen.

80 Der Gesetzgeber wollte mit der Punktereform eine einfachere Regelung als bislang und hat daher die Tilgungsfristen verändert. **§ 29 StVG** (siehe § 7 Rn 10) regelt wie bisher die Tilgungsfristen. Gewünscht war eine Differenzierung bei den Tilgungsfristen. Die Verlängerung bei besonders schweren Ordnungswidrigkeiten auf fünf Jahre wird damit begründet, dass durch den Verzicht auf die Regelungen zur Tilgungshemmung die Verbesserung der Verkehrssicherheit nicht aus dem Auge verloren werden darf: Daher solle das neue System verlängerte Beobachtungszeiträume aufweisen, um den Behörden Fahreignungsdefizite eines Fahrerlaubnisinhabers im Fahreignungs-Bewertungssystem erkennbar werden zu lassen und die erforderlichen Maßnahmen zu ergreifen.[41]

81 Wörtlich heißt es dann in der Begründung:

> *„Ein nach wissenschaftlichen Methoden vom KBA entwickeltes Tilgungssimulationsmodell hat aufgezeigt, dass unter anderem die zum Teil verlängerten Tilgungsfristen die Wirkungen der (zu streichenden) Tilgungshemmung im Hinblick auf die notwendigen Beobachtungszeiträume und die Wirksamkeit des Fahreignungs-Bewertungssystems kompensieren können. Auch der Wissenschaftliche Beirat beim Bundesministerium für Verkehr, Bau und Stadtentwicklung hat auf diesen Umstand hingewiesen.*"

---

41 Stellungnahme des Bundesrates zum Entwurf eines Vierten Gesetzes zur Änderung des Straßenverkehrsgesetzes und anderer Gesetze, BR-Drs. 799/12 v. 1.2.2013, S. 46.

F. Tilgungsfrist und Überliegefrist   § 3

Die Neugestaltung der Fristen berücksichtigt die Schwere der Zuwiderhandlungen unter dem Blickwinkel der Verhältnismäßigkeit. Während besonders verkehrssicherheitsbeeinträchtigende Ordnungswidrigkeiten fünf Jahre und Straftaten fünf oder zehn Jahre gespeichert werden, (...).''[42]

In § 29 Abs. 1 StVG (siehe § 7 Rn 10) ist geregelt, dass die Tilgungsfristen 82

1. *zwei Jahre und sechs Monate* bei Entscheidungen über eine Ordnungswidrigkeit,
    a) die in der Rechtsverordnung nach § 6 Absatz 1 Nummer 1 Buchstabe s Doppelbuchstabe bb Dreifachbuchstabe bbb als verkehrssicherheitsbeeinträchtigende oder gleichgestellte Ordnungswidrigkeit mit einem Punkt bewertet ist oder
    b) soweit weder ein Fall des Buchstaben a noch der Nummer 2 Buchstabe b vorliegt und in der Entscheidung ein Fahrverbot angeordnet worden ist,
2. *fünf Jahre*
    a) bei Entscheidungen über eine Straftat, vorbehaltlich der Nummer 3 Buchstabe a,
    b) bei Entscheidungen über eine Ordnungswidrigkeit, die in der Rechtsverordnung nach § 6 Absatz 1 Nummer 1 Buchstabe s Doppelbuchstabe bb Dreifachbuchstabe aaa als besonders verkehrssicherheitsbeeinträchtigende oder gleichgestellte Ordnungswidrigkeit mit zwei Punkten bewertet ist,
    c) bei von der nach Landesrecht zuständigen Behörde verhängten Verboten oder Beschränkungen, ein fahrerlaubnisfreies Fahrzeug zu führen,
    d) bei Mitteilungen über die Teilnahme an einem Fahreignungsseminar, einem Aufbauseminar, einem besonderen Aufbauseminar oder einer verkehrspsychologischen Beratung,
3. *zehn Jahre*
    a) bei Entscheidungen über eine Straftat, in denen die Fahrerlaubnis entzogen oder eine isolierte Sperre angeordnet worden ist,
    b) bei Entscheidungen über Maßnahmen oder Verzichte nach § 28 Absatz 3 Nummer 5 bis 8.

betragen.

---

42 Wie vor, S. 46 f., wobei noch die Rede von einer zweijährigen Verjährungsfrist war für die verkehrssicherheitsbeeinträchtigenden Ordnungswidrigkeiten.

§ 3 Kernpunkte der Reform

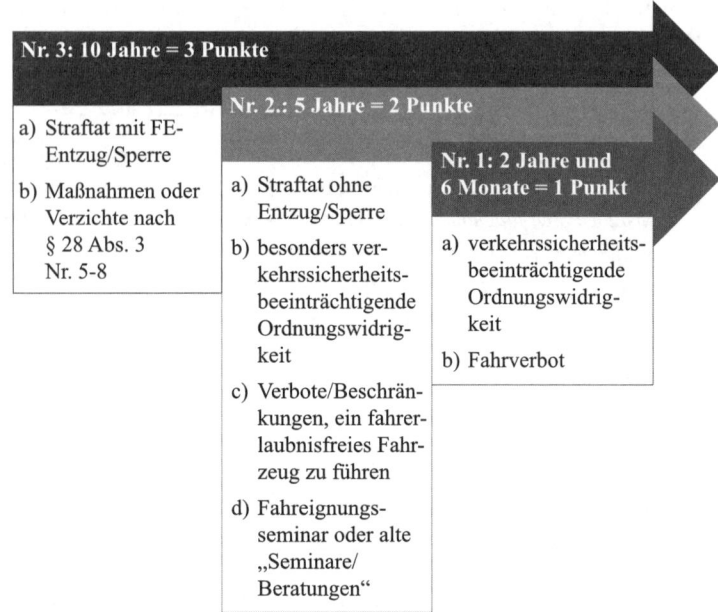

83 Eintragungen über Maßnahmen[43] der zuständigen Behörde werden getilgt, wenn dem Inhaber einer Fahrerlaubnis die Fahrerlaubnis entzogen wird.

84 § 29 Abs. 1 S. 4 StVG beinhaltet eine Klarstellung: Bei den Maßnahmen im Rahmen der **Fahrerlaubnis auf Probe** und des Fahreignungs-Bewertungssystems ist jeweils nicht die Entziehung der Fahrerlaubnis gemeint. Dies ist in § 29 Abs. 1 S. 3 StVG zwar schon ausdrücklich so formuliert und ist auch für Satz 4 der bisherigen Fassung der Wille des Gesetzgebers.[44] Im Gegensatz zum bisherigen Wortlaut von § 28 Abs. 7 S. 2 StVG a.F., der die Übermittlung an die nach Landesrecht zuständige Behörde ausschloss, ist nun für die Übermittlung und Verwertung für die Zwecke der Fahrerlaubnis auf Probe und des Fahreignungs-Bewertungssystems neben der Auskunft an den Betroffenen zugelassen.

85 Sonst erfolgt eine Tilgung bei den Maßnahmen nach § 2a Abs. 2 S. 1 Nr. 1 und 2 StVG **ein Jahr nach Ablauf der Probezeit** und bei Maßnahmen nach § 4 Abs. 5 S. 1 Nr. 1 und 2

---

43 Gemäß § 2a Abs. 2 S. 1 Nr. 1 und 2 wie auch § 4 Abs. 5 S. 1 Nr. 1 und 2.
44 Amtliche Begründung zu § 29 Abs. 1 S. 4 i.d.F. des Gesetzes zur Änderung des Straßenverkehrsgesetzes und anderer Gesetze vom 24.4.1998, VkBl. S. 731, 801.

StVG dann, **wenn die letzte Eintragung wegen einer Straftat oder Ordnungswidrigkeit getilgt ist.**

II. Tilgung bzw. Löschung nach FaER

Zur Begründung der jetzt verabschiedeten Fristen wird argumentiert, dass verlängerte Beobachtungszeiträume erforderlich wären, um Fahreignungsdefizite im Fahreignungs-Bewertungssystem zu erkennen und erforderliche Maßnahmen zu ergreifen.[45]   86

Lange umstritten war die Frage, ob ein Tattags- oder aber ein Rechtskraftprinzip bei der Fristberechnung der Tilgungsfristen Geltung finden soll. Der Gesetzgeber hat sich schließlich für ein **kombiniertes Tattags- und Rechtskraftprinzip** entschieden, das den bisherigen Regelungen nahe kommt. **Auf die Tilgungshemmung jedoch wird vollständig verzichtet.** Das bedeutet, dass Eintragungen ab dem 1.5.2014 keine Tilgungshemmung mehr für zuvor eingetragene Verstöße entfalten können.   87

> *Achtung*   88
>
> Eintragungen, die nach altem Recht überführt worden sind, unterfallen dennoch den alten Tilgungsregelungen und Tilgungshemmungsvorschriften, soweit sie vor dem 30.4.2013 in das Verkehrszentralregister eingetragen worden sind. Entscheidend ist daher der Eintragungszeitpunkt in Flensburg. Dies muss bei der Berechnung berücksichtigt werden, insbesondere dann, wenn unklar ist, wie schnell der Verstoß eingetragen wird. Nach den Mitteilungen im Rahmen der Anhörung der Verbände zur Reform am 5.12.2013 im BMVBS war die Rede davon, dass der Eintrag innerhalb weniger Tage vorgenommen würde.

Zwar soll die Tilgungshemmung, die bislang dafür sorgte, dass bei Begehung einer weiteren Ordnungswidrigkeit innerhalb der Tilgungsfrist von zweieinhalb Jahren und Eintragung der Entscheidung innerhalb der einjährigen Überliegefrist die Tilgung gehemmt wird, künftig entfallen. Doch dürfte diese Maßnahme nicht dazu geeignet sein, den Nachteil angemessen zu kompensieren, den der Verkehrsteilnehmer bei groben Ordnungswidrigkeiten nun durch die von Anfang an bestehende Maximalfrist erleidet. Die Tilgungsfristen für die Maßnahmen nach § 28 Abs. 3 Nr. 4 bis 8 bleiben i.Ü. unverändert.[46]   89

---

45 Stellungnahme des Bundesrates zum Entwurf eines Vierten Gesetzes zur Änderung des Straßenverkehrsgesetzes und anderer Gesetze, BR-Drs. 799/12 v. 1.2.2013, S. 3 f.
46 Begründung des BR-Drs. 799/12, S. 47. Der Auffangtatbestand wie in § 29 Abs. 1 S. 2 Nr. 3 StVG a.F. ist nicht mehr erforderlich. Insbesondere richten sich für Eintragungen nach § 28 Abs. 3 Nr. 2 (vorläufige Entziehung) und 9 die Tilgungsfristen nach § 29 Abs. 3 Nr. 3 i.V.m. § 63 Abs. 2 FeV.

III. Beginn der Tilgungsfrist

90 § 29 Abs. 4 StVG bestimmt den Beginn der Tilgungsfrist. Sie beginnt künftig einheitlich bei strafgerichtlichen Verurteilungen und Strafbefehlen (S. 1 Nr. 1), bei Entscheidungen der Gerichte nach den §§ 59, 60 StGB und § 27 des Jugendgerichtsgesetzes (S. 1 Nr. 2), bei gerichtlichen und verwaltungsbehördlichen Bußgeldentscheidungen sowie anderen Verwaltungsentscheidungen (S. 1 Nr. 3) mit dem **Tag der Rechtskraft**.

91 Die unterschiedliche Behandlung von Tilgungsfristen beispielsweise bei Strafurteilen und Strafbefehlen ist damit aufgehoben. So erfahren alle Betroffenen einen einheitlichen Beobachtungszeitraum ihres Verkehrsverhaltens, eine leichtere Berechnung ist möglich. Hier hat der Gesetzgeber sein Anliegen mit einer einfacheren Regelung erfüllt.

92 Der Ausstellungstag der Teilnahmebescheinigung bestimmt nach § 29 Abs. 4 S. 1 Nr. 4 StVG den Tilgungsfristbeginn für Fahreignungsseminare nach § 4a StVG (und vorübergehend für die Aufbauseminare und die verkehrspsychologische Beratung nach § 2a Abs. 2 StVG a.F.)

93 Im Fahreignungsregister werden die rechtskräftig gewordenen Entscheidungen gespeichert und für die Berechnung herangezogen.[47] Die Eintragungen sind mit Tilgungsreife zu löschen, die ebenfalls definiert wird, wobei die Probezeit insoweit eine Ausnahme bildet.

94 **Für die Berechnung der Punkte ist der Zeitraum zugrunde zu legen, der mit der Begehung der Tat beginnt und erst mit der Löschung nach Ablauf der Tilgungsfrist endet.**

Die Begehung der Tat ist der Ausgangspunkt für die Berechnung des Punktestandes. Das heißt konkret:

Punkte entstehen mit dem Tattag und sind für die Berechnung des Punktestandes so lange zugrunde zu legen, so lange die Tilgungsfrist für die betreffende Tat läuft.	→	Die **Tilgungsfristen beginnen mit Rechtskraft** der Entscheidung.	→	An den Ablauf der Tilgungsfrist schließt sich eine **einjährige Überliegefrist** an.

95 Das OVG Sachsen-Anhalt[48] hat eine Entscheidung getroffen, demzufolge nach Ablauf von fünf Jahren eine Eintragung in Verkehrszentralregister nicht mehr zur Anordnung eines Aufbauseminars verwertet werden kann. Hintergrund für diese Entscheidung war,

---

47 *Albrecht*, Die Reform des Verkehrszentralregisters, DAR 2013, 440.
48 Beschl. v. 18.8.2011 – 3 M 348/11, NJW 2011, 3466.

F. Tilgungsfrist und Überliegefrist § 3

dass gem. § 29 Abs. 8 S. 1 StVG a.F. die Tat und die Entscheidung einem Betroffenen für die Zwecke der Beurteilung der Eignung und Befähigung von Personen zum Führen von Kraftfahrzeugen (§ 28 Abs. 2 Nr. 1 StVG) nicht mehr vorgehalten werden dürfen und nicht zu seinem Nachteil verwendet werden, wenn eine Eintragung über eine gerichtliche Entscheidung im Verkehrszentralregister getilgt ist. Unterliegen diese Eintragungen – wie im entschiedenen Fall nach § 29 Abs. 1 S. 2 Nr. 3 StVG – einer zehnjährigen Tilgungsfrist, dürfen sie nach Ablauf eines Zeitraums, der einer fünfjährigen Tilgungsfrist entspricht, gemäß § 29 Abs. 8 Satz 2 StVG nur noch für ein Verfahren übermittelt und verwendet werden, das die Erteilung oder Entziehung einer Fahrerlaubnis zum Gegenstand hat. Offenbar hat der Gesetzgeber diese Entscheidung vor Augen gehabt, denn die Verwertbarkeit ist nunmehr auch für das Ergreifen von Maßnahmen nach dem Fahreignungs-Bewertungssystem vorgesehen.

Tilgungs- und Überliegefristen 96

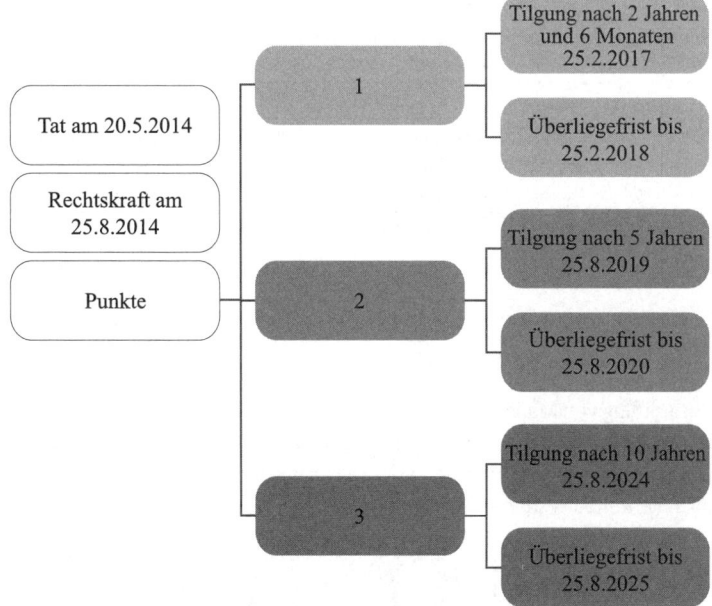

Es ist für den jeweiligen Verstoß seine jeweilige Tilgungsfrist zu berechnen. Das bedeutet, dass die Tilgung unabhängig davon erfolgt, ob weitere Verstöße vorliegen. Also ist ein entsprechender Punktestand immer taggenau zu ermitteln, auch bei Vorliegen mehrerer Verstöße. 97

§ 3 Kernpunkte der Reform

98 **Jeweiliger Punktestand – Ein Berechnungsbeispiel**

1. Verstoß	2. Verstoß	3. Verstoß
Tat am 1.1.2014	Tat am 17.4.2014	Tat am 29.2.2015
→ 1 Punkt am 18.6.2014 rechtskräftig eingetragen	→ 3 Punkte am 25.11.2015 rechtskräftig eingetragen	→ 1 Punkt am 17.4.2016 rechtskräftig eingetragen
↓	↓	↓
■ Tilgungsfrist: bis 18.12.2016 ■ Überliegefrist: bis 18.12.2017	■ Tilgungsfrist: bis 25.11.2025 ■ Überliegefrist: bis 25.11.2026	■ Tilgungsfrist: bis 17.10.2018 ■ Überliegefrist: bis 17.10.2019
↓	↓	↓
1 Punkt vom 1.1.2014 bis 17.4.2014, ersichtlich ab 18.6.2014 *(= Ausgangslage für 2. Verstoß)*	4 Punkte vom 17.4.2014 bis 29.2.2015, ersichtlich am 25.11.2015 *(= Ausgangslage für 3. Verstoß)*	5 Punkte vom 29.2.2015 bis 18.12.2016
	↓	↓
	3 Punkte ab dem 18.12.2016 bis zum Ablauf der Überliegefrist am 25.11.2026	4 Punkte ab dem 18.10.2018 bis zum Ablauf der Überliegefrist am 17.10.2019
		↓
		3 Punkte bis zum 25.11.2025 mit Ablauf der Überliegefrist am 25.11.2026

99 Für die Ergreifung von Maßnahmen hat sich der Gesetzgeber den jeweils aktuellen Punktestand vorgestellt, der taggenau zu ermitteln ist. Wann welche Verstöße entfallen und über welchen Zeitraum die Eintragungen sich punkteerhöhend auswirken, kann über eine Tabelle ermittelt werden:

Verstoß	Rechtskraft	Punkte	Tilgungsfrist	Überliegefrist	Punktestand
Geschwindigkeit am 1.1.2014	18.6.2014	1	18.12.2016	18.12.2017	■ 1 Punkt ■ vom 1.1.2014 ■ bis 18.12.2016

G. Punkteüberführung | § 3

Verstoß	Rechtskraft	Punkte	Tilgungs-frist	Überliege-frist	Punktestand
Trunken-heitsfahrt am 17.4.2014	25.11.2015	3	25.11.2025	25.11.2026	■ 4 Punkte ■ vom 17.4.2014 ■ bis 18.12.2016 ■ 3 Punkte ■ vom 17.10.2018 bis 25.11.2026 (mit Überliegefrist bis 25.11.2026)
Rotlicht am 29.2.2015	17.4.2016	1	17.10.2018	17.10.2019	■ 5 Punkte ■ bis 18.12.2016 ■ 4 Punkte ■ bis 17.10.2018

Für die Ergreifung einer Maßnahme seitens der Behörde ist der Punktestand am Tag der Ergreifung einer Maßnahme zugrunde zu legen. Hier sind Fehler bei der Umsetzung denkbar, da es sich hier ggf. um Tage handeln kann, die darüber entscheiden, ob der Adressat der Maßnahme tatsächlich die erforderliche Punktzahl erreicht hat oder eine Tilgung bereits eingreift und ein oder mehrere Punkte gar nicht mehr in Ansatz gebracht werden dürfen. **100**

Im vorangegangenen Beispiel ist also denkbar, dass bei versehentlich unterbliebener schriftlicher Ermahnung bis zum 17.10.2018 keine weitere Maßnahme (Verwarnung/Entzug) mehr ergriffen werden kann. Dies wiederum spielt eine Rolle, wenn beispielsweise ab dem 17.10.2018 ein 3-Punkteverstoß eingetragen werden müsste – da dann der Fahrerlaubnisinhaber konsequent wegen der nicht durchlaufenen Stufe auf 5 Punkte in die Stufe der Ermahnung zurückfallen und nicht bereits die Verwarnungsstufe mit 6 Punkten erreichen würde. **101**

G. Punkteüberführung

§ 65 StVG regelt die Überführung der Punkte folgendermaßen in Abs. 3: **102**

(3) Die Regelungen über das Verkehrszentralregister und das Punktsystem werden in die Regelungen über das Fahreignungsregister und das Fahreignungs-Bewertungssystem nach folgenden Maßgaben überführt:
1. Entscheidungen, die nach § 28 Absatz 3 in der bis zum Ablauf des 30. April 2014 anwendbaren Fassung im Verkehrszentralregister gespeichert worden

§ 3 Kernpunkte der Reform

sind und nach § 28 Absatz 3 in der ab dem 1. Mai 2014 anwendbaren Fassung nicht mehr zu speichern wären, werden am 1. Mai 2014 gelöscht. Für die Feststellung nach Satz 1, ob eine Entscheidung nach § 28 Absatz 3 in der ab dem 1. Mai 2014 anwendbaren Fassung nicht mehr zu speichern wäre, bleibt die Höhe der festgesetzten Geldbuße außer Betracht.

2. *Entscheidungen, die nach § 28 Absatz 3 in der bis zum Ablauf des 30. April 2014 anwendbaren Fassung im Verkehrszentralregister gespeichert worden und nicht von Nummer 1 erfasst sind, werden bis zum Ablauf des 30. April 2019 nach den Bestimmungen des § 29 in der bis zum Ablauf des 30. April 2014 anwendbaren Fassung getilgt und gelöscht. Dabei kann eine Ablaufhemmung nach § 29 Absatz 6 Satz 2 in der bis zum Ablauf des 30. April 2014 anwendbaren Fassung nicht durch Entscheidungen, die erst ab dem 1. Mai 2014 im Fahreignungsregister gespeichert werden, ausgelöst werden. Für Entscheidungen wegen Ordnungswidrigkeiten nach § 24a gilt Satz 1 mit der Maßgabe, dass sie spätestens fünf Jahre nach Rechtskraft der Entscheidung getilgt werden. Ab dem 1. Mai 2019 gilt*
   a) *für die Berechnung der Tilgungsfrist § 29 Absatz 1 bis 5 in der ab dem 1. Mai 2014 anwendbaren Fassung mit der Maßgabe, dass die nach Satz 1 bisher abgelaufene Tilgungsfrist angerechnet wird,*
   b) *für die Löschung § 29 Absatz 6 in der ab dem 1. Mai 2014 anwendbaren Fassung.*

3. *Auf Entscheidungen, die bis zum Ablauf des 30. April 2014 begangene Zuwiderhandlungen ahnden und erst ab dem 1. Mai 2014 im Fahreignungsregister gespeichert werden, sind dieses Gesetz und die auf Grund des § 6 Absatz 1 Nummer 1 Buchstabe s erlassenen Rechtsverordnungen in der ab dem 1. Mai 2014 geltenden Fassung anzuwenden. Dabei sind § 28 Absatz 3 Nummer 3 Buchstabe a Doppelbuchstabe bb und § 28a in der ab dem 1. Mai 2014 geltenden Fassung mit der Maßgabe anzuwenden, dass jeweils anstelle der dortigen Grenze von sechzig Euro die Grenze von vierzig Euro gilt.*

4. *Personen, zu denen bis zum Ablauf des 30. April 2014 im Verkehrszentralregister eine oder mehrere Entscheidungen nach § 28 Absatz 3 Satz 1 Nummer 1 bis 3 in der bis zum Ablauf des 30. April 2014 anwendbaren Fassung gespeichert worden sind, sind wie folgt in das Fahreignungs-Bewertungssystem einzuordnen:*

G. Punkteüberführung §3

Punktestand vor dem 1. Mai 2014	Fahreignungs-Bewertungssystem ab dem 1. Mai 2014	
	Punktestand	Stufe
1–3	1	Vormerkung (§ 4 Absatz 4)
4–5	2	
6–7	3	
8–10	4	1: Ermahnung (§ 4 Absatz 5 Satz 1 Nummer 1)
11–13	5	
14–15	6	2: Verwarnung (§ 4 Absatz 5 Satz 1 Nummer 2)
16–17	7	
>= 18	8	3: Entzug (§ 4 Absatz 5 Satz 1 Nummer 3)

Die am 1. Mai 2014 erreichte Stufe wird für Maßnahmen nach dem Fahreignungs-Bewertungssystem zugrunde gelegt. Die Einordnung nach Satz 1 führt allein nicht zu einer Maßnahme nach dem Fahreignungs-Bewertungssystem.
   5. *Die Regelungen über Punkteabzüge und Aufbauseminare werden wie folgt überführt:*
      a) Punkteabzüge nach § 4 Absatz 4 Satz 1 und 2 in der bis zum Ablauf des 30. April 2014 anwendbaren Fassung sind vorzunehmen, wenn die Bescheinigung über die Teilnahme an einem Aufbauseminar oder einer verkehrspsychologischen Beratung bis zum Ablauf des 30. April 2014 der nach Landesrecht zuständigen Behörde vorgelegt worden ist. Punkteabzüge nach § 4 Absatz 4 Satz 1 und 2 in der bis zum Ablauf des 30. April 2014 anwendbaren Fassung bleiben bis zur Tilgung der letzten Eintragung wegen einer Straftat oder einer Ordnungswidrigkeit nach § 28 Absatz 3 Nummer 1 bis 3 in der bis zum Ablauf des 30. April 2014 anwendbaren Fassung, längstens aber zehn Jahre ab dem 1. Mai 2014 im Fahreignungsregister gespeichert.
      b) Bei der Berechnung der Fünfjahresfrist nach § 4 Absatz 7 Satz 2 und 3 sind auch Punkteabzüge zu berücksichtigen, die nach § 4 Absatz 4 Satz 1 und 2 in der bis zum Ablauf des 30. April 2014 anwendbaren Fassung vorgenommen worden sind.
      c) Aufbauseminare, die bis zum Ablauf des 30. April 2014 nach § 4 Absatz 3 Satz 1 Nummer 2 in der bis zum Ablauf des 30. April 2014 anwendbaren

§ 3 Kernpunkte der Reform

Fassung angeordnet, aber bis zum Ablauf des 30. April 2014 nicht abgeschlossen worden sind, sind bis zum Ablauf des 30. November 2014 nach dem bis zum Ablauf des 30. April 2014 anwendbaren Recht durchzuführen.

d) Abweichend von Buchstabe c kann anstelle von Aufbauseminaren, die bis zum Ablauf des 30. April 2014 nach § 4 Absatz 3 Satz 1 Nummer 2 in der bis zum Ablauf des 30. April 2014 anwendbaren Fassung angeordnet, aber bis zum Ablauf des 30. April 2014 noch nicht begonnen worden sind, die verkehrspädagogische Teilmaßnahme des Fahreignungsseminars absolviert werden.

e) Die nach Landesrecht zuständige Behörde hat dem Kraftfahrt-Bundesamt unverzüglich die Teilnahme an einem Aufbauseminar oder einer verkehrspsychologischen Beratung mitzuteilen.

6. Nachträgliche Veränderungen des Punktestandes nach den Nummern 2 oder 5 führen zu einer Aktualisierung der nach der Tabelle zu Nummer 4 erreichten Stufe im Fahreignungs-Bewertungssystem.

I. Grundsatz

103 Das eigentliche **Problem** in der heutigen Betrachtung findet sich allerdings in den **Überleitungsvorschriften**. Eine Generalamnestie ist nicht beabsichtigt. Im bisherigen Verkehrszentralregister finden sich aktuell etwa 47 Millionen Punkte von gut 9 Millionen Bürgern, die überführt werden müssen. Das soll nach dem Willen des Gesetzgebers wie folgt geschehen:

Punktestand am 30.4.2014	überführte Punktezahl im FaER am 1.5.2014	Stufe/Maßnahme
1–3	1	Vormerkung
4–5	2	Vormerkung
6–7	3	Vormerkung
8–10	4	Ermahnung
11–13	5	Ermahnung
14–15	6	Verwarnung
16–17	7	Verwarnung
18 oder mehr	8	Entziehung

104 Vereinfacht dargestellt sieht das dann so aus:
- Alt-Eintragungen werden in das neue System überführt, wobei niemand schlechter oder besser gestellt werden soll.

G. Punkteüberführung § 3

- Die jeweils erreichte Maßnahmenstufe wird in das neue Fahreignungs-Bewertungssystem übernommen.

Dass der Gesetzgeber ursprünglich ganz anderes im Sinn hatte, lässt sich an dieser – alten – Überführungstabelle ersehen. Innerhalb weniger Wochen wurde so das gesamte Vorhaben nachhaltig geändert: **105**

Punkte alt	Punkte neu
1–3	1 Vormerkung
4–7	2
8–9	3 Ermahnung
10–11	4
12–13	5
14–15	6 Verwarnung
16–17	7
18 und mehr	8 Entzug

(Alte) Entscheidungen, die bis zum Ablauf des 30.4.2014 im Verkehrszentralregister gespeichert worden sind, werden bis zum Ablauf des **30.4.2019** nach den bislang geltenden Regelungen getilgt und gelöscht. Die **Ausnahme** bildet dabei die Tilgungshemmungsvorschrift alter Fassung, weil Entscheidungen, die erst nach dem 1.5.2014 im Fahreignungsregister gespeichert werden, keine Tilgungshemmung auslösen. **106**

Entscheidungen wegen Ordnungswidrigkeiten nach § 24a S. 1 StVG erfahren die Löschung mit der Maßgabe, dass sie spätestens fünf Jahre nach Rechtskraft der Entscheidung getilgt werden. Ab dem 1.5.2019 gilt für die Berechnung der Tilgungsfrist § 29 Abs. 1 bis 5 StVG neue Fassung insoweit, als die nach Satz 1 bisher abgelaufene Tilgungsfrist angerechnet wird. Für die Löschung ist § 29 Abs. 6 StVG in der neuen Fassung anzuwenden. **107**

II. Überleitung von Verstößen, die nicht nach FaER punktebewehrt sind

Die Fristen, innerhalb derer die Überführung stattfinden, sollen einen unproblematischen Übergang garantieren. Die Entscheidungen, die nach altem Recht im Verkehrszentralregister gespeichert worden sind und nicht mehr zu speichern wären, werden am 1.5.2014 gelöscht. Für die Feststellung, ob nicht mehr zu speichern wäre, ist die Höhe der festgesetzten Geldbuße nicht zu berücksichtigen; § 65 Abs. 3 Buchst. a Alt. 1 (siehe § 7 Rn 13). **108**

Merkwürdig erscheint hier allerdings, weshalb die Erkenntnis, die die Grundlage für den Gesetzesentwurf darstellt, dass es nämlich auf die verkehrssicherheitsrelevanten Verstöße ankommen soll, nicht bereits in die Umrechnung eingestellt werden soll. So sind beispielsweise Verstöße wie das Führen eines nicht versicherten KfZ aktuell erheblich punktebewehrt. **109**

§ 3 Kernpunkte der Reform

Punkte für Verstöße, die nicht mehr nach FaER bewehrt sind, werden nun – nach ursprünglich anderen Plänen – nicht überführt. Dies gilt beispielsweise für einen Verstoß wegen Einfahrens in die Umweltzone ohne entsprechende Plakette oder Verstoß gegen die Versicherungspflicht. Die Überführung eben dieser (Alt-)Punkte wäre auch inkonsequent, eine Löschung wäre ein Pluspunkt, der bei der Argumentation für das FaER besonders viel Sympathie findet, weil es nämlich den Anlass zu Ende denkt und führt. **Richtig ist also, Verstöße, die nicht mehr nach dem FaER eingetragen werden, gar nicht erst zu überführen**, da mit der Eintragung auch die Maßnahmestufe erreicht wäre, die dann wiederum zu löschen ist. Gleiches gilt natürlich auch für die Verstöße, die gar nicht mehr punktbewehrt wären. Denn eine Schlechterstellung der alten Verstöße für den Betroffenen lässt sich nicht begründen.

110 Wichtig ist dabei, **dass bei Verstößen, die zu einer Hemmung der Tilgung beigetragen haben,** die jeweils noch „mitgezogenen Punkte" ihrerseits entfallen. Hier ist in der Konsequenz nämlich gewollt, dass die Verstöße, die wegen der Tilgungshemmung des zu löschenden Verstoßes noch überführt werden, nicht mehr sichtbar sind: **Daraus folgt, dass zu löschende Eintragungen ab dem 1.5.2014 mithin auch keine Tilgungshemmung entfalten!**

111 Beispielsweise wird in 2005 eine fahrlässige Körperverletzung (einschließlich eines Fahrverbotes) begangen, dann in 2010 vor Ablauf der Tilgungsfrist ein Verstoß gegen die Versicherungspflicht eingetragen. Bei der Überführung wird der Verstoß gegen die Versicherungspflicht gelöscht; die fahrlässige Körperverletzung muss dann konsequenterweise ebenso entfallen.

112 *Hinweis*
Ob dies ebenfalls gilt, wenn die Verstöße zu Maßnahmen geführt haben, also eine Maßnahmestufe nach altem Recht erreicht wurde, mithin sogar Aufbauseminare besucht wurden etc., ist aus dem Gesetz selbst nicht ersichtlich. Dem Gesetzeszweck entspricht angesichts der vorgenannten Ausführungen bei der Tilgungshemmung allerdings, diese Maßnahme ebenfalls zu löschen, damit die Sperrwirkung der 5 Jahresfrist zum Punkteabbau nicht greifen kann.

III. Verstöße vor dem 30.4.2014, eingetragen bis zum 30.4.2014 im VZR

113 Nach § 65 Abs. 3 Nr. 2 StVG (siehe § 7 Rn 13) sind Entscheidungen, die nach § 28 Abs. 3 StVG a.F. (siehe § 2 Rn 6) im Verkehrszentralregister gespeichert worden sind, **bis zum 30. April 2019** nach den (dann alten) Bestimmungen des § 29 StVG a.F. (siehe § 2 Rn 29) zu tilgen und zu löschen. Eine Tilgungshemmung durch Eintragungen ab dem 1.5.2014 ist allerdings nicht vorgesehen, da der Gesetzgeber auf die Tilgungshemmung vollständig verzichtet hat.

G. Punkteüberführung § 3

Für Entscheidungen wegen Ordnungswidrigkeiten nach § 24a StVG gilt Satz 1 mit der Maßgabe, dass sie spätestens fünf Jahre nach Rechtskraft der Entscheidung getilgt werden. **Ab dem 1.5.2019** gilt für die Berechnung der Tilgungsfrist § 29 Abs. 1–5 StVG n.F. unter Anrechnung der bis dahin abgelaufenen Tilgungsfrist und hinsichtlich der Löschung § 29 Abs. 6 StVG n.F.

114

115

IV. Verstöße vor dem 30.4.2014, eingetragen ab dem 1.5.2014 im FaER

§ 65 Abs. 3 Nr. 3 StVG (siehe § 7 Rn 13) regelt für Entscheidungen, die **ab dem 1.5.2014** im Fahreignungsregister gespeichert werden, dass diese (unabhängig vom dem Datum der Rechtskraft) ausschließlich dem dann geltenden neuen Recht unterliegen. Die Vorschrift ist aus Praktikabilitätsgründen für die Handhabung der Umstellung im KBA erforderlich.[49] Eine Tilgungshemmung für Eintragungen ab dem 1.5.2014 ist ebenfalls nicht vorgesehen. Weiterhin regelt die Vorschrift die Ausnahme für diese Eintragungen hinsichtlich der neuen Grenze von 60 EUR auf den „alten Zustand" von 40 EUR. Hiermit wird vermieden, dass Betroffene rügen, eine Eintragung sei unzulässig, weil die Eintragungsgrenze nicht erreicht sei.

116

117

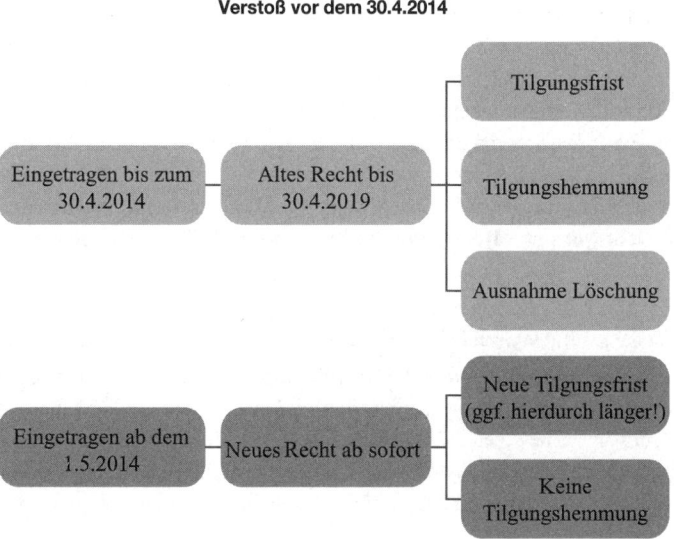

---

[49] Stellungnahme des Bundesrates zum Entwurf eines Vierten Gesetzes zur Änderung des Straßenverkehrsgesetzes und anderer Gesetze, BR-Drs. 799/12 v. 1.2.2013, S. 98.

§ 3 Kernpunkte der Reform

V. Überführung der Maßnahmestufen

118 § 65 Nr. 4 StVG (siehe § 7 Rn 13) regelt die Umstellung der Punktestände nach bisherigem Recht in die Maßnahmenstufen des neuen Fahreignungs-Bewertungssystems oder in die Vormerkung. Es wird also zunächst die Maßnahmestufe nach dem alten System anhand des Punktestandes festgestellt, und dann mittels der Überführungstabelle in Punktestände nach dem Fahreignungs-Bewertungssystem überführt.

119 Der aufgrund der Überführung ermittelte neue Punktestand bildet nach Satz 2 die Grundlage für die Einstufung in die Vormerkung oder eine der Maßnahmenstufen des Fahreignungs-Bewertungssystems. Mit der Regelung wird sichergestellt, dass jeder, der sich im bisherigen dreistufigen Punktesystem in einer Maßnahmestufe befunden hat, in die entsprechende Maßnahmestufe des neuen ebenfalls dreistufigen Fahreignungs-Bewertungssystems überführt wird.[50]

120 Bislang ungeklärt ist jedoch, wie es sich bei Punkteständen verhält, die eine Maßnahmestufe nach dem VZR begründen und vielleicht sogar bereits Konsequenzen – beispielsweise das Absolvieren von Aufbauseminaren – nach sich gezogen hat, die aber nach FaER gelöscht werden. Dann ist an sich die Maßnahmestufe zwar erreicht, eine Maßnahme aber nach dem FaER (noch) nicht gewünscht. Andererseits hat der Gesetzgeber festgelegt, dass die jeweilige Maßnahmestufe ohne vorherige Löschung der nicht sicherheitsrelevanten Einträge erfolgen soll. Das wiederum lässt vermuten, dass er sich bewusst entscheiden wollte, unabhängig von der Frage der Qualität der Verstöße die bislang erfolgten Maßnahmestufen jedenfalls nicht „verfallen" zu lassen. Denn die Folge wäre, dass viele Betroffene womöglich dann erst in der Vormerkung oder aber Ermahnung zu finden wären, wenn die nicht sicherheitsrelevanten Verstöße in Abzug gebracht worden wären. Einfach ausgedrückt: **Auch wenn die Maßnahmestufe nach neuem Recht nicht erreicht worden wäre, ist das alte Recht insoweit für das Erreichen derselben maßgeblich.**

121 Die in § 4 Abs. 5 S. 1 StVG (siehe § 7 Rn 13) vorgesehenen Maßnahmen durch die Behörden ist dann auf der Grundlage des überführten Punktestandes vorzunehmen.

122 Satz 3 stellt abschließend klar, dass die Überführung und die dadurch ggf. erstmalige Einordnung in die neuen Maßnahmenstufen nicht zur Maßnahmenergreifung führen soll. Gedacht ist, dass nur eine – neue – Zuwiderhandlung und das hierauf folgende **erstmalige Erreichen einer Maßnahmenstufe** – nach altem wie nach neuem Recht – zu einer Maßnahme führt, was allerdings eine Einzelfallentscheidung der Behörde voraussetzt.

---

50 Stellungnahme des Bundesrates zum Entwurf eines Vierten Gesetzes zur Änderung des Straßenverkehrsgesetzes und anderer Gesetze, BR-Drs. 799/12 v. 1.2.2013, S. 98 f.

VI. Überführung der Punktabzüge und (besonderen) Aufbauseminare und verkehrspsychologischen Beratungen

In § 65 Abs. 3 Nr. 5 StVG (siehe § 7 Rn 13) schließlich hat der Gesetzgeber Regelungen zu den Punktabzügen wie auch den (besonderen) Aufbauseminaren und verkehrspsychologischen Beratungen im Hinblick auf die Überführung getroffen. 123

Nach § 65 Abs. 3 Nr. 5 Buchst. **a** StVG sind Punkteabzüge nur noch vorzunehmen, wenn der Betroffene die Bescheinigung über die Teilnahme an einem freiwilligen Aufbauseminar oder einer freiwillig besuchten verkehrspsychologischen Beratung **vor dem 30.4.2014** der zuständigen Behörde vorgelegt hat. 124

Überführung Punktabzüge absolvierter Aufbauseminare oder verkehrspsychologischer Beratungen, § 65 Abs. 3 Nr. 5a StVG 125

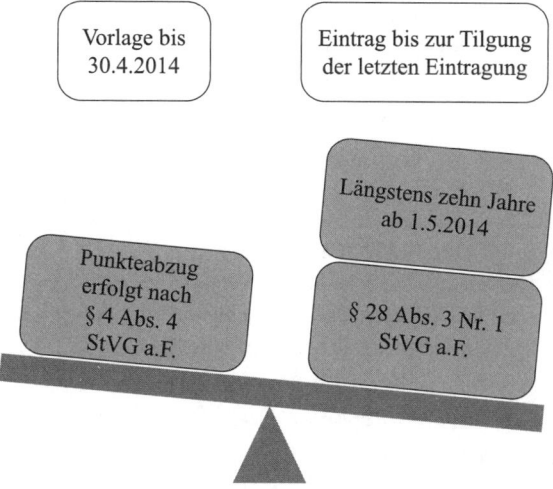

Nach § 65 Abs. 3 Nr. 5 Buchst. **b** StVG sollen Aufbauseminare, die noch vor dem Tag des Inkrafttreten des Gesetzes angeordnet und begonnen, aber noch nicht abgeschlossen, worden sind, für eine Übergangszeit von sieben Monaten nach Inkrafttreten des Fahreignungs-Bewertungssystems nach den bisherigen Bestimmungen absolviert und zu Ende geführt werden können. 126

Mit der entsprechenden Regelung in § 65 Abs. 3 Nr. 5 Buchst. **c** StVG über das Anbieten der Aufbauseminare noch weitere sechs Monate nach bisherigem Recht soll sichergestellt werden, dass die Inhaber einer Fahrerlaubnis, die eine Anordnung nach bisherigem Recht erhalten haben, das angeordnete Aufbauseminar auch noch absolvieren können. Sollten die Anbieter von Aufbauseminaren diese ab dem Tag des Inkrafttretens des Gesetzes je- 127 doch nicht mehr anbieten, kann der Fahrerlaubnisinhaber anstatt des Aufbauseminars an der verkehrspädagogischen Teilmaßnahme des Fahreignungsseminars teilnehmen.

H. Heraufsetzung der Eintragungsgrenze

128 Ein weiterer Reformteil ist in der Heraufsetzung der Eintragungsgrenze vorgenommen worden. Zwar hatte der Gesetzgeber zunächst in Aussicht gestellt, dass Bußgelder nicht erhöht würden; tatsächlich hat aber der Vorschlag aus dem Bundesjustizministerium die Lage verschärft, wonach die Eintragungsgrenze von 40 EUR auf 60 (zuerst auf 70) EUR heraufgesetzt wurde. Verwarnungsgelder sind also statt bislang bei höchstens 35 EUR sodann bis 55 (zuerst 65) EUR ermöglicht. Eine damit einhergehende Anhebung der Sanktionen ist für die Katalogtaten gleichsam vorgenommen worden, obwohl genau dies nicht geschehen sollte! Ein Verstoß, der heute punktbewehrt ist, kann ab 1.5.2014 möglicherweise keinen Punkt nach sich ziehen. Denn allein entscheidend ist, ob der Verstoß nach der Anlage 13 FeV (siehe § 7 Rn 27) aufgeführt ist.

129 Deshalb hat der Regelsatz für Delikte auch eine Anhebung erfahren, die heute unter der neuen Eintragungsgrenze von EUR 60 liegen und wegen ihrer Bedeutung für die Verkehrssicherheit weiterhin eingetragen werden sollen:

- Handyverstoß: von 40 EUR auf 60 EUR;
- Winterreifenpflicht: von 40 EUR auf 60 EUR;
- rechtswidriges Verhalten an Schulbussen: von 40 EUR auf 60 EUR;
- Missachtung der Kindersicherungspflicht: von 40 EUR auf 60 EUR;
- Zeichen eines Polizeibeamten nicht befolgt: von 50 EUR auf 70 EUR.

130 Andererseits gibt es Delikte, die in Zukunft nicht mehr eingetragen werden und deren Punktewegfall kompensiert werden soll:

- Umweltzone: von 40 EUR auf 80 EUR;
- fehlendes Kennzeichen: von 40 EUR auf 60 EUR;
- Verstoß gegen Fahrtenbuchauflage: von 50 EUR auf 65 EUR;
- Kennzeichen abgedeckt: von 50 EUR auf 65 EUR;
- Behinderung durch Parken in Feuerwehrzufahrt: von 50 EUR auf 65 EUR;
- Sonn- und Feiertagsfahrverbot für Lkw: von 380 EUR auf 570 EUR.

131 An dieser Stelle wird klar, dass das Vorhaben mit den ursprünglichen Versprechen nicht mehr in Einklang zu bringen ist. Viele dürfen daher auch zu Recht enttäuscht sein.

§ 4 Ausgestaltung der Fahreignungsseminare

A. Allgemeines

Kernvorschrift für das Fahreignungsseminar, das in seiner jetzigen Fassung wohl manche Überraschung des Vermittlungsausschusses birgt, ist § 4a StVG (siehe § 7 Rn 4). Danach sollen Fahrerlaubnisinhaber durch die dort vorgesehenen Maßnahmen des neuen Fahreignungs-Bewertungssystems und insbesondere **durch das neue Fahreignungsseminar besser zur Einhaltung der Verkehrsregeln** angehalten werden. 1

Ziel des Gesetzgebers war es, die persönliche Sicherheit weiter zu erhöhen und die Anzahl der Straftaten zu senken. Weiteren Regelverstößen (Straftaten wie Ordnungswidrigkeiten) soll hierdurch vorgebeugt werden.[1] 2

Besonders merkwürdig mutet aber an, was aus dem Gesetzesgedanken geworden ist: 3

„Die Kosten für das geplante Fahreignungsseminar sollen nicht höher liegen als die Kosten für das bisherige angeordnete Aufbauseminar und die verkehrspsychologische Beratung."

Inzwischen wird der zu entrichtende Betrag auf das Dreifache geschätzt und der Bundesrat hat in seiner Stellungnahme moniert, dass weder die Wirksamkeit des Fahreignungsseminars erwiesen sei, noch die Kosten in Relation zu bringen wären.[2] Es wurde daraufhin eine Evaluation empfohlen. Nun ist im Gesetz für das Fahreignungsseminar eine Evaluationsphase von 5 Jahren vorgesehen (§ 4b StVG, siehe § 7 Rn 5). 4

B. Ausgestaltung der Seminare

I. Teilmaßnahmen

Das Fahreignungsseminar soll, wie bisher auch das Aufbauseminar, verkehrsauffällige Kraftfahrer dabei unterstützen, ihr Fahrverhalten zu ändern und sich zukünftig im Straßenverkehr regelkonform zu verhalten. Ein großer Unterschied zum Aufbauseminar besteht darin, dass das Fahreignungsseminar **aus zwei Teilen** bestehen soll: 5

- Teil 1 – verkehrspädagogische Teilmaßnahme: Informationsteil (hierzu siehe Rn 13), der von Fahrlehrern durchgeführt wird und
- Teil 2 – verkehrspsychologische Teilmaßnahme: Beratungsteil (hierzu siehe Rn 19), der von Verkehrspsychologen geleitet wird.

---

1 BR-Drs. 810/12, S. 48.
2 BR-Drs. 810/12, S. 48 f.

§ 4 Ausgestaltung der Fahreignungsseminare

II. Freiwilligkeit

6 Mit der Ermahnung nach § 4 Abs. 4 S. 1 Nr. 1 und der Verwarnung nach § 4 Abs. 4 S. 1 Nr. 2 StVG ergeht der Hinweis, dass ein Fahreignungsseminar nach § 4a StVG freiwillig besucht werden kann, um das Verkehrsverhalten zu verbessern; im Fall der Verwarnung erfolgt dann zusätzlich der Hinweis, dass hierfür kein Punktabzug – mehr – gewährt wird. Seitens des Gesetzgebers war nicht beabsichtigt, den Fahrerlaubnisinhaber schon mit der Vormerkung von dieser Möglichkeit (beispielsweise in den Bescheiden) zu informieren.

7 Geplant war, dass die Teilnahme am Fahreignungsseminar von der zuständigen Behörde angeordnet wird, sofern die Stufe der Verwarnung erreicht ist. Wenn die Anordnung der Teilnahme nicht befolgt wird, sollte die Fahrerlaubnis so lange entzogen werden, bis die Teilnahmebescheinigung bei der Behörde vorgelegt wird. Diese Vorstellung konnte sich im Vermittlungsausschuss nicht durchsetzen – vermutlich aufgrund der fraglichen Wirksamkeit des Fahreignungsseminars. Nunmehr ist ausschließlich eine **freiwillige Teilnahme** vorgesehen. Allerdings ist davon auszugehen, dass bei einer erfolgreichen Evaluation – deren Kriterien bislang aber nicht bekannt sind – der Gesetzgeber als konsequente Folge diese Ursprungsidee wieder umsetzen wird, wenn die Stufe der Verwarnung erreicht sein sollte.

8 Das Fahreignungsseminar, die Vorschriften hierzu und der Vollzug werden von der Bundesanstalt für Straßenwesen wissenschaftlich begleitet und evaluiert, § 4b StVG (siehe § 7 Rn 5), § 31d FahrlG (siehe § 7 Rn 17). So soll auch mittels der Evaluierung ermittelt werden, ob das Fahreignungsseminar eine verhaltensverbessernde Wirkung im Hinblick auf die Verkehrssicherheit hat. Die Bundesanstalt für Straßenwesen legt das Ergebnis der Evaluierung bis zum 1. Mai 2019 dem Bundesministerium für Verkehr, Bau und Stadtentwicklung in einem Bericht zur Weiterleitung an den Deutschen Bundestag vor. Kritisch ist anzumerken ist, dass die Kriterien der Qualitätssicherung und -prüfung (noch) nicht festgeschrieben sind.

III. Punktabzug

9 Nehmen Inhaber einer Fahrerlaubnis freiwillig an einem Fahreignungsseminar teil und legen sie der zuständigen Behörde innerhalb von zwei Wochen nach Beendigung des Seminars eine Teilnahmebescheinigung vor, wird ihnen bei einem Punktestand von ein bis fünf Punkten ein Punkt abgezogen. Dabei ist der Punktestand zum Zeitpunkt der Ausstellung der Teilnahmebescheinigung maßgeblich.

10 *Achtung*

Das Seminar **führt nicht (mehr) zur Reduzierung des Punktestandes**, sofern die Stufe der Verwarnung erreicht ist. Da der Punktestand retrospektiv ermittelt wird, ist der Punktestand sicherheitshalber vor Besuch eines Seminars nochmals zu überprüfen, um einen „wertlosen" Besuch zu verhindern und das Seminar erst bei einem Punktestand von nicht mehr als 5 Punkten zu absolvieren und sodann einzureichen.

Hinweis 11
Problematisch ist dies dann, wenn der Betroffene gar nichts von einem neuerlichen Verstoß weiß und den Kurs besucht, die Bescheinigung einreicht und dann der Verstoß rechtskräftig wird, womit wegen des Tattagsprinzips ein Abzug im Nachgang wiederum versagt werden könnte.
An dieser Stelle wird sichtbar, dass die Kombination des Tattags- und Rechtskraftprinzips im Einzelfall zu Ungerechtigkeiten führen kann, weil es der an dieser Stelle notwendigen Transparenz mangelt.

Der Besuch eines Fahreignungsseminars führt allerdings jeweils nur einmal innerhalb 12
von fünf Jahren zu einem Punktabzug und wird daher entsprechend lange auch im Fahreignungsregister geführt, § 4 Abs. 7 StVG (siehe § 7 Rn 3). Für den zu verringernden Punktestand und die Berechnung der Fünfjahresfrist ist jeweils das Ausstellungsdatum der Teilnahmebescheinigung maßgeblich.

C. Ausgestaltung der Teilmaßnahmen

I. Verkehrspädagogische Teilmaßnahme

In der verkehrspädagogischen Teilmaßnahme nach § 4a Abs. 2 Nr. 1 StVG (siehe § 7 13
Rn 4) sollen speziell geschulte Fahrlehrer in dem ersten Teil der Maßnahme u.a. Verkehrsregeln, Sinnhaftigkeit von Regeln und Risikoinformationen bei Überschreitung der Regeln vermitteln. Darüber hinaus soll das Gefahrenbewusstsein verbessert werden. Dies erfolgt in Sitzungen zu je 90 Minuten entsprechend der Anlage 16 zu § 41 StVG (Abdruck der Anlage 16 zu § 42 FeV siehe § 7 Rn 28). Die entsprechenden Vorschriften sind hierzu umfassend und nicht immer zur Zufriedenheit der beteiligten Fahrlehrer und Psychologen nun in den §§ 31a bis 31c FahrlG (siehe § 7 Rn 14 ff.) festgeschrieben und sehen jedenfalls eine Weiterbildung der bisherigen Fahrlehrer und umfassendere Ausbildung bei neuen Fahrlehrern vor. Eine Zusammenarbeit der Beteiligten ist ausdrücklich seitens des Gesetzgebers gewünscht.

Besonders **qualifizierten Fahrlehrer**, die die verkehrspädagogische Teilmaßnahme 14
übernehmen sind für
- die Steigerung des Problembewusstseins und des emotionalen Erlebens – bspw. durch Risikoinformationen und die Verdeutlichung förderlicher Umweltbedingungen – sowie
- die Selbstreflexion,

§ 4 Ausgestaltung der Fahreignungsseminare

- Stärkung der Gefahrenkognition,
- Eröffnen erwünschter Verhaltensalternativen

verantwortlich (§ 42 Abs. 2 FeV, siehe § 7 Rn 24).

15 Dazu gehört die Vermittlung von Kenntnissen zum Risikoverhalten, die Verbesserung der Gefahrenkognition, die Anregung zur Selbstreflexion und die Entwicklung von Verhaltensvarianten erfolgen.

16 Die Teilmaßnahme besteht aus zwei Modulen von je 90 Minuten und ist entsprechend der Anlage 16 zu § 42 FeV durchzuführen (Abdruck der Anlage 16 zu § 42 FeV siehe § 7 Rn 28).

1. Modul 1: Überblick

17 Folgende Inhalte sind Bestandteile der Teilmaßnahme:
- Einzelbaustein „Seminarüberblick",
- teilnehmerbezogene Darstellung der „individuellen Fahrerkarriere und Sicherheitsverantwortung",
- teilnehmerbezogene Darstellung der „individuellen Mobilitätsbedeutung",
- Hausaufgabe: „Darstellung der individuellen Mobilitätsbedeutung",
- Einzelbaustein „Erläuterung des Fahreignungs-Bewertungssystems",
- tatbezogene Bausteine zu „Verkehrsregeln und Rechtsfolgen bei Zuwiderhandlungen" mit folgenden Varianten:
  - Geschwindigkeit,
  - Abstand,
  - Vorfahrt und Abbiegen,
  - Überholen,
  - Ladung,
  - Telefonieren im Fahrzeug,
  - Alkohol und andere berauschende Mittel,
  - Straftaten,
- Festigungsbaustein „Übung zur Klärung der individuellen Mobilitätssituation" und
- Hausaufgabe „Übung zur Selbstbeobachtung".

2. Modul 2: Überblick

18 Folgende Inhalte sind Bestandteile der Teilmaßnahme:
- Auswertung der Hausaufgaben,
- tatbezogene Bausteine zu „Risikoverhalten und Unfallfolgen" und
- Festigungsbaustein „individuelle Sicherheitsverantwortung".

II. Verkehrspsychologische Teilmaßnahme – Beratungsteil

In der verkehrspsychologischen Teilmaßnahme nach § 4a Abs. 2 Nr. 2 StVG (siehe § 7 Rn 4) sollen mit Hilfe von Verkehrspsychologen in dem sog. Beratungsteil des Fahreignungsseminars individuelle Wege zur Veränderung des riskanten Fahrverhaltens aufgezeigt werden. Diese persönlichen Strategien sollen dann im Alltag erprobt und die damit verbundenen Erfahrungen mit dem Verkehrspsychologen besprochen werden. Sie umfasst wenigstens zwei Sitzungen zu je 75 Minuten und ist als Einzelmaßnahme durchzuführen, § 42 Abs. 6 FeV (siehe § 7 Rn 24).

19

Der **verkehrspsychologische Teil** zielt darauf ab, Zusammenhänge zwischen auslösenden und aufrechterhaltenden Bedingungen des regelwidrigen Verkehrsverhaltens sichtbar zu machen. Reflexionsbereitschaft und Veränderungsbereitschaft sollen bei dem Betroffenen erreicht werden. Die Verkehrspsychologen, die die verkehrspsychologische Teilmaßnahme durchführen, übernehmen:

20

- die Umweltkontrolle (Analyse auslösender/aufrechterhaltender Bedingungen),
- Entwicklung von Lösungsstrategien,
- Stärkung des Selbstwirksamkeitserlebens,
- Gegenkonditionierung (Sensibilisierung für Gelegenheitsstrukturen) und
- den Aufbau eines Selbstmanagements.

Die Auswahl der tatbezogenen Bausteine ist dann konsequent nach den individuellen Fahrerkarrieren und nach den entsprechenden Verkehrszuwiderhandlungen zu gestalten.

21

1. Erste Sitzung

Dabei ist mit der **ersten Sitzung** eine Verhaltensanalyse, die Entwicklung eines funktionalen Bedingungsmodells und die Erarbeitung von Lösungsstrategien zu erreichen. Sie setzt daher

22

- die Erarbeitung der auslösenden und aufrechterhaltenden inneren und äußeren Bedingungen der Verkehrszuwiderhandlungen als Verhaltensanalyse,
- die Erarbeitung der Funktionalität des Fehlverhaltens in Form einer Mittel-Zweck-Relation,
- die Aktivierung persönlicher Stärken und Unterstützungsmöglichkeiten sowie Motivationsarbeit,
- die Ausarbeitung schriftlicher Zielvereinbarungen, diese umfassen
- die Spezifikation des Zielverhaltens in Form von Lösungsstrategien,
- die Festlegung der Verstärker, Belohnungen und positiven Konsequenzen und
- die Festlegung der zu erreichenden Schritte

voraus und gibt sodann Hausaufgaben „Selbstbeobachtung des Verhaltens in kritischen Situationen" und „Erprobung des neuen Zielverhaltens" dem Teilnehmer auf.

§ 4 Ausgestaltung der Fahreignungsseminare

2. Zweite Sitzung

23 In der **zweiten Sitzung** der verkehrspsychologischen Teilmaßnahme werden die erarbeiteten Lösungsstrategien dann verfestigt. Dies geschieht durch
- die Besprechung der Erfahrungen aus der Selbstbeobachtung,
- die Besprechung der Einhaltung der Zielvereinbarungen,
- die Erarbeitung und Weiterentwicklung von Verhaltensstrategien und
- die Aktivierung persönlicher Stärken und Unterstützungsmöglichkeiten sowie
- Motivationsarbeit.

24 *Hinweis*
Die zweite Sitzung kann erst nach Ablauf von drei Wochen mit Abschluss der ersten Sitzung durchgeführt werden.

D. Zeitlicher Ablauf des Fahreignungsseminars

25 Die Ursprungsversion des Gesetzesvorhabens sah eine zeitliche Beschränkung vor, da die Behörde eine Anordnung mit der Androhung der Entziehung verbinden sollte. Da diese Vorschrift jedoch nicht eingefügt wurde, ist eine zeitliche Befristung kaum gegeben. Zwischen den beiden verkehrspädagogischen Modulen soll nach § 42 Abs. 5 FeV (siehe § 7 Rn 24) eine Woche, zwischen den beiden verkehrspsychologischen Sitzungen nach § 42 Abs. 9 FeV ein Zeitraum von drei Wochen liegen. Dabei sollen Module und Sitzungen durch gegenseitige Information der jeweiligen Seminarleiter aufeinander abgestimmt werden, § 42 Abs. 1 S. 2 FeV. Hier stellen die zeitlichen Zwischenräume sicher, dass der Fahrerlaubnisinhaber über den verkehrspädagogischen Teil eingehend nachgedacht hat und bereits eine höhere Reflexionsbereitschaft eingetreten ist. Zunächst war daran gedacht, dass alle Sitzungen des geplanten Fahreignungsseminars in einem Zeitraum von sieben Wochen besucht werden und insgesamt ein Zeitraum von drei Monaten für das Seminar zur Verfügung stehen sollte. Da aber derzeit eine Evaluierungsphase vorliegt (siehe auch § 3 Rn 69), kann diese Befristung ggf. – bei erfolgreicher Evaluierung – erst wieder vorgegeben werden. Die durchführenden Stellen werden von den Teilnehmern sodann evaluiert. Die Kosten werden auf 400 bis 650 EUR geschätzt.

E. Qualifizierungserfordernis der Seminarleiter

26 Das Fahreignungsseminar soll wie erwähnt ganz anders aussehen als die bisherigen Abbaukurse: Eine Einbindung von Verkehrspsychologen ist obligatorisch in die Struktur des

E. Qualifizierungserfordernis der Seminarleiter § 4

Seminars eingestellt worden.³ Aus diesem Grund soll das bisherige Schulungspersonal weitaus qualifizierter zu Werke gehen.

Die Übergangsregelungen sind von den Verbänden der Fahrlehrer und auch Verkehrspsychologen scharf kritisiert worden, weil mitunter erfahrene Kenner von der Übergangsregelung ausgeschlossen werden, weil sie nicht über praktische Erfahrungen in dem vom Gesetzgeber gewünschten Maße verfügen. Ob hier noch „nachgebessert" werden wird, ist allerdings fraglich. Festzuhalten bleibt, dass der Fahrerlaubnisinhaber im Zweifel sich eine entsprechende Qualifikation vor Unterzeichnung eines Vertrages vorlegen lassen sollte. 27

Das Fahreignungsseminar war ursprünglich gegliedert in eine **Edukative (EVA)** und eine **Verkehrspsychologische (VPS) Teilmaßnahme**, die synergetisch in einem pädagogisch-psychologisch begründeten Lernprozess verbunden werden sollen. Es war vorgesehen, dass die Teilnehmer über ihre Fahrkarrieren berichten, diese zur Veranschaulichung anhand von Charts, die die Gefährlichkeit und Eigenverantwortlichkeit bemessen, visualisieren und die Konsequenzen einer Fahrerlaubnisentziehung erörtert werden. Weiter sollte ein deliktsbezogener Baustein in einer Gruppendiskussion zu typischen deliktbezogenen Regelverstößen erarbeitet werden. Ein Training des Risikobewusstseins und der Gefahrenkognition anhand von interaktiven Virtual-Reality-Szenarien geübt, sowie Unfallrisiken, Unfallursachen und typischen deliktspezifischen Unfallabläufen sowie gesundheitlicher und sozialer Unfallfolgen unter den Teilnehmern geführt. Was ein wenig wie „Sozialarbeiterdeutsch" anmutet, hat aber zum Ziel, dass die Absolventen eines Fahreignungsseminars tatsächliche Erfolge hinsichtlich ihres Verkehrsverhaltens erreichen sollen. Im ursprünglichen Entwurf war auch noch die obligatorische Anordnung des Fahreignungsseminars vorgesehen, woraus ersichtlich ist, dass die Anforderungen an die Seminarleiter hoch sein mussten, wollte doch eine nachhaltige Änderung herbeigeführt werden. 28

I. Qualifizierung der Seminarleiter der verkehrspädagogischen Teilmaßnahme

Der verkehrspädagogische Teil wird von **besonders erfahrenen und qualifizierten Fahrlehrern** durchgeführt, die zusätzlichen Anforderungen genügen müssen, z.B. darf der Eintrag im Fahreignungsregister des Seminarleiters nicht über zwei Punkten betragen (§ 31a Abs. 2 FahrlG). Seminare für die Schulung der Fahrlehrer beinhalten besondere auf den Gesetzeszweck zielende Inhalte. 29

---

3 Weshalb das aber in das bestehende System nicht umgesetzt werden kann, ist nicht erläutert.

§ 4 Ausgestaltung der Fahreignungsseminare

30 Der Seminarleiter muss über eine Seminarerlaubnis Verkehrspädagogik verfügen, die auf Antrag erteilt wird. Unter bestimmten Umständen kann diese widerrufen oder zurückgenommen werden (§ 31a Abs. 5 FahrlG).

31 Die entsprechenden Qualifizierungsvorschriften finden sich im Fahrlehrergesetz in den §§ 31a–31c FahrlG (siehe § 7 Rn 14 ff.) und sollen hier aus Platzgründen nicht eingehend erörtert werden. Jedenfalls sehen sich die Fahrlehrer einer zukünftigen qualifizierten Ausbildung gegenüber.

II. Qualifizierung der Seminarleiter der verkehrspsychologischen Teilmaßnahme

32 Der verkehrspsychologische Teil wird wiederum von **speziell ausgebildeten Verkehrspsychologen** durchgeführt (§ 4a Abs. 3 StVG, siehe § 7 Rn 4), die – wie auch die besonders qualifizierten Fahrlehrer – ebenfalls zusätzliche persönliche Anforderungen erfüllen müssen, auch sie dürfen z.B. nicht mehr als 2 Punkte im Fahreignungsregister haben.

33 Der Seminarleiter muss über eine Seminarerlaubnis Verkehrspsychologie verfügen, die auf Antrag erteilt wird (§ 4a Abs. 3, 4 StVG, siehe § 7 Rn 4). Eine Rücknahme oder ein Widerruf ist unter bestimmten Voraussetzungen möglich (§ 4a Abs. 5 StVG, siehe § 7 Rn 4).

F. Evaluationsphase des Fahreignungsseminars

34 Die zuletzt neu eingefügte Vorschrift des § 31d FahrlG (siehe § 7 Rn 17) für eine Evaluierung legt fest, dass das Fahreignungsseminar, die Vorschriften hierzu und der Vollzug einschließlich insbesondere der Einweisungslehrgänge und Einführungsseminare durch die Bundesanstalt für Straßenwesen wissenschaftlich begleitet und evaluiert wird. Dabei soll insb. untersucht werden, ob das Fahreignungsseminar eine verhaltensverbessernde Wirkung im Hinblick auf die Verkehrssicherheit hat. Die Bundesanstalt für Straßenwesen legt das Ergebnis der Evaluierung bis zum 1.5.2019 dem Bundesministerium für Verkehr, Bau und Stadtentwicklung in einem Bericht zur Weiterleitung an den Deutschen Bundestag vor.

35 *Anmerkung*

Dies ist insofern kurios, als üblicherweise wohl eine Evaluierung **vor** der Inbetriebnahme stehen sollte; jedenfalls aber ist der Gesetzgeber offenbar selbst nicht überzeugt davon, dass die Fahreignungsseminare die gewünschten Erfolge erreichen werden. Auch dies darf als Manko des Gesetzes qualifiziert werden: Denn wie soll in der Bevölkerung hierfür Verständnis aufgebracht werden, wenn die Seminare ein Vielfaches des bisherigen ökonomischen Aufwandes erzwingen, da die Wirksamkeit – und natürlich auch die Erreichung des vermeintlichen Gesetzeszwecks – noch gar nicht erwiesen sind.

G. Teilnahmebescheinigungen nach § 44 FeV und Seminarerlaubnis § 4

> Da darf man schon fragen, wie eine gesetzliche Vorgabe ihre Rechtfertigung findet, wenn ihre Wirksamkeit erst erprobt werden muss.

G. Teilnahmebescheinigungen nach § 44 FeV und Seminarerlaubnis

§ 44 FeV (siehe § 7 Rn 26) regelt die Ausstellung der Teilnahmebescheinigung nach Abschluss des Fahreignungsseminars. Folgende Inhalte müssen aufgeführt und von den Seminarleitern beider Teilmaßnahmen sowie dem betreffenden Seminarteilnehmer unterschrieben werden: 36

1. den Vor- und Familiennamen, den Tag der Geburt sowie die Anschrift des Seminarteilnehmers,
2. die Bezeichnung der absolvierten Bausteine und
3. die Daten der durchgeführten Module und Sitzungen.

Die Teilnahmebescheinigung ist vom Seminarleiter zu verweigern, für den Fall, dass der Seminarteilnehmer nicht alle Sitzungen des Seminars besucht oder eine offene Ablehnung gegenüber den Zielen der Maßnahme gezeigt hat bzw. der Lehr- und Lernstoff nicht aktiv von dem Teilnehmer mitgestaltet wird. 37

Das bundeseinheitliche Formular für die Teilnahmebescheinigung des neuen Fahreignungsseminars soll wie folgt aussehen:[4] 38

---

[4] Ergänzung des Entwurfs der Zehnten Verordnung zur Änderung der Fahrerlaubnis-Verordnung und anderer straßenverkehrsrechtlicher Vorschriften (Stand: 17.1.2014); Änderungen noch möglich.

§ 4 Ausgestaltung der Fahreignungsseminare

Teilnahmebescheinigung gemäß § 44 FeV

Vorname	Familienname	Geburtsdatum	Anschrift des Seminarteilnehmers/der Seminarteilnehmerin

Verkehrspädagogische Teilmaßnahme

Name und Anschrift der Fahrschule	Fahrschulinhaber/Fahrschulinhaberin oder verantwortlicher Leiter/verantwortliche Leiterin	Name des Seminarleiters/der Seminarleiterin

1. Modul am   von .... bis .... Uhr   Bausteine nach § 42 Abs. 3 FeV (bitte Nummer der durchgeführten Bausteine eintragen)   ....

2. Modul am   von .... bis .... Uhr   Bausteine nach § 42 Abs. 4 FeV (bitte Nummer der durchgeführten Bausteine eintragen)   ....

Ort, Datum	Unterschrift Seminarteilnehmer/ Seminarteilnehmerin	Unterschrift Seminarleiter Verkehrspädagogik/ Seminarleiterin Verkehrspädagogik

Verkehrspsychologische Teilmaßnahme

Anschrift der Seminarräume	Name des Verkehrspsychologen/der Verkehrspsychologin

1. Sitzung am   von .... bis .... Uhr   Bausteine nach § 42 Abs. 7 FeV (bitte Nummer der durchgeführten Bausteine eintragen)   ....

2. Sitzung am   von .... bis .... Uhr   Bausteine nach § 42 Abs. 8 FeV (bitte Nummer der durchgeführten Bausteine eintragen)   ....

Ort, Datum	Unterschrift Seminarteilnehmer/ Seminarteilnehmerin	Unterschrift Seminarleiter Verkehrspsychologie/ Seminarleiterin Verkehrspsychologie

§ 5 Rechtsmittel

A. Einleitung

Bei der Frage der Rechtsmittel ist zu unterscheiden, zu welchem Zeitpunkt eingegriffen bzw. eine Beschränkung oder Sanktion verhindert werden soll. Soll bereits die Entstehung der Punkte verhindert werden, darf ein Urteil oder ein Bußgeldbescheid nicht – oder nur mit geringerer Sanktion – in Rechtskraft erwachsen. Soweit es um die Maßnahmen im verwaltungsverfahrensrechtlichen Teil geht, sind wiederum andere Regeln zu beachten. Schließlich ist zu fragen, ob die Überführung fehlerfrei erfolgt ist.

B. Allgemeines

Zweifellos kann eine sachgerechte Vertretung nur über die vollständige Erfassung des Sachverhaltes erfolgen: Dies bedeutet unabhängig vom Verfahren und Verfahrensstand ist grundsätzlich Akteneinsicht zu beantragen: Dies gilt für Straf- und Bußgeldverfahren gleichsam wie für die verwaltungsverfahrensrechtlichen Verfahren.

I. Akteneinsicht

Es dürfte sich eigentlich von selbst verstehen, dass der Rechtsanwalt nicht blind bzw. taub den Worten seines Mandanten folgt, sondern sich erst einen Eindruck des Sachverhaltes über die Akteneinsicht verschafft.[1] Dennoch ist schon frühzeitig zu überlegen und bei dem Mandanten abzufragen, ob und gegebenenfalls welche weiteren Beweismittel zur Verfügung stehen könnten. Dies ist dann rechtzeitig zu sichern. In § 147 StPO ist daher vorgeschrieben:

> *(1) Der Verteidiger ist befugt, die Akten, die dem Gericht vorliegen oder diesem im Falle der Erhebung der Anklage vorzulegen wären, einzusehen sowie amtlich verwahrte Beweisstücke zu besichtigen. (...)*
>
> *(4) Auf Antrag sollen dem Verteidiger, soweit nicht wichtige Gründe entgegenstehen, die Akten mit Ausnahme der Beweisstücke zur Einsichtnahme in seine Geschäftsräume oder in seine Wohnung mitgegeben werden. Die Entscheidung ist nicht anfechtbar.*

Zur Vorbereitung sollte der Mandant unmittelbar nach der Übertragung des Mandats seinen Punktestand selbstständig abfragen[2] und das Ergebnis dem Rechtsanwalt mitteilen. Alternativ kann das natürlich auch als Serviceleistung – und dann später entsprechend bei der Ausübung des Ermessens nach § 14 RVG eingestellt werden – des Rechtsanwalts erfolgen.

---

1 Umfassend *Cierniak*, Akteneinsicht und Offenlegungsrechte im Bußgeldverfahren, DAR 2014, 2 ff.
2 Kann über das Internet problemlos unter *www.kba.de* erfolgen (siehe auch § 2 Rn 39).

§ 5 Rechtsmittel

▼

Muster 5.1: Abfrage des Punktestands im Verkehrszentralregister

Auszug aus dem Verkehrszentralregister für:

geboren am: in:

wohnhaft in:

Sehr geehrte Damen und Herren,

für unsere Mandantschaft erbitten wir den aktuellen Auszug aus dem Verkehrszentralregister über evtl. vorliegende Eintragungen. Gegebenenfalls entstehende Kosten werden diesseitig übernommen.

Mit freundlichen Grüßen

(Rechtsanwalt)

Anlage: Vollmacht

▲

II. Recht auf ein faires Verfahren und Achtung der Verteidigungsrechte

5   Noch recht unbekannt, aber nichtsdestoweniger in Kraft durch das am 2.7.2013 verabschiedete **Gesetz zur Sicherung zur Stärkung der Verfahrensrechte von Beschuldigten im Strafverfahren** vom 2.7.2013,[3] und eine klare Hilfe, ist die **Richtlinie 2012/13/EU** vom 22.5.2012 über das Recht auf Belehrung und Unterrichtung in Strafverfahren[4] (Einleitung Abs. 28), die das Recht auf die Unterrichtung von Verdächtigen oder beschuldigten Personen über die strafbare Handlung, derer sie verdächtigt oder beschuldigt werden, statuiert.[5] Sie sollte umgehend erfolgen und spätestens vor der ersten offiziellen Vernehmung durch die Polizei oder eine andere zuständige Behörde und ohne Gefährdung der laufenden Ermittlungen stattgefunden haben.

---

3 BGBl I, S. 1938.
4 Mit der Richtlinie 2010/64/EU des Europäischen Parlaments und des Rates vom 20.10.2010 über das Recht auf Dolmetscherleistungen und Übersetzungen in Strafverfahren und der Richtlinie 2012/13/EU des Europäischen Parlaments und des Rates vom 22.5.2012 über das Recht auf Belehrung und Unterrichtung in Strafverfahren liegen nunmehr die ersten beiden Rechtsakte auf dem Weg zu einheitlichen EU-weiten Mindestverfahrensrechten vor, wie sie der Rat in seiner Entschließung vom 30.11.2009 über einen Fahrplan zur Stärkung der Verfahrensrechte von Verdächtigen oder Beschuldigten im Strafverfahren als Maßnahmen A und B vorgesehen hat.
5 Europäische Impulse: Richtlinie 2010/64/EU vom 20.10.2010, ABl. L 280, S. 1; Richtlinie 2012/13/EU vom 22.5.2012, ABl L 142, S. 1; auf nationaler Ebene: Regierungsentwurf vom 10.12.2012 sowie die Stellungnahme des Deutschen Anwaltvereins zu BR-Drs. 816/12.

B. Allgemeines § 5

Eine Beschreibung der Umstände der strafbaren Handlung, derer die Person verdächtigt 6
oder beschuldigt wird, einschließlich, sofern bekannt, der Zeit und des Ortes sowie der möglichen rechtlichen Beurteilung der mutmaßlichen Straftat sollte – je nach Stadium des Strafverfahrens, in der sie gegeben wird – hinreichend detailliert gegeben werden, so dass ein faires Verfahren gewährleistet und eine wirksame Ausübung der Verteidigungsrechte ermöglicht wird. Die maßgeblichen Artikel sind Art. 6 und 7.

Zu den hierbei eher unbekannten Vorschriften gehört auch Nr. 45 RiStBV, deren Nicht- 7
befolgung im Rahmen einer Rüge schon in der ersten oder auch Tatsacheninstanz über einen Widerspruch geltend gemacht werden muss.

In einer Entscheidung des BGH heißt es unmissverständlich:[6]

„Mängel der polizeilichen Belehrung können, wie auch hier, das Verfahren erheblich belasten, im Einzelfall sogar den Bestand eines Urteils gefährden. Es gehört auch zu den Aufgaben der Staatsanwaltschaft, im Rahmen ihrer Verantwortung für die Gesetzmäßigkeit des Ermittlungsverfahrens, auch soweit es von der Polizei durchgeführt wird, auf die korrekte Einhaltung der Belehrungsbestimmungen und erforderlichenfalls möglichst auf die Korrektur (wie hier) erkennbarer Mängel hinzuwirken. Dies gilt für alle Ermittlungsverfahren..."[7]

III. Recht auf Prüfung der Zulässigkeit der Beweismittel

Teilhabe heißt im Strafprozess gleichsam zu überprüfen, ob die aufgeführten Beweismit- 8
tel in dieser Form überhaupt verwertet werden dürfen. Insofern ist festzustellen, dass in der Praxis das Informationserhebungsrecht als Ausfluss des fair-trial-Prinzips gegen eine de-facto-Beibringungslast steht. So führt *Cierniak*[8] aus:

„Besonderheiten, die im Einzelfall Zweifel an der Korrektheit der Messung aufkommen lassen, können und müssen vom Betroffenen bzw. seinem Verteidiger vorgebracht werden, wenn das Gericht sie nicht von sich aus aufgreift; man kann hier ruhig von einer gewissen „Beibringungslast" des Betroffenen sprechen."

Allerdings kann eine umfassende Teilhabe am Strafprozess ohne weitere Informationen 9
schlechterdings nicht als fair bezeichnet werden und der Zugang zu bestimmten Informationen ist unerlässlich. So bejaht *Cierniak* jedenfalls in folgenden Konstellationen ein Recht auf Akteneinsicht:

---

6 BGH, Beschl. v. 6.3.2012 – 1 StR 623/11, NStZ 2012, 581: Wenngleich wenig überzeugend in der Argumentation hier kein Verwertungsverbot bejaht wurde.
7 BGH, Beschl. v. 23.8.2011 – 1 StR 153/11, NStZ 2012, 152; BGH, Beschl. v. 27.5.2009 – 1 StR 99/09, NStZ 2010, 158; BGH, Urt. v. 3.7.2007 – 1 StR 3/07, StraFo 2007, 418.
8 Prozessuale Anforderungen an den Nachweis von Verkehrsverstößen, zfs 2012, 664 ff., online abrufbar unter http://www.anwaltverlag.de/zfs-beitrag; aktuell dazu Cierniak, DAR 2014, 2 ff.

§ 5 Rechtsmittel

- Messung entgegen den Richtlinien für die Verkehrsüberwachung in zu geringem Abstand zum Beginn oder Ende einer Geschwindigkeitsbegrenzung;
- Eingriffe in Messgerät, Zubehör oder Videofahrzeug nach der letzten Eichung;
- Ablauf der Gültigkeitsdauer der Eichung;
- Ausstellung des Eichscheins vor Bauartzulassung durch die PTB;
- Eichung unter Zugrundelegung einer zum Messzeitpunkt überholten Bedienungsanleitung;
- Eichung materiell fehlerhaft wegen nicht vorhandener Bauartzulassung in Bezug auf einen zwischengeschalteten sog. CAN-Bus;
- fehlende Zulassung einer verwendeten Kamera durch die PTB;
- Messung in einem nicht zugelassenen Entfernungsbereich zwischen Fahrzeug und Messgerät;
- Messwinkelabweichungen bei Radarmessgeräten;
- keine Übertragung der Fahrbahnneigung auf Lichtempfänger bzw. Sensorkopf bei Lichtschranken und Einseitensensoren;
- Durchführung der Funktionstests unter Abweichung von der Bedienungsanleitung (Visiertest, Null-Messung usw.);
- konkrete Messung durch ein nicht ausreichend geschultes Mitglied des Messtrupps;
- ungewöhnlich hohe Annulationsrate;
- Reflexionen durch andere Objekte wie großflächige Betonwände oder Gebäudemauern beim Einsatz von Radargeräten;
- Schräglage des nachfahrenden ProViDa-Motorrads;
- Veränderung der Position des Messgeräts infolge zu weicher Fahrbahnbankette;
- hohe Verkehrsdichte und schlechte Sichtverhältnisse bei Lasermessgeräten ohne fotografische Dokumentation;
- Auslösung der Messung durch einen Schatten oder einen sonstigen Kontrast;
- konkrete Störung des Messvorgangs durch Fremdfahrzeuge;
- Fehldokumentation unter Verwechslung von Foto- und Messlinie bei ES 3.0;
- Fehlen einer korrekt gekennzeichneten und dokumentierten Fotolinie;
- Fotolinie ist nicht über die volle Breite im Messfoto abgebildet;
- unplausible Positionierung des Fahrzeugs des Betroffenen in Bezug auf die Fotolinie;
- auf dem gesamten Messfilm stark abweichende Positionen einiger der aufgenommenen weiteren Fahrzeuge zur Fotolinie;
- im Messfeldrahmen von LEIVTEC XV2 und 3 ist ein weiteres ankommendes Fahrzeug auf allen Bildern bzw. dem Start- und Endbild größer als 1/3 des Rahmens abgebildet;
- gemessenes Fahrzeug hat nach erfolgter Geschwindigkeitsmesswertbildung mit PoliScan speed gebremst, beschleunigt oder einen Fahrstreifenwechsel eingeleitet mit der Gefahr einer falschen Positionierung des Auswerterahmens;

B. Allgemeines § 5

- der Auswerterahmen auf dem Messfoto erfasst das gerätenahe Kraftfahrzeug auf dem rechten Fahrstreifen, würde aber auch das schräg nach hinten versetzte Fahrzeug auf dem linken Streifen erfassen;
- von PoliScan speed selbst nicht erkannter Kamerafunktionsdefekt mit der Folge verzögerter Fotoauslösung und fraglicher Zuordnung des Geschwindigkeitsverstoßes;
- PoliScan speed-Messung auf dritter Fahrspur, in Kurvenbereichen, bei niedriger Geschwindigkeit oder Identifizierung von Pkw als Lkw oder umgekehrt;
- verdachtsunabhängige Messung.

In diesen Zusammenhang ist auch die leidige Frage zu stellen, wann der Verteidiger Akteneinsicht in seinen Kanzleiräumen erhalten muss. Das **BVerfG vom 14.9.2011 – 2 BvR 449/11** hält eine Versagung für willkürlich (im konkreten Fall), weil anderen diese gewährt wurde und eine Differenzierung hierbei nicht sachgerecht war. Auch enthält die Entscheidung nochmals die Klarstellung, dass zur Akteneinsicht bereits die Anzeige des Verteidigers als Vertreter genüge und lediglich bei Zweifeln an der ordnungsgemäßen Bevollmächtigung die Abfrage einer Vollmacht angezeigt sei. 10

Will der Verteidiger mangels umfassender Akteneinsicht nun „Honig aus der Beschränkung der Verteidigung saugen", muss er folgendermaßen prozessual handeln. 11

Unvollständige Akteneinsicht		
In der Hauptverhandlung	→	Nur so erhält er sich die Verfahrensrüge nach § 338 Nr. 8 StPO
■ Unterbrechung oder Aussetzung nebst Akteneinsicht beantragen, ■ (vorsorglich) gegen die Ablehnung durch den Vorsitzenden Gerichtsbeschluss nach § 238 Abs. 2 StPO einholen ■ alles protokolliert?		■ Unzulässige Beschränkung der Verteidigung!

12 Liegen Beweisverwertungsverbote vor, ist der Verteidiger gehalten, aktiv zu werden und entsprechende Widersprüche ebenfalls zu Protokoll der Hauptverhandlung zu geben, damit sie in der Folge gerügt werden können, weil die Beschlüsse nach § 238 StPO in der Revision oder Rechtsbeschwerde angreifbar sind.

IV. Teilhabe durch Kommunikation

13 Weiterhin ist im kommunikativen Bereich erforderlich, dass die Rechtsanwälte noch mehr Initiative entwickeln als bislang. Zu selten ist zu beobachten, dass die Verteidigung die Fragen stellt, sich zu Wort meldet oder verfahrensgestaltend in Erscheinung tritt. Um nicht falsch verstanden zu werden: Natürlich bedarf es bei einem korrekten Ablauf eines Verfahrens nicht des Aktionismus', aber der Rechtsanwalt muss wissen, dass er jederzeit eingreifen könnte.

Dies ist in jeder Phase des Verfahrens möglich, aber nicht immer sinnvoll, jedenfalls nimmt (hoffentlich!) spätestens im Plädoyer die direkte Kommunikation Einfluss auf das Geschehen. Mit allen entscheidungsbeteiligten Personen/Institutionen sollte der Kontakt im gegebenen Falle gesucht werden.

14 Auch außer(-gerichtliche) Vereinbarungen – Verständigung i.S.d. § 257c StPO – sofern die Tarife bekannt sind und bessere Ergebnisse für den Mandanten erzielt werden, sind denkbar. Dabei ist die Verlässlichkeit der Beteiligten essentieller Bestandteil, den man unter keinen Umständen „verspielen" darf. Das bedeutet aber nicht etwa, dass man nicht mehr die Interessen des Mandanten vertreten sollte, um der Gerichtsharmonie nicht zu schaden. Wichtig ist, dass Vereinbarungen „mit offenem Visier" getroffen werden können. Denkbar – gerade im vorbereitenden Verfahren – ist natürlich die schriftliche Einlassung. Aber auch mit einer konsequenten Schutzschrift im Zwischenverfahren kann zumindest ein rechtlicher Diskurs angeschoben werden und das Gericht bereits auf die rechtlichen Komplikationen sinnvoll vorbereitet werden. Ebenso soll das sog. Opening Statement in der Hauptverhandlung – unmittelbar nach der Verlesung der Anklageschrift – nicht unerwähnt bleiben, als psychologisch wichtige Gegenrede. Diese Erklärung zu komplizierten Sach- und Rechtsfragen schon zu Prozessbeginn kann „argumentative Pflöcke einschlagen".[9] Auch das Ziel, die Verfahrensstraffung und Konzentration auf tatsächliche und rechtliche Kernfragen herbeizuführen (wenn gewollt), kann dazu führen, dass die weiteren Prozessbeteiligten die Argumente dankbar aufgreifen.

15 Last but not least sollte auch der Mandant nicht vergessen werden: Mit ihm muss der Rechtsanwalt die Strategie und (am besten messbare) Ziele bestimmen. Übrigens

---

9 *Hohmann*, StraFo 1999, 153.

kann das Erreichen des Zieles bei der späteren Gebührenbestimmung ebenfalls als gebührenerhöhendes ungeschriebenes Merkmal der erfolgreichen Tätigkeit des Rechtsanwaltes bei der Ermessensausübung nach § 14 RVG eingestellt werden.[10] Unerlässlich ist es auch, den Mandanten zu informieren, welche Konsequenzen er wird tragen müssen. So ist eine Information sinnvoll, wenn es beispielsweise um Eintragungen in das VZR/FaER geht. Ein Beispiel:

Muster 5.2: Information über mögliche Konsequenzen 16

Information für unsere Mandanten

Bei Eintragung von Verkehrsstraftaten oder Verkehrsordnungswidrigkeiten im Verkehrszentralregister in Flensburg

In Flensburg wird beim Kraftfahrtbundesamt (KBA, online unter www.kba.de) das sog. Verkehrszentralregister geführt. Dort werden alle Verkehrszuwiderhandlungen registriert und mit Punkten bewertet, soweit eine unangreifbare Entscheidung vorliegt.

Ihr Punktestand ist daher wichtig zur Festlegung der Verteidigungsziele. Der gegebenenfalls im Verkehrszentralregister registrierte Punktestand kann zu Maßnahmen der Fahrerlaubnisbehörde (Führerscheinstelle) führen. Fragen Sie uns nach Möglichkeiten, wie auf den Punktestand reagiert werden muss. Beachten Sie: Durch die Einführung des Fahreignungsregisters (FaER) kann sich die Taktik beträchtlich ändern.

Wann welche Punkte im Einzelnen wieder ausgetragen werden müssen, ist recht kompliziert geregelt (Stichwort Tilgungsfristen, Tilgungsbeginn [und bis zum 30.4.2014 Tilgungshemmung] und Überliegefrist): Da jeder Fall anders liegt, verbietet sich eine pauschale Prüfung. Bitte beschaffen Sie sich schnellstens eine aktuelle Auskunft für Ihren Punktestand beim KBA – am leichtesten online unter www.kba.de.

Liegt die Auskunft vor, bitten wir, einen neuen Termin bei uns nach Übersendung zu vereinbaren.

V. Rechtliche Überprüfung

In der rechtlichen Überprüfung sind in verschiedenen Bereichen Prüfungen vorzunehmen, um eine Sanktion zu verhindern. Hier unterscheidet sich das Bußgeldverfahren vom Strafverfahren nicht. Diese liegen in der Subsumtion, der Frage der Verjährung, der Differenzierung von Vorsatz und Fahrlässigkeit und natürlich den jeweiligen Punktebewertungen (siehe auch § 2 Rn 1). 17

---

10 *Reisert*, Anwaltsgebühren im Straf- und Bußgeldrecht, § 1 Rn 109 ff.

18 Dies erfährt deshalb so grundlegende Bedeutung, weil nämlich auch gerade die Alteinträge gegebenenfalls Beweisverwertungsverboten unterfallen können. So ist beispielsweise bei Eintragungen in das Verkehrszentral- bzw. Fahreignungsregister wie folgt zu unterscheiden:

Eintragungen im VZR/FaER		
Getilgt		Tilgungsreif
dürfen nicht mehr vorgehalten werden	dürfen nicht mehr verwertet werden	dürften nicht verwertet werden

19 Werden im Verfahren Fehler gemacht, ist dies zu rügen, indem stets ein Gerichtsbeschluss nach § 238 Abs. 2 StPO erzwungen wird. Der BGH gibt eindeutig vor, wie das zu geschehen hat:[11]

- Zweck des § 238 Abs. 2 StPO ist es, die Gesamtverantwortung des Spruchkörpers für die Rechtsförmigkeit der Verhandlung zu **aktivieren** und hierdurch die Möglichkeit zu eröffnen, **Fehler des Vorsitzenden im Rahmen der Instanz zu korrigieren und damit Revisionen zu vermeiden.**

- Dieser Zweck würde verfehlt, wenn es im unbeschränkten Belieben des um die Möglichkeit des § 238 Abs. 2 StPO wissenden Verfahrensbeteiligten stünde, ob er eine für unzulässig erachtete verhandlungsleitende Maßnahme des Vorsitzenden nach § 238 Abs. 2 StPO zu beseitigen sucht oder stattdessen hierauf im Falle eines ihm nachteiligen Urteils in der Revision eine Verfahrensrüge stützen will.

20 In gleicher Weise ist dies anzuwenden auf abgelehnte Beweisanträge oder einem Beweisverwertungsverbot unterfallende Beweiserhebungen und -verwertungen.

VI. Tateinheit/Tatmehrheit

21 Eine wichtige taktische Überlegung wert ist die Differenzierung zwischen Tateinheit und Tatmehrheit, die durch die Verwaltungsbehörden nicht immer richtig gehandhabt wird. Dies macht gegebenenfalls erhebliche Unterschiede aus, wenn die Punkte addiert werden.

22 Bei mehreren tateinheitlich begangenen Zuwiderhandlungen wird nur gem. § 4 Abs. 2 S. 2 StVG die Zuwiderhandlung mit der höchsten Punktzahl berücksichtigt. Es findet also keine Addition der einzelnen Verstöße statt.

---

11 BGH, Beschl. v. 9.3.2010 – 4 StR 606/09, NStZ 2010, 461.

Liegen mehrere Straftaten oder Verkehrsordnungswidrigkeiten (gem. § 20 OWiG) mit mehreren Sanktionen vor, sind die jeweiligen Verstöße zu addieren.

Differenzierung zwischen	
Tateinheit	Tatmehrheit

höchste Punktezahl	keine Addition	jede Straftat oder OWi einzeln	Addition

C. Einzelne Rechtsmittel

I. Strafrecht

Das strafrechtliche Verfahren wird im verkehrsrechtlichen Bereich eine größere Aufmerksamkeit erfahren. Denn die Beschuldigten werden durch die hohe Punktandrohung einerseits und die langen Tilgungsfristen anderseits ein erhebliches Interesse daran haben, die Verfahren möglichst niedrigschwellig zu beenden.

1. Überblick

Da die Rechtsschutzversicherer Verkehrsrechtsschutz auch für Strafverfahren umfassen – sich allerdings beim Versicherungsnehmer die angefallenen Kosten im Verurteilungsfalle eines Vorsatzdeliktes wieder zurückholen –, ist dieser Bereich zukünftig das Feld, auf dem noch härter um Einstellungen gekämpft werden wird. Zunächst einmal ist festzuhalten, dass zwei Punkte für besonders verkehrssicherheitsbeeinträchtigende Verstöße und ihnen gleichgestellte Zuwiderhandlungen vergeben werden, soweit es sich um Straftaten handelt, für die keine Entziehung der Fahrerlaubnis oder isolierte Sperre angeordnet worden ist. Dies betrifft folgende Vorschriften aus dem Strafgesetzbuch:

- Fahrlässige Tötung, soweit ein Fahrverbot angeordnet worden ist;
- Fahrlässige Körperverletzung, soweit ein Fahrverbot angeordnet worden ist;
- Nötigung, soweit ein Fahrverbot angeordnet worden ist;
- Gefährliche Eingriffe in den Straßenverkehr;
- Gefährdung des Straßenverkehrs;
- Unerlaubtes Entfernen vom Unfallort;
- Trunkenheit im Verkehr;
- Vollrausch, soweit ein Fahrverbot angeordnet worden ist;
- Unterlassene Hilfeleistung, soweit ein Fahrverbot angeordnet worden ist;

§ 5 Rechtsmittel

- Führen oder Anordnen oder Zulassen des Führens eines Kraftfahrzeugs ohne Fahrerlaubnis, trotz Fahrverbots oder trotz Verwahrung, Sicherstellung oder Beschlagnahme des Führerscheins;
- Kennzeichenmissbrauch, soweit ein Fahrverbot angeordnet worden ist.

27 Der Verfahrensgang ist zu unterteilen in das Ermittlungsverfahren, das Zwischenverfahren und das Hauptverfahren, das mit seinem Abschluss in eine rechtskräftige Entscheidung mündet.

Verfahren

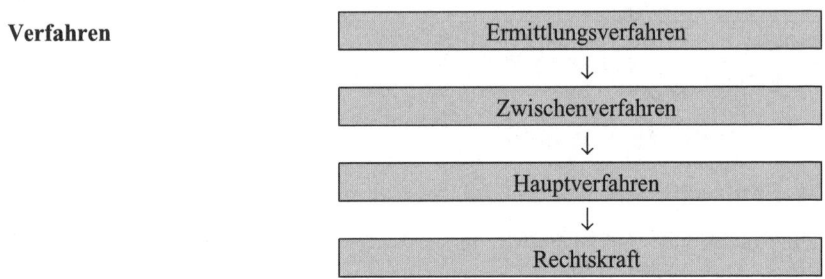

2. Instanzenzug

28 Sollte ein Urteil ergehen, ist das Hauptverfahren jedoch erst abgeschlossen, wenn dieses Rechtskraft erlangt – denn auch ein ergangenes Urteil kann seinerseits angegriffen werden. Üblicherweise werden Verkehrsstrafsachen am Amtsgericht angeklagt; nur in Ausnahmefällen geht die Staatsanwaltschaft von einer Straferwartung von mehr als 4 Jahren Freiheitsstrafe aus oder hat andere gesetzlich vorgeschriebene Gründe, die Angelegenheit am Landgericht anzuklagen und eine Tatsacheninstanz entfallen zu lassen. Das nach einem Urteil des erstinstanzlichen zuständigen Landgerichts ist danach nur noch mit der Revision vor dem Bundesgerichtshof angreifbar. Der Übliche Instanzenzug sieht aus wie folgt:

Üblicher Instanzenzug/Strafrecht

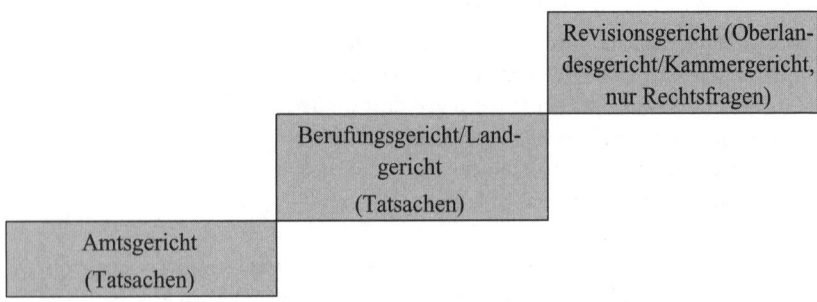

C. Einzelne Rechtsmittel § 5

Zu beachten ist, dass bestimmte Rügen nur dann für die Revision erhalten bleiben, wenn sie von Anfang an gerügt worden sind. Sehr vereinfacht ausgedrückt ist der Verteidiger gehalten, das Gericht auf den rechten Weg zu bringen und vor fehlerhaften Entscheidungen durch frühzeitigen Hinweis zu bewahren. 29

Die Rechtsmittel in der ersten Instanz sind Berufung und Sprungrevision – da eine Instanz gewissermaßen übersprungen wird –; in der Berufungsinstanz nurmehr die Revision. 30

Abhängig von der Zielsetzung der Verteidigung muss nach Urteilsverkündung in der ersten Instanz innerhalb von einer Woche Rechtsmittel eingelegt werden. Eine Bestimmung des Rechtsmittels ist zu diesem Zeitpunkt nicht notwendig, allerdings muss innerhalb der Revisionsbegründungsfrist von einem Monat nach Zustellung der Urteilsgründe eine (Sprung-)Revisionsbegründung gefertigt werden, die jedenfalls diese Bestimmung enthalten muss.

Wird ein Berufungsurteil angegriffen, ist nicht nur die Einlegungsfrist wie in der ersten Instanz bei einer Woche, sondern der weitere Verfahrensgang derjenigen der Sprungrevision gleich. 31

3. Taktik

Auch wenn das neue Fahreignungs-Bewertungssystem einen erheblichen Punkteabzug nicht mehr ermöglicht, heißt wörtlich in der Begründung des Entwurfes, dass[12] 32

„im Interesse der Vermeidung der Belastung der Justiz [...] auf der anderen Seite die bekannte Folge des Tattagsprinzips hingenommen werden [muss], dass sich die Punkte und der Punktestand zunächst außerhalb des Registers ergeben und erst zu einem wesentlich späteren Zeitpunkt (mit der Rechtskraft der Entscheidung) im Register abgebildet und retrospektiv berechnet werden können."

Damit wird deutlich, dass natürlich die Einlegung von Rechtsmitteln dazu führen kann, dass durch den Zeitablauf tilgungsreife Eintragungen entfallen und damit das Erreichen einer weiteren Maßnahmestufe ausgeschlossen wird. Zwar sind die Zeiträume beträchtlich verlängert worden durch die Anhebung der Tilgungs- und Überliegefrist, aber der Wegfall der Tilgungshemmung verschafft dem Betroffenen unter Umständen Vorteile bei lang geführten und verzögerten Verfahren. 33
Gerade vor diesem Hintergrund wird es unverzichtbar sein, festzustellen, wann welcher Verstoß getilgt werden muss.

---

12 Begründung des Entwurfes, BT-Drucks 17/12636, S. 39.

§ 5 Rechtsmittel

II. Bußgeldsachen

34 Bußgeldangelegenheiten werden was die Prozesstaktik anbetrifft nahezu gleich verteidigt wie Verkehrsstrafsachen: Allerdings ist vor einer gerichtlichen Auseinandersetzung das Vorverfahren tatsächlich ein verwaltungsrechtliches Anhörungsverfahren, in dem der Betroffene (nicht der Beschuldigte!) ebenfalls rechtliches Gehör für sich in Anspruch nehmen kann.

35 Nach der (oft schriftlich durchgeführten) Anhörung wird ein Bußgeldbescheid von der zuständigen Verwaltungsbehörde erlassen, der innerhalb einer Frist von 2 Wochen mittels Einspruch angegriffen werden kann. Der Einspruch muss nicht, kann aber begründet werden. Denn der Verwaltungsbehörde soll die Möglichkeit eröffnet werden, ihre Entscheidung zu überdenken. Hilft sie nicht ab, gibt die Verwaltungsbehörde den Vorgang an das zuständige Amtsgericht ab. Die Verhandlung in der Tatsacheninstanz ist also grundsätzlich vor dem Amtsgericht angesiedelt und kann ausschließlich mit der Rechtsbeschwerde vor dem Oberlandesgericht bzw. Kammergericht angegriffen werden. Auch kann dort nicht jede Bußgeldsache überprüft werden, sondern es ergeben sich die Beschränkungen von §§ 79, 80 OWiG.

36 § 79 Rechtsbeschwerde
(1) Gegen das Urteil und den Beschluß nach § 72 ist Rechtsbeschwerde zulässig, wenn
1. gegen den Betroffenen eine Geldbuße von mehr als zweihundertfünfzig EUR festgesetzt worden ist,
2. eine Nebenfolge angeordnet worden ist, es sei denn, daß es sich um eine Nebenfolge vermögensrechtlicher Art handelt, deren Wert im Urteil oder im Beschluß nach § 72 auf nicht mehr als zweihundertfünfzig EUR festgesetzt worden ist,
3. der Betroffene wegen einer Ordnungswidrigkeit freigesprochen oder das Verfahren eingestellt oder von der Verhängung eines Fahrverbotes abgesehen worden ist und wegen der Tat im Bußgeldbescheid oder Strafbefehl eine Geldbuße von mehr als sechshundert EUR festgesetzt, ein Fahrverbot verhängt oder eine solche Geldbuße oder ein Fahrverbot von der Staatsanwaltschaft beantragt worden war,
4. der Einspruch durch Urteil als unzulässig verworfen worden ist oder
5. durch Beschluß nach § 72 entschieden worden ist, obwohl der Beschwerdeführer diesem Verfahren rechtzeitig widersprochen hatte oder ihm in sonstiger Weise das rechtliche Gehör versagt wurde. Gegen das Urteil ist die Rechtsbeschwerde ferner zulässig, wenn sie zugelassen wird (§ 80).
(2) Hat das Urteil oder der Beschluß nach § 72 mehrere Taten zum Gegenstand und sind die Voraussetzungen des Absatzes 1 Satz 1 Nr. 1 bis 3 oder Satz 2 nur hinsichtlich einzelner Taten gegeben, so ist die Rechtsbeschwerde nur insoweit zulässig.
(3) Für die Rechtsbeschwerde und das weitere Verfahren gelten, soweit dieses Gesetz nichts anderes bestimmt, die Vorschriften der Strafprozeßordnung und des Gerichtsverfassungsgesetzes über die Revision entsprechend. § 342 der Strafprozeßordnung gilt auch entsprechend für den Antrag auf Wiedereinsetzung in den vorigen Stand nach § 72 Abs. 2 Satz 2 Halbsatz 1.

C. Einzelne Rechtsmittel § 5

(4) Die Frist für die Einlegung der Rechtsbeschwerde beginnt mit der Zustellung des Beschlusses nach § 72 oder des Urteils, wenn es in Abwesenheit des Beschwerdeführers verkündet und dieser dabei auch nicht nach § 73 Abs. 3 durch einen schriftlich bevollmächtigten Verteidiger vertreten worden ist.

(5) Das Beschwerdegericht entscheidet durch Beschluß. Richtet sich die Rechtsbeschwerde gegen ein Urteil, so kann das Beschwerdegericht aufgrund einer Hauptverhandlung durch Urteil entscheiden.

(6) Hebt das Beschwerdegericht die angefochtene Entscheidung auf, so kann es abweichend von § 354 der Strafprozeßordnung in der Sache selbst entscheiden oder sie an das Amtsgericht, dessen Entscheidung aufgehoben wird, oder an ein anderes Amtsgericht desselben Landes zurückverweisen.

§ 80 Zulassung der Rechtsbeschwerde

(1) Das Beschwerdegericht läßt die Rechtsbeschwerde nach § 79 Abs. 1 Satz 2 auf Antrag zu, wenn es geboten ist,

1. die Nachprüfung des Urteils zur Fortbildung des Rechts oder zur Sicherung einer einheitlichen Rechtsprechung zu ermöglichen, soweit Absatz 2 nichts anderes bestimmt, oder

2. das Urteil wegen Versagung des rechtlichen Gehörs aufzuheben

(2) Die Rechtsbeschwerde wird wegen der Anwendung von Rechtsnormen über das Verfahren nicht und wegen der Anwendung von anderen Rechtsnormen nur zur Fortbildung des Rechts zugelassen, wenn

1. gegen den Betroffenen eine Geldbuße von nicht mehr als einhundert EUR festgesetzt oder eine Nebenfolge vermögensrechtlicher Art angeordnet worden ist, deren Wert im Urteil auf nicht mehr als einhundert EUR festgesetzt worden ist, oder

2. der Betroffene wegen einer Ordnungswidrigkeit freigesprochen oder das Verfahren eingestellt worden ist und wegen der Tat im Bußgeldbescheid oder im Strafbefehl eine Geldbuße von nicht mehr als einhundertfünfzig EUR festgesetzt oder eine solche Geldbuße von der Staatsanwaltschaft beantragt worden war.

(3) Für den Zulassungsantrag gelten die Vorschriften über die Einlegung der Rechtsbeschwerde entsprechend. Der Antrag gilt als vorsorglich eingelegte Rechtsbeschwerde. Die Vorschriften über die Anbringung der Beschwerdeanträge und deren Begründung (§§ 344, 345 der Strafprozeßordnung) sind zu beachten. Bei der Begründung der Beschwerdeanträge soll der Antragsteller zugleich angeben, aus welchen Gründen die in Absatz 1 bezeichneten Voraussetzungen vorliegen. § 35a der Strafprozeßordnung gilt entsprechend.

(4) Das Beschwerdegericht entscheidet über den Antrag durch Beschluß. Die §§ 346 bis 348 der Strafprozeßordnung gelten entsprechend. Der Beschluß, durch den der Antrag verworfen wird, bedarf keiner Begründung. Wird der Antrag verworfen, so gilt die Rechtsbeschwerde als zurückgenommen.

(5) Stellt sich vor der Entscheidung über den Zulassungsantrag heraus, daß ein Verfahrenshindernis besteht, so stellt das Beschwerdegericht das Verfahren nur dann ein, wenn das Verfahrenshindernis nach Erlaß des Urteils eingetreten ist.

38 Das Gesetz gibt danach vor, dass nur in bestimmten Fällen der Betroffene die gerichtliche Entscheidung angreifen kann.[13] Einer Zulassung bedarf es also nicht, wenn der Fall in die enumerative Aufzählung des § 79 OWiG unterfällt, bspw. ein Fahrverbot oder eine andere Nebenfolge nicht vermögensrechtlicher Art verhängt wurde.

39 Ansonsten gilt:[14]
Die Rechtsbeschwerde ist nur zulässig, wenn gegen den Betroffenen eine Geldbuße von mehr als 250 EUR festgesetzt worden ist (§ 79 Abs. 1 S. 1 Nr. 1 OWiG). Sollte eine Nebenfolge vermögensrechtlicher Art sein (z.b. Einziehung des Tatfahrzeuges), ist die Rechtsbeschwerde nur zulässig, wenn das AG in seiner Entscheidung den Wert der vermögensrechtlichen Nebenfolge auf mehr als 250 EUR festgesetzt hat (§ 79 Abs. 1 Satz 1 Nr. 2 OWiG). Dabei sind Geldbuße und vermögensrechtliche Nebenfolge zu addieren.

40 Problematisch kann es werden, wenn mehrere Taten in Rede stehen, die mit jeweils einer Einzelgeldbuße geahndet werden, die jeweils nicht die Hürde von 250 EUR überspringen. Eine Addition ist zulässig, falls die Summe die Hürde übersteigt, allerdings ist bei beschränkter Rechtsbeschwerde zu prüfen, ob die Hürde genommen ist.[15]

41 Auch soweit ein (rechtzeitig) eingelegter Einspruch als unzulässig durch Urteil verworfen wurde, ist die Rechtsbeschwerde nach § 79 Abs. 1 Satz 1 Nr. 4 OWiG unabhängig von der Bußgeldhöhe möglich.

42 Falls der Betroffene einem Beschlussverfahren nicht zugestimmt haben sollte, kann die hierauf nach § 72 OWiG ergangene Beschlussentscheidung nach § 79 Abs. 1 Satz 1 Nr. 5 OWiG mittels der Rechtsbeschwerde angegriffen werden, da dem rechtlichen Gehör zuwider entschieden wurde.

III. Rechtsmittel gegen die Eintragung bei Fehlerhaftigkeit

43 Eine Besonderheit durch die Einführung des Fahreignungsbewertungssystems ist sicherlich die mögliche Fehlerhaftigkeit der Übertragung der ursprünglichen Punkteeintragungen und deren Überführung in das Fahreignungsregister zum 1.5.2014. Voraussetzung ist natürlich, zunächst den „richtigen" Punktestand zum 30.4.2014 zu ermitteln und dann eine jeweilige Überführung vorzunehmen, sodann die gesetzlich vorgesehen Löschung einzustellen und dann den hernach verbliebenen Punktestand zu überprüfen.

In gleicher Weise ist denkbar, dass nach zutreffender Überführung in der Folge die Punkteeintragungen fehlerhaft sind und deren Korrektur oder Löschung begehrt wird.

---

13 Diverse Beispiele bei *Burhoff/Junker*, Handbuch für das straßenverkehrsrechtliche OWi-Verfahren, Rn 1625 ff.
14 *Göhler*, OWiG, 12. Aufl., zu § 79 OWiG; so bereits übersichtlich *Burhoff*, Rechtsbeschwerde erfolgreich einlegen, SVR 2001, 90 ff.
15 Einzelheiten bei *Burhoff/Junker*, Handbuch für das straßenverkehrsrechtliche OWi-Verfahren, Rn 1708 ff.

C. Einzelne Rechtsmittel § 5

1. Übertragungs- und Überführungsfehler zum 1.5.2014

Zunächst einmal ist festzuhalten, dass das Kraftfahrt Bundesamt in Flensburg die hier in Rede stehenden Register führt.[16] Im Verkehrszentralregister (VZR) und später im Fahreignungsregister werden Daten zu den im Straßenverkehr auffällig gewordenen Verkehrsteilnehmern und ihren Verstößen registriert. Gespeichert werden auch die daraus resultierenden Punkte und Fahrerlaubnismaßnahmen. Das KBA bekommt die jeweiligen Mitteilungen

- von Gerichten über Straftaten und Ordnungswidrigkeiten im Straßenverkehr,
- von Bußgeldbehörden über Verkehrsordnungswidrigkeiten, die mit Geldbußen von mindestens 40 EUR bis zum 30.4.2014 bzw. Geldbußen ab 60 EUR, in der Anlage 13 zu § 40 FeV benannt sind, geahndet werden, sowie schließlich
- von Fahrerlaubnisbehörden, wenn eine Fahrerlaubnis versagt oder entzogen wird oder andere Maßnahmen nach dem Punktsystem oder den Bestimmungen zur Fahrerlaubnis auf Probe ergriffen werden,

übermittelt.

Aus der Vielzahl der Beteiligten Behörden und Gerichte ist bereits ersichtlich, dass Fehler bei der Übertragung von Informationen denkbar sind und gleichzeitig auch die Überführung selbst zum 1.5.2014 fehlerträchtig sein könnte. Auch die Vielzahl der Eintragungen ist beachtlich:[17]

Im VZR registrierte Personen am 1.1.2013:[18]	9.045.047
Im Jahr 2012 registrierte Zuwiderhandlungen:[19]	
Straftaten	263.000
Ordnungswidrigkeiten	4.434.000
Drogenverstöße (einschließlich Alkohol)	183.000
Unfallflucht	36.000
Häufigste Ordnungswidrigkeit der Männer	Geschwindigkeitsüberschreitung (2.277.000 Verstöße)
Häufigste Ordnungswidrigkeit der Frauen	Geschwindigkeitsüberschreitung (627.000 Verstöße)

Quelle: Kraftfahrt-Bundesamt: *http://www.kba.de/cln_031/nn_125266/DE/Statistik/ Kraftfahrer/Verkehrsauffaelligkeiten/verkehrsauffaelligkeiten__node.html?__nnn=true.*

---

16 Das KBA führt insgesamt sogar vier Zentrale Register: Das Zentrale Fahrzeugregister (ZFZR), das Zentrale Fahrerlaubnisregister (ZFER), das Verkehrszentralregister (VZR) und das das Zentrale Kontrollgerätkartenregister (ZKR).
17 Siehe auf der Webseite des KBA die jeweilige Auswertung : *http://www.kba.de/cln_031/nn_125266/DE/ Statistik/Kraftfahrer/Verkehrsauffaelligkeiten/verkehrsauffaelligkeiten__node.html?__nnn=true.*
18 Informationsquelle: VZR-Geschäftsstatistik.
19 Informationsquelle: VZR-Grundstatistik.

2. Mitteilung über den Punktestand

46 Die Mitteilung des Kraftfahrt Bundesamtes stellt keinen Verwaltungsakt dar, der mit den üblichen verwaltungsrechtlichen Rechtsmitteln angegriffen werden könnte.[20] Deshalb ist weder eine Verpflichtungserklärung noch eine Feststellungsklage zulässig.[21] Es besteht kein Anspruch auf eine **verbindliche** Mitteilung des Punktestandes im Verkehrszentralregister.[22] Dies ist auch nicht etwa durch die Reform geändert worden.

47 Die Eintragungen stellen an sich keine Buße dar,[23] da sie lediglich die Folge eines Verkehrsverhaltens sind. Entsprechend sind sie nicht mildernd bei der Geldbußenhöhe zu berücksichtigen.[24] Da die **Eintragung selbst keinen Verwaltungsakt** darstellt, ist auch ein Widerspruch gegen die Eintragung nicht möglich.[25] Auch für die Mitteilungen an das KBA gilt dasselbe, weil diese ebenso wenig anfechtbare Verwaltungsakte sind:[26] Sie entfalten für sich keine unmittelbaren Rechtswirkungen und dienen allenfalls als Tatsachengrundlage zur Vorbereitung von Entscheidungen der Verwaltungsbehörden und Gerichte. Eine Ausnahme bildet die Entscheidung des *OLG Stuttgart*,[27] das grundsätzlich für eine gerichtliche Überprüfung der Rechtmäßigkeit von Mitteilungen der Justizbehörden an das KBA den Rechtsweg nach § 23 ff. EGGVG als eröffnet ansieht, da es sich durch die Tragweite der Punkteeintragung jedenfalls um einen Justizverwaltungsakt handelt.[28] Danach ist also zunächst gegenüber dem KBA die Fehlerhaftigkeit des Eintrags schriftlich mitzuteilen – am besten unter Angabe der Gründe, die für die Fehlerhaftigkeit des Eintrags sprechen. Sollte dem Einwand kein Gehör geschenkt werden, dürfte die Korrektur des Eintrags ebenfalls nur unter den Voraussetzungen der Klage nach §§ 23 ff. EGGVG zu erwirken sein. **Einem Antrag im Verfahren nach §§ 23 ff. EGGVG müssen dabei diejenigen Tatsachen, aus denen sich die Möglichkeit einer Verletzung eines Rechtes des Antragstellers ergeben soll, so vollständig und nachvollziehbar – sei es in der Antragschrift selbst, durch beigefügte Anlagen oder Verweisung auf Schriftstücke – ergeben, dass dem Gericht die Prüfung der Schlüssigkeit des Antrags möglich ist.**[29]

---

20 BVerwG, NJW 20007, 1299.
21 Anders offenbar Schleswig-Holsteinisches OVG, zfs 2006, 534.
22 VG Frankfurt a.M. NJW 2001, 3500.
23 BayObLG NJW 1969, 2296.
24 *Janiszewski/Buddendiek*, Rn 141; *Janiszewski/Jagow/Burmann*, § 28 StVG Rn 3; a.A. OLG Hamburg VRS 53, 136.
25 BVerwG DAR 1987, 392; NJW 2007, 1299; OVG Lüneburg DAR 2001, 471; VG Braunschweig NZV 2001, 535; NVwZ-RR 2002, 484; *Janiszewski/Jagow/Burmann*, § 28 StVG Rn 3; *Dauer*, DAR 2007, 474; *Ziegler*, zfs 2007, 602; zur Anfechtung der Mitteilung an das KBA durch die Staatsanwaltschaft nach den Mehrfachtäter-Richtlinien s. OLG Karlsruhe NZV 1993, 364; krit. dazu OLG Stuttgart VRS 109, 371.
26 OVG Lüneburg zfs 2001, 480; OVG Weimar NJW 2003, 2770; VG Braunschweig NVwZ-RR 2002, 484.
27 VRS 109, 371.
28 So *Burhoff/Böttger*, Handbuch für das straßenverkehrsrechtliche OWi-Verfahren, Rn 2191 m.w.N.
29 OLG Celle vom 12.7.2012 – 2 VAs 12/12.

Ansonsten steht jedem Bürger gem. § 20 BDSG (mit der Leistungsklage verwaltungsgerichtlich zu erstreiten) der Löschungsanspruch zu, dass von ihm unzulässigerweise gespeicherte Daten gelöscht werden.[30]   48

3. Eintragungsfehler nach dem 1.5.2014

Auch Eintragungsfehler nach dem 1.5.2014 dürften nicht anders behandelt werden: Ebenfalls ist der Rechtsweg hier, das an die gerichtlichen Entscheidungen gebundenen Kraftfahrt-Bundesamtes bei fehlerhaften Punkteeintragungen zunächst zu unterrichten, damit die Fehlerhaftigkeit dort aktenkundig wird und die Gelegenheit besteht, den fehlerhaft festgestellten Punkteeintrag zu korrigieren und die dazugehörigen Behörden ebenfalls zu unterrichten.   49

Ein Rechtsmittel ist aber in dem Umstand beschränkt, dass ein angreifbarer Verwaltungsakt nicht vorliegt. Die Fehlerhaftigkeit des Eintrags ist also dem Kraftfahrt-Bundesamt gegenüber schriftlich unter Angabe der Gründe, die die Fehlerhaftigkeit des Eintrags begründen, mitzuteilen. Sollte dem Einwand kein Gehör geschenkt werden, dürfte die Korrektur des Eintrags nur unter den Voraussetzungen der Klage nach §§ 23 ff. EGGVG zu erreichen sein, dies sich nach den genannten Voraussetzungen richtet (vgl. Rn 46).   50

IV. Rechtsmittel gegen die Einordnung in Maßnahmestufen

Die Einordnung in Maßnahmestufen ist ebenfalls kein Verwaltungsakt, womit eine Klage wiederum unzulässig sein dürfte. Dies ergibt sich auch aus dem Umkehrschluss von § 4 Abs. 10 StVG, der die Einstufung in die Maßnahmestufe selbst nicht für angreifbar erachtet. Allerdings kann Widerspruch bzw. dann die darauf fußende Anfechtungsklage erhoben werden, sobald die Vornahme einer Maßnahme erfolgt. Dies wird seiner Kraft jedoch dadurch beraubt, dass keine automatisch geltende aufschiebende Wirkung durch die Einlegung der Rechtsmittel erreicht werden kann.[31] Rechtsschutz kann demnach nur durch vorläufigen Rechtsschutz vor dem Verwaltungsgericht erreicht werden, wobei die Anfechtungsklage wegen drohender Ablauffristen parallel eingereicht werden muss. Die Anfechtungsklage gegen den beschwerenden (Widerspruchs-)Bescheid unterliegt der Monatsfrist. Wird die Anfechtungsklage nicht oder zu spät erhoben, entfällt das Rechtsschutzbedürfnis im vorläufigen Rechtsschutzverfahren.   51

---

30 *Bode,* ZAP Fach 9 S. 337 (342) – zum Datenschutz im Verkehrsrecht; damit befasste sich auch der 33. VGT 1995 AK V, Homburger Tage 1995, S. 11.
31 *Burhoff/Böttger,* Handbuch für das straßenverkehrsrechtliche OWi-Verfahren, Rn 2193 ff.

§ 5 Rechtsmittel

V. Rechtsmittel gegen die Entziehung der Fahrerlaubnis

52 Der Gesetzgeber geht bei der Entziehung der Fahrerlaubnis von einem Verwaltungsakt aus, der seinerseits auch angegriffen werden kann. Es heißt daher in § 4 Abs. 9 StVG:

Widerspruch und Anfechtungsklage gegen die Entziehung nach Absatz 5 Satz 1 Nummer 3 haben keine aufschiebende Wirkung.

53 Gegen die Entziehung der Fahrerlaubnis seitens der Behörde sollte zunächst überprüft werden, ob die vorherigen Maßnahmestufen überhaupt durchlaufen worden sind. Ist dies nicht der Fall, ist zunächst der Widerspruch innerhalb der Monatsfrist und sodann bei Nichtabhilfeentscheidung der Behörde die Klage vor dem Verwaltungsgericht einzureichen. Hierbei ist zu berücksichtigen, dass die Rechtsmittel nach § 4 Abs. 9 StVG keine aufschiebende Wirkung entfalten und daher möglicherweise einstweiliger Rechtsschutz vor dem Verwaltungsgericht beansprucht werden muss. Gegebenenfalls ist dies im einstweiligen Anordnungsverfahren durchzusetzen, wenn dies besondere Umstände rechtfertigen, weil die Nachteile für den Betroffenen weitaus schwerer wiegen als die Interessen der Öffentlichkeit. Zu beachten ist ebenso, dass das einstweilige Rechtsschutzverfahren mangels Rechtsschutzinteresses abgewiesen werden kann, falls die Klage nicht fristgerecht eingereicht werden sollte. Anträge diesbezüglich können beispielsweise wie folgt lauten.[32]

▼

54 Muster 5.3: Anträge an das Verwaltungsgericht bei Klagen gegen Entziehung der Fahrerlaubnis

1. Der Bescheid des Beklagten vom ▨, Aktenzeichen ▨, in Form des Widerspruchsbescheides des ▨ in ▨ vom ▨, Zeichen ▨, wird kostenpflichtig aufgehoben.

2. Die aufschiebende Wirkung der Klage wird angeordnet.

3. Dem Beklagten wird aufgegeben, die vom Kläger mit Schreiben vom ▨ abgegebene Fahrerlaubnis unverzüglich wieder an den Kläger zurückzugeben oder ihm für den Fall der Unbrauchbarmachung eine neue Ausfertigung kostenfrei auszustellen.

4. Die Hinzuziehung eines Verfahrensbevollmächtigten wird für notwendig erklärt.

5. Die Kosten des Verfahrens trägt der Beklagte.

---

[32] Ähnlich auch: *Nugel/Schah Sedi,* AnwaltFormulare, § 53 Rn 261.

VI. Rechtsmittel gegen die Anordnung der Beibringung einer MPU

Die Behörde kann bei Kenntnis oder Annahme von Eignungsmängeln eine Beibringung einer medizinisch-psychologischen Untersuchung (MPU) anordnen. Da dies lediglich eine vorbereitende Maßnahme ist, also noch kein angreifbarer Verwaltungsakt, ist zwar kein Rechtsmittel im eigentlichen Sinne gegeben, aber es ist tunlich, die Behörde von ihrer Anordnung abzubringen, da anderenfalls die Entziehung droht, sollte die MPU nicht vorgelegt werden.

55

Hinweis

Der 52. Verkehrsgerichtstag 2014 hat in seinem Arbeitskreis V "Fahreignung und MPU" allerdings dem Gesetzgeber aufgegeben, die Anordnung, ein Fahreignungsgutachten beizubringen, einer unmittelbaren verwaltungsgerichtlichen Kontrolle zu unterwerfen. Auch werden Obergutachtenstellen für erforderlich erachtet, um komplexe oder strittige Fälle zu klären.[33]

Das „Rechtsmittel" gegen die Anordnung einer MPU ist tatsächlich lediglich eine Stellungnahme, die ihrerseits aber im Entzugsverfahren Wirkung entfalten kann, da die Frage der Verhältnismäßigkeit der Maßnahme umso mehr in Rede steht, wenn beispielsweise folgendes Schreiben an die Behörde übermittelt wird:[34]

56

▼

Muster 5.4: Stellungnahme zur Anordnung einer MPU

57

In pp.

wurde meine Mandantschaft zur „medizinisch-psychologischen" Untersuchung, mithin zu einer Doppel-Begutachtung (medizinisch und psychologisch) aufgefordert.

Diese Untersuchung ist rechtswidrig und unzulässig, da sie unverhältnismäßig ist: Denn es bestehen keine Hinweise für das Vorliegen von körperlichen Mängeln.

Es sei an dieser Stelle darauf hingewiesen, dass die betroffene Mandantschaft bei Anordnung einer Doppelbegutachtung eine Teilbegutachtung nicht anbieten muss. Weigert sie sich also, die unzulässige Doppelbegutachtung zu absolvieren, so kann hieraus eine Weigerung „ohne ausreichenden Grund" nicht hergeleitet werden. Eine solche Weigerung wäre aber die Voraussetzung der Nichteignung zum Führen von Kraftfahrzeugen.

Gleichzeitig erklärt sich meine Mandantschaft zu einer (berechtigten und anlassbezogenen) Teiluntersuchung bereit.

---

33 Siehe Empfehlungen des AK V des 52. Verkehrsgerichtstags unter: *www.deutscher-verkehrsgerichtstag.de/images/pdf/empfehlungen_52_vgt.pdf*.
34 Nach *Nugel/Schah Sedi*, AnwaltFormulare, § 53 Rn 259.

VII. Exkurs: Rechtsmittel gegen gerichtlichen Beschluss nach § 111a StPO

58 Das Gericht hat die Möglichkeit nach § 111a StPO, die Fahrerlaubnis vorläufig zu entziehen. Die Vorschrift lautet wie folgt:

§ 111a StPO

(1) Sind dringende Gründe für die Annahme vorhanden, daß die Fahrerlaubnis entzogen werden wird (§ 69 des Strafgesetzbuches), so kann der Richter dem Beschuldigten durch Beschluß die Fahrerlaubnis vorläufig entziehen. Von der vorläufigen Entziehung können bestimmte Arten von Kraftfahrzeugen ausgenommen werden, wenn besondere Umstände die Annahme rechtfertigen, daß der Zweck der Maßnahme dadurch nicht gefährdet wird.

(2) Die vorläufige Entziehung der Fahrerlaubnis ist aufzuheben, wenn ihr Grund weggefallen ist oder wenn das Gericht im Urteil die Fahrerlaubnis nicht entzieht.

(3) Die vorläufige Entziehung der Fahrerlaubnis wirkt zugleich als Anordnung oder Bestätigung der Beschlagnahme des von einer deutschen Behörde ausgestellten Führerscheins. Dies gilt auch, wenn der Führerschein von einer Behörde eines Mitgliedstaates der Europäischen Union oder eines anderen Vertragsstaates des Abkommens über den Europäischen Wirtschaftsraum ausgestellt worden ist, sofern der Inhaber seinen ordentlichen Wohnsitz im Inland hat.

(4) Ist ein Führerschein beschlagnahmt, weil er nach § 69 Abs. 3 Satz 2 des Strafgesetzbuches eingezogen werden kann, und bedarf es einer richterlichen Entscheidung über die Beschlagnahme, so tritt an deren Stelle die Entscheidung über die vorläufige Entziehung der Fahrerlaubnis.

(5) Ein Führerschein, der in Verwahrung genommen, sichergestellt oder beschlagnahmt ist, weil er nach § 69 Abs. 3 Satz 2 des Strafgesetzbuches eingezogen werden kann, ist dem Beschuldigten zurückzugeben, wenn der Richter die vorläufige Entziehung der Fahrerlaubnis wegen Fehlens der in Absatz 1 bezeichneten Voraussetzungen ablehnt, wenn er sie aufhebt oder wenn das Gericht im Urteil die Fahrerlaubnis nicht entzieht. Wird jedoch im Urteil ein Fahrverbot nach § 44 des Strafgesetzbuches verhängt, so kann die Rückgabe des Führerscheins aufgeschoben werden, wenn der Beschuldigte nicht widerspricht.

(6) In anderen als in Absatz 3 Satz 2 genannten ausländischen Führerscheinen ist die vorläufige Entziehung der Fahrerlaubnis zu vermerken. Bis zur Eintragung dieses Vermerkes kann der Führerschein beschlagnahmt werden (§ 94 Abs. 3, § 98).

59 Auch die vorläufige Entziehung der Fahrerlaubnis nach § 111a StPO unterliegt als prozessuale Zwangsmaßnahme den verfassungsrechtlichen Grundsätzen der Verhältnismäßigkeit. Dabei ist ebenfalls das Beschleunigungsgebot zu beachten, wenn die Entziehung zeitlich erheblich nach der Tat liegt. Sie ist daher beispielsweise rechtlich nicht mehr vertretbar, wenn die Tat über zwei Jahre zurückliegt, der diesbezügliche Antrag aber erst mit Anklageerhebung von der Staatsanwaltschaft gestellt wird und das Gericht bis zu sei-

C. Einzelne Rechtsmittel § 5

ner Entscheidung weitere fünf Monate vergehen lässt.³⁵ Gegen diesen Beschluss ist die Beschwerde zulässig. Allerdings ist sie auch gefährlich: Denn hilft der Amtsrichter (der üblicherweise den Beschluss erlassen hat) der Beschwerde nicht ab, hat das Landgericht über die Beschwerde zu befinden – dies dauert allerdings oft Monate und ist damit wenig zeitsparend, zumal bei ablehnender Entscheidung der oberen Instanz auch dem Amtsgericht in gewisser Weise eine Vorentscheidung in die Akte geschrieben wird.

Praxistipp 60

Ratsam ist daher, lediglich eine Stellungnahme in die Akten zu verbringen und ausdrücklich keine Beschwerde zu führen. Denn überzeugt das Amtsgericht die Stellungnahme, wird es von sich aus den Beschluss aufheben. Zudem ist eine zeitliche Verzögerung damit ebenfalls ausgeschlossen.

▼

Muster 5.5: Stellungnahme zur vorläufigen Entziehung der Fahrerlaubnis 61
gegenüber dem Amtsgericht

In pp.

ist die Verteidigung der Ansicht, dass die Voraussetzungen für eine vorläufige Entziehung der Fahrerlaubnis nicht gegeben sind: Denn der hinreichende Tatverdacht kann nicht bejaht werden, also liegen die nach § 111a Abs. 1 StPO erforderlichen Gründe für die vorläufige Entziehung nicht vor. Zur Begründung wird ausgeführt, dass ein Wiedererkennen nicht mehr möglich ist. Schon hier wird angekündigt, dass der Verwertung der Lichtbildvorlage, Bl. nebst den dazugehörigen Zeugenaussagen der Zeugen

widersprochen

wird, da die Wahllichtbildvorlage rechtswidrig durchgeführt wurde, da der ermittelnde Polizeibeamte X sämtliche Zeugen gemeinsam befragte mit einer Übersicht von lediglich 6 Personen, ohne die Durchführung sequentiell zu gestalten. Besonders schwerwiegend aber ist der Umstand, dass der Beamte gegenüber den Zeugen vor der Wahllichtbildvorlage ein Ganzkörperfoto des Beschuldigten gezeigt hat mit den Worten: „Den sehen Sie sich bitte genau an."

Die gesamte Wahllichtbildvorlage ist damit unverwertbar aufgrund des suggestiven Charakters und der fehlerhaften Durchführung. Ein „Wiedererkennen" in einer Hauptverhandlung ist ebenfalls unverwertbar, da nunmehr ein Wiedererkennen der bereits vermeintlich wiedererkannten Person erfolgt. Daraus folgt, dass ein Tatnachweis nicht geführt werden kann, da der Beschuldigte auf meinen Rat hin sein Schweigerecht in Anspruch nehmen wird.

---

35 KG, Beschl. v. 1.4.2011 – 3 Ws 153/11, StraFo 2011, 353.

§ 5 Rechtsmittel

Es wird klargestellt, dass dies keine Beschwerde gegen den Beschluss darstellt, sondern lediglich Rechtsausführungen sind, die eine Entscheidung nach § 111a Abs. 2 StPO ermöglichen sollen. Das Landgericht soll mit der Angelegenheit nicht befasst werden.

§ 6 Berechnungsbeispiele und Muster

A. Berechnungsbeispiele

I. Schaffung des Problembewusstseins

Hinsichtlich der Berechnung von Punkteverstößen gibt es durch die Reform noch einige Unklarheiten. Viele Aspekte sind m.E. bei der Umsetzung der „Fahreignungsreform" vom Gesetzgeber nicht berücksichtigt worden und werfen in der Praxis Fragen auf, die es noch zu klären gilt. Das Ziel des Gesetzgebers, bei den Punkteverstößen eine bessere Übersicht zu erzielen, ist leider nicht gelungen. Obgleich größte Sorgfalt auf die Berechnungsbeispiele verwendet wurde, kann jedoch nicht ausgeschlossen werden, dass ggf. eine andere Interpretation der Neuregelungen möglich, die vorliegende eventuell fehlerhaft ist – es wird insoweit keine Haftung übernommen. 1

Die Überlegung, die jeweiligen Punktestände zu überprüfen, wobei hier das Überführungspotential zugrunde zu legen ist, ist zudem unter einen weiteren Vorbehalt zu stellen: Denn selbst wenn der Mandant einen Auszug aus dem Verkehrszentralregister (VZR) bzw. später Fahreignungsregister (FaER) vorlegt, ist darauf zu achten, dass jedenfalls von dort keine verbindliche Auskunft erteilt wird. Im Zweifel ist daher, müssen Maßnahmen der Behörden überprüft werden, auf jeden Fall Akteneinsicht zu beantragen. Zukünftig sollten die Mandanten auch darauf aufmerksam gemacht werden, dass sie zur eigenen Übersicht Bußgeldbescheide, Urteile und Bescheide der Behörden sorgsam mitsamt den Zustelldaten aufbewahren. 2

II. Berechnungsgrundlagen, Prüfungsschritte

Da in den kommenden Jahren noch die „alten Punkte" der alten Regelung unterfallen, ist es notwendig, die entsprechenden Eintragungen darzustellen. Ab dem 1.5.2019 gilt für die Berechnung der Tilgungsfrist § 29 Abs. 1–5 StVG mit der Maßgabe, dass die bisher abgelaufene Tilgungsfrist angerechnet wird und für die Löschung § 29 Abs. 6 StVG n.F. zu beachten ist. 3

Vorliegend ist die Berechnung dergestalt vorgenommen worden: 4
- Bezeichnung des Verstoßes und Tattages
- jeweiliger Fristbeginn für den Verstoß mit der Punktebemessung nach dem VZR
- Tilgungsfrist nebst Überliegefrist
- Punktekonto am 30.4.2014
- Überführung der Punkte am 1.5.2014
- ggf. Berücksichtigung von Löschungen.

§ 6 Berechnungsbeispiele und Muster

5   Es ist unerlässlich den Punktestand, der am 30.4.2014 sowie nach Überführung zum 1.5.2014 vorliegt, zu ermitteln. Grundsätzlich gilt: Es wird nicht der einzelne Verstoß überführt, sondern der an diesem Tag bestehende Punktestand, der dann einem neuen Punktestand im FaER entspricht. Allerdings kann nicht ausgeschlossen werden, dass ggf. eine andere Interpretation der gesetzlichen Neuregelungen möglich und die vorliegende eventuell fehlerhaft ist.

Erst in einem zweiten Schritt ist zu prüfen, ob einzelne Verstöße ggf. nicht unter die verkehrssicherheitsbeeinträchtigenden Verstöße fallen, da sie in der Anlage 13 FeV (abgedruckt unten siehe § 7 Rn 27) nicht aufgenommen wurden. Falls dies der Fall ist, muss weiter geprüft werden, ob dieser Eintrag eine Tilgungshemmung verursacht hat, die zu einer Löschung des von der Tilgungshemmung betroffenen Verstoßes führen könnte, da dieser Eintrag ebenfalls der Löschung anheimfällt.

Abschließend ist die endgültige Tilgungsfrist (zum Teil inkl. einjähriger Tilgungsfrist) aufgelistet, damit aus der Übersicht zu ersehen ist, wie lange der Verstoß noch Einfluss auf den Punktestand haben wird.

III. Checkliste

6   Es ergeben sich folgende Prüfungsschritte:
1. Chronologische Aufbereitung der jeweiligen Tat einschließlich des Tilgungsreifezeitpunkts für die jeweilige Tat mitsamt Löschungsdatum (Überliegefrist);
2. Chronologische Aufbereitung der Rechtskraft mit Eintragungsdatum nach VZR und ggf. mit FaER;
3. Punkte nach VZR;
4. Punktestand am 30.4.2014;
5. Überführung zum 1.5.2014;
6. Löschung wegen fehlender Auflistung nach Anlage 13 FeV;
7. Löschung wegen nunmehr fehlender Tilgungshemmung, also Tilgungsfrist;
8. Löschung nebst Löschungsdatum (Überliegefrist).

IV. Zeitpunkt der Eintragung maßgeblich für Tilgungshemmung

7   In unten stehendem Berechnungsbeispiel sind die jeweiligen Verstöße nach altem Recht für den Rotlichtverstoß (der wegen der Tilgungshemmung des 2. Verstoßes noch im Register verzeichnet ist) und dem Verstoß „überfahrener Grünpfeil" zu berechnen. Die Besonderheit bei der Geschwindigkeitsüberschreitung besteht darin, dass der Verstoß erst nach dem 1.5.2014 – dann bereits in das FaER – eingetragen wird. Die entsprechenden

A. Berechnungsbeispiele § 6

Tilgungsfristen berechnen sich hierfür dann nach neuem Recht (zwei Jahren und sechs Monaten zzgl. der einjährigen Überliegefrist).

> *Achtung*
> Der neue Eintrag (Geschwindigkeitsüberschreitung) entfaltet keine Tilgungshemmung, was bedeutet, dass die ersten beiden Einträge nach Ablauf ihrer Tilgungsfrist zzgl. der Überliegefrist gelöscht werden. Dies gilt auch, obwohl der Verstoß noch vor Inkrafttreten des Fahreignungsbewertungssystems gelegen hat.

Tatsächlich wissen die zuständigen Behörden von dem 4. Punkt erst mit der Eintragung – also am 10.5.2014; da aber die Berechnung ggf. retrospektiv durch das Tattagsprinzip erfolgt, ist mit der Eintragung rückwirkend der Punktestand zu berechnen.

Verstoß am	Fristbeginn/ Rechtskraft am	Punkte nach VZR	Tilgungsfrist	Überliegefrist	Punktestand bis 30.4.2014	Überführung am 1.5.2014 nach FaER	Löschung?	Tilgungsfrist + ÜL
Rotlicht und VU 25.9.2010	30.10.2010	4	30.10.2012	30.10.2013	ohne	ohne		
Grünpfeil überfahren und Fußgänger gefährdet 18.6.2012	10.8.2012	3	10.8.2014	10.8.2015	7	3	Nein	3 Punkte bis zum 10.5.2014, Tilgung ab 10.8.2014 + ÜL 10.8.2015
km/h 26.1.2014	21.4.2014 Eintragung am 10.5.2014	(2)	10.11.2016	10.11.2017	0, da nicht eingetragen bis zum 30.4.2014	+1 = 4	Nein	4 Punkte vom 26.1.2014 bis 10.8.2014 1 Punkt bis 10.11.2016 + ÜL 10.11.2016

V. Punkteabbau nach altem Recht

Im vorliegenden Fall ist eine in 2009 begangene fahrlässige Körperverletzung mit einer angeordneten Sperre, die mit fünf Punkten im VZR steht, gegeben. Dann wurde eine Geschwindigkeitsüberschreitung mit zwei Punkten geahndet und der Mandant kommt mit einem unerlaubten Entfernen vom Unfallort und tätiger Reue (30.10.2013) auf weitere fünf Punkte nach dem VZR. Er will einen Abbaukurs besuchen. Zu Recht?

Anhand dieses Beispiels ist zu sehen, dass die Ordnungswidrigkeit keine Tilgungshemmung entfaltet, weil lediglich eine Straftat gegenüber einer Straftat Tilgungshemmung entfalten kann. Hier ist zu berücksichtigen, dass die Straftat vom 11.1.2014 die Tilgung der fahrlässigen Köperverletzung hemmt; eine Hemmung durch die Ordnungswidrigkeit

§ 6 Berechnungsbeispiele und Muster

kann jedoch nicht erfolgen (§ 29 Abs. 6 StVG i.d.F. bis 30.4.2014). Sind im Register mehrere Entscheidungen nach § 28 Abs. 3 Nr. 1–9 StVG über eine Person eingetragen, ist die Tilgung einer Eintragung erst zulässig, wenn für alle betreffenden Eintragungen die Voraussetzungen der Tilgung vorliegen.

Eine Ablaufhemmung tritt demnach ein, sofern eine neue Tat vor dem Ablauf der Tilgungsfrist nach Absatz 1 begangen wird und bis zum Ablauf der Überliegefrist (§ 29 Abs. 7 i.d.F. bis 30.4.2014) zu einer weiteren Eintragung führt.

Allerdings hindern Eintragungen von Entscheidungen wegen Ordnungswidrigkeiten nur die Tilgung von Entscheidungen wegen anderer Ordnungswidrigkeiten. Straftaten sind damit also nicht gehemmt. Im obigen Beispiel hemmt daher erst die zweite Straftat die Tilgung der ersten Straftat. Eine endgültige Löschung erfolgt bei einer Ordnungswidrigkeit – mit Ausnahme von Entscheidungen nach § 24a StVG – spätestens nach Ablauf von fünf Jahren.

In der zeitlichen Variante (unterste Zeile) hat der Mandant bereits einen Abbaukurs absolviert im Jahre 2009 und hierdurch einen Rabatt von 4 Punkten erhalten. Dies ermöglicht ihm einen weiteren Abbaukurs ab dem 20.11.2015, um der 5-Jahresfrist Genüge zu tun.

10

Verstoß am	Fristbeginn/ Rechtskraft am	Punkte nach VZR	Tilgungsfrist	Überliegefrist	Punktestand bis 30.4.2014	Überführung am 1.5.2014 nach FaER	Löschung?	Tilgungsfrist + ÜL
fahrlässige Körperverletzung 3.2.2009	17.4.2009	5	17.4.2014	17.4.2015	5	2	nein	17.4.2019 + ÜL 17.4.2020 wegen Tilgungshemmung
km/h 17.5.2013	25.8.2013	2	25.8.2015	25.8.2016	7	3	nein	25.8.2018 + ÜL 25.8.2019 wegen Tilgungshemmung
Unerlaubtes Entfernen 25.8.2013	30.10.2013	5 Ermahnung	30.10.2023	30.10.2024	12 Ermahnung	5 Ermahnung	nein	30.10.2023 + ÜL 30.10.2024
Abbaukurs	11.1.2014	./. 2 = 10	11.1.2019	11.1.2020	./. 2 = 10 Ermahnung	4 Ermahnung	nein	11.12.2024 kein erneuter Punktabbau bis 2019 möglich
Abbaukurs	20.11.2009	./. 4	20.11.2014	20.11.2015	./. 4 = 8	4 Ermahnung	nein	ab 20.11.2014 wieder erneuter Abbau möglich

A. Berechnungsbeispiele §6

VI. Abbaukurs auf alle Fälle erforderlich

Obwohl hier eine deutlich höhere Punktzahl zu Buche – keine tätige Reue bei dem Unerlaubten Entfernen vom Unfallort – schlägt, wirkt sie sich im Ergebnis beträchtlich aus! Es kommt auf den Zeitpunkt der bereits gutgeschriebenen Punkte an: Hier haben die „alten" Punkteabbaumöglichkeiten Auswirkungen auf die Zukunft, wenn es um die Einordnung der jeweiligen Verstöße geht. Insofern spielt es auch eine Rolle, wann welche Punkte abgebaut wurden und wann welche Punkte hinzugekommen sind. Zur Verhinderung einer Maßnahmestufe, die jeweils durchlaufen sein muss, damit weitere Maßnahmen durch die Behörde ergriffen werden können, sollte im Beispiel dem Mandanten auf alle Fälle zu einem Punkteabbau geraten werden, weil er eine Stufe tiefer eingestellt wird. Denn vor einem Entzug muss erst wieder die Stufe der Verwarnung durchlaufen werden. Selbst bei einer Sanktion, die 3 Punkte nach sich zieht, fiele der Mandant angesichts der nicht durchlaufenen Stufe wieder auf den höchsten Stand der Verwarnung, also 7 Punkte, zurück. Bliebe der Punktestand, würde also die Stufe der Verwarnung überführt, muss bei einer Eintragung von 3 Punkten die Fahrerlaubnis entzogen werden, da die Behörde insoweit gebundenes Ermessen hat.

11

In der untersten Zeile ergibt sich, dass ein frühzeitiger Abbau von Punkten auf lange Sicht hin in dieser Variante dem Mandanten insoweit einen erheblichen Vorteil verschafft hat, als ihm hierdurch viel früher das Fahreignungsseminar einen Punkteabbau wegen des Ablaufs der 5-Jahresfrist ermöglicht. Da beide Überführungen aber in der Stufe der Ermahnung liegen, ist noch die Stufe der Verwarnung zu durchlaufen, bevor es zu einer Entziehung der Fahrerlaubnis kommen kann.

Verstoß am	Fristbeginn/ Rechtskraft am	Punkte nach VZR	Tilgungsfrist	Überliegefrist	Punktestand bis 30.4.2014	Überführung am 1.5.2014 nach FaER	Löschung?	Tilgungsfrist + ÜL
fahrlässige Körperverletzung 3.2.2009	17.4.2009	5	17.4.2019	17.4.2021	5	2	nein	17.4.2020 + ÜL
km/h 17.5.2013	25.8.2013	2	25.8.2015	25.8.2016	7	3	nein	25.8.2018 + ÜL
Unerlaubtes Entfernen 25.8.2013	30.10.2013	7 Ermahnung	30.10.2023	30.10.2024	14 Verwarnung	6 Verwarnung	nein	30.10.2023 + ÜL
Abbaukurs	11.3.2014	./. 2 = 10	11.03.2024	11.03.2025	./. 2 = 12 Ermahnung	5 Ermahnung	nein	11.3.2024 kein erneuter Punktabbau bis 2019 möglich
Abbaukurs	25.11.2010	./. 4 = 1	25.11.2020	25.11.2021	./. 4 = 10 Ermahnung	4 Ermahnung	nein	Abbaukurs bereits ab 25.11.2015 wieder möglich auf 3 Punkte

12

§ 6 Berechnungsbeispiele und Muster

13 Bei der Variante, dass lediglich 13 Punkte überführt werden, zeigt sich dann, dass ein Abbaukurs vor Inkrafttreten des FaER deutlich weniger Effekt hat, da durch den Abbau kein Wechsel der Stufe erreicht werden kann und lediglich eine 5-Jahresfrist in Gang gesetzt wird. Allerdings verbleibt das Risiko bei einem erheblichen Verstoß, der in die Stufe der Verwarnung führt, dass kein Punkt mehr abgebaut werden kann. Hier muss der Mandant selbst entscheiden, ob er bereit ist, die günstigeren Kosten für den Punkteabbau nach geltendem Recht in Anspruch zu nehmen.

14

Verstoß am	Fristbeginn/ Rechtskraft am	Punkte nach VZR	Tilgungsfrist	Überliegefrist	Punktestand bis 30.4.2014	Überführung am 1.5.2014 nach FaER	Löschung?	Tilgungsfrist inkl. ÜL (1 Jahr)
fahrlässige Körperverletzung 3.2.2009	17.4.2009	5	17.4.2019	17.4.2020	5	2	nein	17.4.2021
km/h 17.5.2013	25.8.2013	1	25.8.2015	25.8.2016	1	3	nein	25.8.2019
Unerlaubtes Entfernen 25.8.2013	30.10.2013	7 Ermahnung	30.10.2023	30.10.2024	13	5 Ermahnung	nein	30.10.2024
Abbaukurs	11.11.2013	./. 2 = 11	11.11.2023	11.11.2024	./. 2 = 11	5 Ermahnung	nein bzgl. des Abbaukurses	11.11.2024 kein erneuter Punktabbau bis 2018 möglich – Abbau sinnlos!!

VII. Angeordneter Punkteabbau zieht Sperrfrist nach sich

15 Diese Variante hat eine Alkoholstraftat aus 2009 als Ersteintrag und damit einen höheren Punktestand nach dem VZR bei der Überführung. Der Abbaukurs wird angeordnet und vom Mandanten unmittelbar nach Rechtskraft absolviert, er verbleibt damit nach der Verwarnung in der nachrangigen Stufe der Ermahnung. Ein Punkteabbau nach neuem Recht ist ihm bis 2018 verstellt.

16

Verstoß am	Fristbeginn/ Rechtskraft am	Punkte nach VZR	Tilgungsfrist	Überliegefrist	Punktestand bis 30.4.2014	Überführung am 1.5.2014 nach FaER	Löschung?	Tilgungsfrist inkl. ÜL (1 Jahr)
Alkohol 3.2.2009	17.4.2009	7	17.4.2019	17.4.2020	7	3	nein	17.4.2020
km/h 17.5.2013	25.8.2013	1	25.8.2015	25.8.2016	1	3	nein	25.8.2016
Unerlaubtes Entfernen 25.8.2013	30.10.2013	7 Verwarnung	30.10.2023	30.10.2024	15	6 Verwarnung	nein	30.10.2024
Abbaukurs	11.12.2013	./. 2 = 13	11.12.2023	11.12.2024	./. 2 = 13 Ermahnung	5 Ermahnung	nein bzgl. des Abbaukurses	11.12.2024 kein erneuter Punktabbau bis 2018 möglich

VIII. Punkteabbau nicht immer sinnvoll

Im vorliegenden Fall hat der Abbaukurs keine hilfreiche Wirkung für die Überführung, da bereits ein Eintrag von drei Punkten dazu führt, dass eine Sperrwirkung hinsichtlich eines Punkteabbaus bis 2018 besteht. Der Geschwindigkeitsverstoß wird nicht überführt, weil vor Ablauf der Überliegefrist kein weiterer Eintrag vorgenommen wurde und daher der Eintrag gelöscht worden ist. Er wird damit auch nicht überführt, sondern es wird der Punktestand von 11 Punkten zum 30.4.2014 überführt in 5 Punkte. In dieser Konstellation erwachsen keine beträchtlichen Nachteile für den Betroffenen, wenn er von dem Abbaukurs absieht. Denn er kann zwar noch Punkte abbauen, allerdings werden ihm nach altem Recht lediglich 2 Punkte gutgeschrieben, die keinen Wechsel in der Stufe nach sich ziehen. Das Risiko, dass allerdings mit einem Verstoß die nächste Stufe erreicht wird, besteht auch bei 4 Punkten in der Stufe der Ermahnung. Nur bei einem Verstoß, der mit einem Punkt belegt ist, wäre die Stufe noch zu halten, wenn der Punkteabbau zuvor stattgefunden hätte. Ob das allerdings den Kostenaufwand rechtfertigt, erscheint fraglich, zumal dann die 5-Jahresfrist zu laufen beginnt. 17

Verstoß am	Fristbeginn/ Rechtskraft am	Punkte nach VZR	Tilgungsfrist	Überliegefrist	Punktestand bis 30.4.2014	Überführung am 1.5.2014 nach FaER	Löschung?	Tilgungsfrist inkl. ÜL (1 Jahr)
Alkohol 3.2.2009	17.4.2009	7	17.4.2019	17.4.2020	7	3	nein	17.4.2020
km/h 17.5.2009	25.8.2009	1	25.8.2011	25.8.2013	gelöscht			
Alkohol 0,5 25.8.2013	30.10.2013	4 Ermahnung	30.10.2023	30.10.2024	11 Ermahnung	5 Ermahnung	nein	30.10.2024
Abbaukurs	11.11.2013	./. 2 = 9 Ermahnung	11.11.2023	11.11.2024	./. 2 = 9 Ermahnung	4 Ermahnung	nein bzgl. des Abbaukurses	11.11.2024 kein erneuter Punktabbau bis 2018 möglich

18

IX. Löschung von nicht mehr sanktionierten Verstößen nach FaER

Im vorliegenden Fall wird illustriert, welche Auswirkungen die Löschung eines Eintrags hat, der nach dem FaER nicht mehr mit Punkten bewehrt ist. Denn der Gesetzgeber will konsequenterweise diese Punkte nicht mitführen, wenn sie nach neuem Recht für nicht verkehrssicherheitsrelevant gehalten werden. 19

§ 6 Berechnungsbeispiele und Muster

20

Verstoß am	Fristbeginn/ Rechtskraft am	Punkte nach VZR	Tilgungsfrist	Überliegefrist	Punktestand bis 30.4.2014	Überführung am 1.5.2014 nach FaER	Löschung?	Tilgungsfrist inkl. ÜL (1 Jahr)
Versicherung 3.2.2009	17.4.2009	7	17.4.2019	17.4.2020	7	3	ja, da Verstoß nicht von Anlage 13 FeV erfasst ist	1.5.2014
km/h 17.5.2013	25.8.2013	1	25.8.2015	25.8.2016	8 Ermahnung	4 Ermahnung	ja: 3	1 Punkt bis 25.8.2016
Alkohol 25.8.2014	30.10.2014		30.10.2024	30.10.2025		+ 3 = 4 Ermahnung	nein	30.10.2025 Punkteabbau möglich einmalig innerhalb von 5 Jahren auf 3
Abbaukurs	11.11.2013	./. 4 = 4	11.11.2023	11.11.2024	./. 4 = 4	2 Vormerkung	ja: 1; aber 1 Pkt. verbleibt für km/h Verstoß	11.11.2024 kein erneuter Punktabbau bis 2018 möglich

21 Hierbei ist ebenfalls interessant, dass durch die Löschung des Verstoßes gegen die Versicherungspflicht der Geschwindigkeitsverstoß entfällt: denn dieser ist nur wegen der Tilgungshemmung der Straftat noch im Register enthalten und hätte ansonsten der Tilgung unterfallen müssen – und wäre nicht überführt worden. Da der Verstoß durch den Wegfall auch keine Tilgungshemmung mehr entfalten kann, ist damit der Geschwindigkeitsverstoß ebenfalls zu löschen, obwohl er selbst in der Anlage aufgeführt ist.

Verstoß am	Fristbeginn/ Rechtskraft am	Punkte nach VZR	Tilgungsfrist	Überliegefrist	Punktestand bis 30.4.2014	Überführung am 1.5.2014 nach FaER	Löschung?	Tilgungsfrist inkl. ÜL (1 Jahr)
Alkohol 18.6.2008	30.10.2008	7	30.10.2018	30.10.2019	7	3	nein	30.10.2019
km/h 17.5.2010	25.8.2010	1	25.8.2012	25.8.2013	7+1 = 8	4	ja!	1.5.2014
Versicherung 26.1.2012	17.4.2013	7	17.4.2019	17.4.2020	8+7	3	ja	1.5.2014

X. Eintragungen der Fahrerlaubnisbehörden

22 Es ist sinnvoll, zum Inkrafttreten des FaER erst wieder eine neue Fahrerlaubnis – vorausgesetzt es liegen sechs Monate dazwischen – zu beantragen, da nämlich mit der Neuerteilung sämtliche Punkte auf Null gestellt werden: Der Gesetzgeber geht davon aus, dass nämlich die Faheignung vorliegt, anderenfalls wäre eine Neuerteilung nicht vorgenommen worden. Wird eine Fahrerlaubnis erteilt, dürfen Punkte für vor der Erteilung rechtskräftig gewordene Entscheidungen über Zuwiderhandlungen nach § 4 Abs. 3 StVG nicht

A. Berechnungsbeispiele § 6

mehr berücksichtigt werden. Diese Punkte werden gelöscht. Das gilt auch bei einem Verzicht auf die Fahrerlaubnis, wenn zum Zeitpunkt der Wirksamkeit des Verzichtes mindestens zwei Entscheidungen nach § 28 Abs. 3 Nr. 1 oder 3 StVG gespeichert waren.

Verstoß am	Fristbeginn/ Rechtskraft am	Punkte nach VZR	Tilgungsfrist	Überliegefrist	Punktestand bis 30.4.2014	Überführung am 1.5.2014 nach FaER	Löschung?	Tilgungsfrist inkl. ÜL (1 Jahr)
Gefährl. Eingriff 20.3.2003	17.4.2004	7	17.4.2014	17.4.2015	7	3	nein	17.4.2014
km/h 17.5.2013	25.8.2013	1	25.8.2015	25.8.2016	8 Ermahnung	4 Ermahnung	Nein	25.8.2016
Fahrlässige Tötung 29.4.2012	30.10.2013	7	30.10.2023	30.10.2024	15 Verwarnung	6 Verwarnung, kein Punktabbau möglich bis 25.8.2015	nein	30.10.2024
Alkohol 30.10.2013	15.12.2013	7	15.12.2023	15.12.2024	22 Entzug	8	Nein	15.12.2024
Verzicht	15.12.2013		15.12.2023	15.12.2024		8	Nein	15.12.2024

Der Neuantrag der Fahrerlaubnis ist ab 15.5.2014 möglich, da dann die 6-Monatsfrist abgelaufen ist.

XI. Maßnahmen der Fahrerlaubnisbehörden

Bei der Kontrolle der Ordnungsgemäßheit einer Maßnahme durch die zuständigen Behörden ist ebenfalls Sorgfalt zu beachten:
Es muss festgestellt werden
1. Chronologische Aufbereitung der jeweiligen Tat einschließlich Tilgungsreifezeitpunkt für die jeweilige Tat mitsamt Löschungsdatum (Überliegefrist);
2. Chronologische Aufbereitung der Rechtskraft mit Eintragungsdatum im FaER;
3. Zeitpunkt der Maßnahme „Ermahnung" ergriffen;
4. Zeitpunkt der Maßnahme „Verwarnung" ergriffen;
5. Bearbeitungszeitpunkt für die Behörde, in der die Maßnahme getroffen wurde.

Denn aus diesem Beispiel wird ersichtlich, dass es nicht auf den Zeitpunkt der Eintragung ankommt, wenn die Berechnung der Punkte sich lediglich danach richtet, wann der Verstoß begangen wurde.

§ 6 Berechnungsbeispiele und Muster

27

Verstoß am	Rechts-kraft am	Punkte nach FaER	Tilgungs-frist	Überliege-frist	Eintragung am	Maßnahme	Tilgungsfrist inkl. ÜL (1 Jahr)
Nötigung, gefährl. Eingriff 25.11.2014	17.4.2015	3	17.4.2025	17.4.2026	2.5.2015	Vormerkung	17.4.2026
km/h 25.8.2013	18.6.2015	1	18.12.2017	18.12.2018	4 am 25.7.2015	Ermahnung	25.7.2026 bzgl. Ermahnung
Fahrlässige Tötung 26.1.2017	30.10.2017	2	30.10.2027	30.10.2028	4.11.2017	■ 6 am 11.11.2017 Verwarnung, kein Punktabbau möglich bis 18.12.2017 ■ Ausspruch der Verwarnung am 26.1.2018 zu spät und unzulässig, da 5 Pkt. = Ermahnung	11.11.2028 bzgl. Verwarnung

28 Allerdings führt dies auch zu Unübersichtlichkeit, da nämlich beispielsweise nicht klar ist, wie zu verfahren ist, wenn ein Punkteabbau durch den Besuch des Fahreignungsseminars zunächst gutgeschrieben wird, ein Eintrag zu einem späteren Zeitpunkt dann aber einen Tatzeitpunkt festhält, der einen höheren Punktestand hervorgerufen hat. Dies erscheint insbesondere deshalb problematisch, weil der Fahrerlaubnisinhaber noch keine Verwarnung erhalten hat. Allerdings wird in diesem Beispiel deutlich, dass hier der Gesetzeswortlaut bei der Beantwortung der Frage, ob der Punkteabzug gelten soll oder nicht, noch nicht geklärt ist. Auch ist unklar, ob bei einem Abzug ein Verwaltungsakt insoweit vorliegen kann, der einen Bestandsschutz entfalten müsste. Besonders seltsam mutet das Ergebnis dann an, wenn man bedenkt, dass der Fahrerlaubnisinhaber lediglich bis zum 18.12.2017 gehindert ist, einen Punkt abzubauen: denn am 18.12.2017 ist der Geschwindigkeitsverstoß zu tilgen, mithin angesichts des gesunkenen Punktestandes auf 5 Punkte ein Fahreignungsseminar wiederum zum Punkteabbau geeignet.

29

Verstoß am	Rechtskraft am	Punkte nach FaER	Tilgungs-frist	Überliege-frist	Punkte-stand bei Ermahnung	Verwarnung	Tilgungsfrist inkl. ÜL (1 Jahr)
Nötigung, gef. Eingriff 25.11.2014	17.4.2015	3	17.4.2025	17.4.2026			17.4.2026
km/h 25.8.2013	18.6.2015	1	18.12.2017	18.12.2018	4 am 25.7.2015		25.7.2026 bzgl. Ermahnung

B. Informationsblätter und Beratungsformulare für Mandanten   § 6

Verstoß am	Rechtskraft am	Punkte nach FaER	Tilgungsfrist	Überliegefrist	Punktestand bei Ermahnung	Verwarnung	Tilgungsfrist inkl. ÜL (1 Jahr)
Fahrlässige Tötung 26.1.2017	30.10.2017	2	30.10.2027	30.10.2028		6 am 11.11.2017 Verwarnung, kein Punktabbau möglich bis 18.12.2017	11.11.2028 bzgl. Verwarnung
Fahreignungsseminar am 17.4.2017 beendet	Eingereicht am 21.4.2017	./. 1: fraglich	17.4.2022	17.4.2023	von 4 auf 3 Punkte reduziert? Aber nur bis zum 30.10.2017, da retrospektive Betrachtung seit 26.1.2017 6 Punkte	zwischen 30.10. und 18.12.2017 möglich, da 6 Punkte	17.4.2023
Fahreignungsseminar am 19.12.2017 beendet	Eingereicht am 21.12.2017	./. 1	19.12.2022	19.12.2023	von 5 auf 4 Punkte reduziert am 19.12.2017	Verwarnung nach 18.12.2017 unzulässig	19.12.2023

B. Informationsblätter und Beratungsformulare für Mandanten

I. Allgemeines Informationsblatt für Mandanten zum Straf- bzw. Ordnungswidrigkeitenverfahren in Verkehrsangelegenheiten

Muster 6.1: Informationsblatt zum Straf- bzw. Ordnungswidrigkeitenverfahren in Verkehrsangelegenheiten   30

Dieses Informationsblatt soll Ihnen einen kurzen Überblick über das Straf- bzw. Ordnungswidrigkeitenverfahren geben. Sollten Sie darüber hinaus Fragen haben bzw. sollten noch Unklarheiten bestehen, so wenden Sie sich bitte an mich, am besten per E-Mail.

■ **Rechtschutzversicherung:**

Falls Sie rechtsschutzversichert sind, bitte ich Sie, dass Sie für die Übernahme der Deckung dort auch alle Unterlagen und Informationen von mir weitergeben, damit die Kosten übernommen werden. Die Rechtsschutzversicherung kommt bei Verkehrsstraftaten bzw. Ordnungswidrigkeiten für die Rechtsanwalts- und Verfahrenskosten auf. Stellt sich später heraus, dass die Tat vorsätzlich begangen wurde, so entfällt der Versicherungsschutz aber nachträglich: Die Versicherung kann das gezahlte Geld dann ggf. von Ihnen zurück verlangen.

§ 6 Berechnungsbeispiele und Muster

■ **Ermittlungen im Strafverfahren:**

Das Ermittlungsverfahren wird in der Regel zunächst durch die Polizei durchgeführt. Dabei wird der Beschuldigte von der Polizei zur Vernehmung vorgeladen und befragt. Sind Sie Beschuldigter, so besteht für Sie keine Verpflichtung, zur Vernehmung zu erscheinen. Sollten Sie freiwillig aussagen wollen, so sollten Sie sich unbedingt vor der Aussage von mir beraten lassen.

Grundsätzlich rate ich vor jeglicher Akteneinsicht, das Ihnen zustehende Schweigerecht in Anspruch zu nehmen.

Sind Sie Zeuge in einem Straf- oder Ordnungswidrigkeitenverfahren, so besteht ein Zeugnisverweigerungsrecht: Dann, wenn Sie mit dem Beschuldigten verwandt, verschwägert, verlobt oder verheiratet sind.

Niemand ist verpflichtet, eine Aussage zu machen, die ihn selbst oder Angehörige belastet.

■ **Ordnungswidrigkeitenverfahren:**

Im Ordnungswidrigkeitenverfahren wird der Verdächtige „Betroffener" genannt. Die Bußgeldbehörde kann bei einer Verkehrsordnungswidrigkeit einen Bußgeldbescheid erlassen. Gegen den Bußgeldbescheid kann innerhalb einer Frist von 2 Wochen Einspruch eingelegt werden. Die Frist läuft ab dem Zeitpunkt, zu dem Ihnen der Bescheid zugestellt wurde, d.h. der Postbote den Bescheid bei Ihnen abgegeben oder die Benachrichtigungskarte in Ihren Briefkasten eingeworfen hat. **Wichtig:** Heben Sie auf alle Fälle bitte immer die gelben Umschläge auf. In dem rechten oberen Bereich wird vom Zusteller das **Zustelldatum** eingetragen. Dieses ist maßgeblich! Sollten Sie die Frist verpasst haben, rufen Sie mich bitte sofort an.

Wurde ein fristgemäßer Einspruch durch mich gegen den Bußgeldbescheid eingelegt, so beraumt das Gericht einen Termin zur Hauptverhandlung an. In der Hauptverhandlung kann das Gericht das Verfahren einstellen oder ein Urteil aussprechen. Unter Umständen kann das Gericht auch ohne Hauptverhandlung durch Beschluss entscheiden. Hierzu hole ich dann aber nach Absprache Ihre Zustimmung ein.

Aktuell ist in Verkehrsangelegenheiten wegen des neu einzurichtenden Fahreignungsregisters wichtig, den aktuellen Punktestand zu wissen: Nur so kann ich Sie umfassend beraten. Bitte fragen Sie selbst Ihren Punktestand in Flensburg unter *www.kba.de* ab. Es ist ganz einfach und Sie können mir im Anschluss den Auszug übersenden.

Da aber die Auskunft des KBA unverbindlich ist, weise ich Sie schon hier für die Zukunft darauf hin, dass alle Unterlagen – wie Bescheide, Urteile, Schreiben der Behörden die Fahrerlaubnis betreffend – entscheidend von den jeweiligen Daten abhängen: Bewahren Sie daher alle Zustellungsumschläge und Unterlagen bei sich geordnet auf!

▲

B. Informationsblätter und Beratungsformulare für Mandanten § 6

II. Informationsblatt für Mandanten zum neuen Fahreignungsregister

Muster 6.2: Informationsblatt zum neuen Fahreignungsregister 31

Der Gesetzgeber hat sich hohe Ziele gesetzt: Einfacher, transparenter und gerechter soll das neue Fahrerlaubnisregister (FaER) werden. Für Ihr Verfahren bedeutet dies allerdings eine präzise Prüfung des heutigen Zustands und der späteren Überführung in das am 1.5.2014 in Kraft tretende Fahreignungsregister: es löst das bekannte Verkehrszentralregister ab.

Da es bei der Überführung zu weitreichenden Umstellungsproblemen kommen kann, sollten Sie sofort Ihren Punktestand in Flensburg abfragen: Das geht online einfach über *www.kba.de*. Denn nur wenn ich Ihren Punktestand genau kenne, kann ich Ihnen die Beratung geben, die Sie benötigen.

Für Sie ist wichtig, dass sie ggf. noch rechtzeitig ein Punkteabbau-Seminar besuchen oder eine verkehrspsychologische Beratung aufsuchen. Aber nicht immer ist der Punkteabbau notwendig: In besonderen Konstellationen kann er sich sogar nachteilig auswirken. Denn ein Abzug von Punkten kann zwar noch zugunsten Ihres Punktestandes sprechen, aber dafür ist ein Punkteabbau in den kommenden 5 Jahren nicht mehr möglich.

Es ist daher notwendige Voraussetzung für Ihre Vertretung und Verteidigung, den aktuellen Stand mit den genauen Daten und Einträgen zu kennen, um dann die Tilgung und Löschung aus dem Verkehrszentralregister oder aber dem späteren Fahreignungsregister zu berechnen. Es kann unter Umständen sogar sinnvoll sein, das Verfahren bis in den Mai 2014 zu verzögern oder umgekehrt möglicherweise zu beschleunigen.

Da die Einzelheiten so individuell wie Ihr Fall sind, ist eine persönliche Beratung unerlässlich für den „richtigen Weg".

Für eine erste eigene Einschätzung hilft diese Übersicht zur Umrechnung:

Punktestand am 30.4.2014	überführte Punktezahl im FaER am 1.5.2014	Stufe/Maßnahme
1–3	1	Vormerkung
4–5	2	Vormerkung
6–7	3	Vormerkung
8–10	4	Ermahnung
11–13	5	Ermahnung
14–15	6	Verwarnung
16–17	7	Verwarnung
18 oder mehr	8	Entziehung

127

§ 6 Berechnungsbeispiele und Muster

III. Informationsblatt zur Medizinisch-Psychologischen Untersuchung (MPU)

▼

32 Muster 6.3: Informationsblatt zur medizinisch-psychologische Untersuchung (MPU)

■ **Die Anordnung**

Die Fahrerlaubnisbehörden haben die Möglichkeit, bei begründetem Anlass eine Medizinisch-Psychologische Untersuchung (MPU) Ihrer Fahreignung zu verlangen. Ein Rechtsmittel, das die Vorlage der Untersuchung verhindern kann, ist nicht gegeben. Erst im Nachgang kann festgestellt werden, ob die Anordnung nicht rechtmäßig gewesen ist. Denn weder Widerspruch noch Anfechtungsklage haben „aufschiebende Wirkung": Wird also keine positive MPU fristgemäß vorgelegt, kann allein deswegen die Fahrerlaubnis entzogen werden bzw. nicht wieder erteilt werden, wenn das Gericht die Fahrerlaubnis eingezogen hat.

■ **Die Untersuchungen**

Bei der medizinisch-psychologischen Untersuchung gibt es einen medizinischen Teil – hier wird geprüft, ob Sie gesundheitlich in der Lage sind, ein Kraftfahrzeug im Straßenverkehr zu führen. Dies ist beispielsweise bei erheblichen Erkrankungen nicht der Fall. Auch eine massive Drogensucht, die stationär behandelt werden muss, führt bei den Behörden automatisch zu der Entscheidung, dass die Erkrankung schwerwiegend ist, daher also der Beobachtungszeitraum erheblich länger sein muss als bei einer ambulanten Therapie.

Der psychologische Teil betrifft mehr die charakterliche Eignung als solche, insbesondere inwieweit Einsicht in das Fehlverhalten besteht, eine Verhaltensänderung eingetreten ist usw. Hier erfolgt ein Gespräch mit einem Gutachter, der im Anschluss daran seinerseits eine Bewertung vornimmt, die er der Behörde mitteilt. Es ist sinnvoll, dem Gutachter (Sie sind der Auftraggeber!) nicht zu gestatten, sein Gutachten direkt an die Behörde zu übermitteln: Denn so haben Sie keinen Einfluss auf das Gutachten und können auch keine Nachbesserung verlangen. Sollte das Gutachten negativ für Sie ausfallen, ist es in den Unterlagen der Behörde, Sie selbst würden es aber gar nicht erst einreichen.

■ **Frühzeitige Aktivität**

Nach meiner Erfahrung ist es sinnvoll, sich frühzeitig um eine Vorbereitung und auch die Auseinandersetzung mit den Geschehnissen zu kümmern: Denn eine psychologische Beratung und eine entsprechende medizinische Kontrolle mithilfe des Hausarztes kön-

B. Informationsblätter und Beratungsformulare für Mandanten § 6

nen erste Richtungen weisen. Ohne Vorbereitung auf die MPU bestehen lediglich ⅓ der Probanden die Prüfung; eine Vorbereitung erhöht die Möglichkeiten auf ⅘. Dies ist sicherlich dadurch zu erklären, dass die Gutachter erwarten, dass eine Auseinandersetzung mit der Tat selbst erfolgt ist und Konsequenzen aus dem Geschehen gezogen worden sind.

Hinzu kommt, dass – zumindest in Berlin – jedenfalls die Bearbeitungszeit innerhalb der Behörden mitunter bis zu 3 Monaten in Anspruch nehmen kann.

Die MPU ist ggf. für Sie dann hilfreich, wenn Sie beantragen wollen, dass Ihre Sperrfrist um 2–3 Monate verkürzt werden soll. So können Sie dokumentieren, dass Ihre charakterliche Eignung wiederhergestellt worden ist. Eine verkehrspsychologische Beratung hat den gleichen Effekt.

■ Abstinenz-Nachweis

Dies sollte begleitet werden von dem Nachweis, dass in der Zeit vor der MPU weder Drogen (egal welche!) oder Alkohol eingenommen wurde. Dies kann durch einen Abstinenz-Nachweis erbracht werden. Hier spielen die dann dokumentierten Werte eine Rolle; der Zeitraum liegt je nach Vorfall bei 3–12 Monaten.

Bei **Alkoholdelikten** müssen wenigstens in 2-monatigen Abständen die Leberwerte untersucht werden lassen (Blutuntersuchung).

Bei **Drogenverstößen** sind Untersuchungen durch zugelassene Stellen erforderlich. Diese können z.B. TÜV oder DEKRA, das rechtsmedizinische Institut an der Charité oder das Gesundheitsamt durchführen. Im Zweifel sollte vorher bei der Fahrerlaubnisbehörde angerufen werden, um zu erfragen, ob Nachweise von der betreffenden Stelle auch anerkannt werden.

Eine **Suchtgefahr** kann ebenfalls durch die hohen Werte von Alkohol, Cannabis etc. und natürlich erst recht bei illegalen Drogen oder einer entsprechende Einlassung dazu führen, dass die Behörden eine intensive Auseinandersetzung erwarten, die einen Ausschluss der Sucht bzw. der Gefahr einer Sucht dokumentieren. Hier kommen psychologische Beratungen, Besuch von entsprechenden Suchtgruppen und Ähnliches in Frage.

IV. Beratungsformular bei Punkteeinträgen im Verkehrszentralregister (VZR) oder Fahreignungsregister (FaER)

▼

33 Muster 6.4: Beratungsformular bei Punkteeinträgen im VZR/FaER

Beratungsformular bei Punkteeinträgen im VZR/FaER vom

Verstoß	Frist-beginn	Punkte (VZR)	Til-gungs-frist	Über-liege-frist	Punkte-stand bis 30.4. 2014	Über-führung am 1.5. 2014 nach FaER	Lö-schung?	Til-gungs-frist

Anmerkungen:

Punkteabbaukurs sinnvoll ☐

Punkteabbaukurs nicht sinnvoll ☐

Verkehrspsychologische Beratung sinnvoll ☐

Verkehrspsychologische Beratung nicht sinnvoll ☐

Beratung am

erhalten:

(Name des Mandaten)

▲

§ 7 Anhang

A. StVG

Straßenverkehrsgesetz in der Fassung der Bekanntmachung vom 5. März 2003 (BGBl. I S. 310, 919), das durch Artikel 1 des Gesetzes vom 28. August 2013 (BGBl. I S. 3313) geändert worden ist

– Auszüge –

§ 2 Fahrerlaubnis und Führerschein

(1) Wer auf öffentlichen Straßen ein Kraftfahrzeug führt, bedarf der Erlaubnis (Fahrerlaubnis) der zuständigen Behörde (Fahrerlaubnisbehörde). Die Fahrerlaubnis wird in bestimmten Klassen erteilt. Sie ist durch eine amtliche Bescheinigung (Führerschein) nachzuweisen. Nach näherer Bestimmung durch Rechtsverordnung auf Grund des § 6 Absatz 1 Nummer 1 Buchstabe b und x kann die Gültigkeitsdauer der Führerscheine festgelegt werden.

(2) Die Fahrerlaubnis ist für die jeweilige Klasse zu erteilen, wenn der Bewerber
1. seinen ordentlichen Wohnsitz im Sinne des Artikels 12 der Richtlinie 2006/126/EG des Europäischen Parlaments und des Rates vom 20. Dezember 2006 über den Führerschein (ABl. L 403 vom 30.12.2006, S. 26) im Inland hat,
2. das erforderliche Mindestalter erreicht hat,
3. zum Führen von Kraftfahrzeugen geeignet isnt,
4. zum Führen von Kraftfahrzeugen nach dem Fahrlehrergesetz und den auf ihm beruhenden Rechtsvorschriften ausgebildet worden ist,
5. die Befähigung zum Führen von Kraftfahrzeugen in einer theoretischen und praktischen Prüfung nachgewiesen hat,
6. die Grundzüge der Versorgung Unfallverletzter im Straßenverkehr beherrscht oder Erste Hilfe leisten kann und
7. keine in einem Mitgliedstaat der Europäischen Union oder einem anderen Vertragsstaat des Abkommens über den Europäischen Wirtschaftsraum erteilte Fahrerlaubnis dieser Klasse besitzt.

Nach näherer Bestimmung durch Rechtsverordnung gemäß § 6 Abs. 1 Nr. 1 Buchstabe g können als weitere Voraussetzungen der Vorbesitz anderer Klassen oder Fahrpraxis in einer anderen Klasse festgelegt werden. Die Fahrerlaubnis kann für die Klassen C und D sowie ihre Unterklassen und Anhängerklassen befristet erteilt werden. Sie ist auf Antrag zu verlängern, wenn der Bewerber zum Führen von Kraftfahrzeugen geeignet ist und kein Anlass zur Annahme besteht, dass eine der aus den Sätzen 1 und 2 ersichtlichen sonstigen Voraussetzungen fehlt.

§ 7 Anhang

(3) Nach näherer Bestimmung durch Rechtsverordnung gemäß § 6 Abs. 1 Nr. 1 Buchstabe b und g kann für die Personenbeförderung in anderen Fahrzeugen als Kraftomnibussen zusätzlich zur Fahrerlaubnis nach Absatz 1 eine besondere Erlaubnis verlangt werden. Die Erlaubnis wird befristet erteilt. Für die Erteilung und Verlängerung können dieselben Voraussetzungen bestimmt werden, die für die Fahrerlaubnis zum Führen von Kraftomnibussen gelten. Außerdem können Ortskenntnisse verlangt werden. Im Übrigen gelten die Bestimmungen für Fahrerlaubnisse entsprechend, soweit gesetzlich nichts anderes bestimmt ist.

(4) Geeignet zum Führen von Kraftfahrzeugen ist, wer die notwendigen körperlichen und geistigen Anforderungen erfüllt und nicht erheblich oder nicht wiederholt gegen verkehrsrechtliche Vorschriften oder gegen Strafgesetze verstoßen hat. Ist der Bewerber auf Grund körperlicher oder geistiger Mängel nur bedingt zum Führen von Kraftfahrzeugen geeignet, so erteilt die Fahrerlaubnisbehörde die Fahrerlaubnis mit Beschränkungen oder unter Auflagen, wenn dadurch das sichere Führen von Kraftfahrzeugen gewährleistet ist.

(5) Befähigt zum Führen von Kraftfahrzeugen ist, wer
1. ausreichende Kenntnisse der für das Führen von Kraftfahrzeugen maßgebenden gesetzlichen Vorschriften hat,
2. mit den Gefahren des Straßenverkehrs und den zu ihrer Abwehr erforderlichen Verhaltensweisen vertraut ist,
3. die zum sicheren Führen eines Kraftfahrzeugs, gegebenenfalls mit Anhänger, erforderlichen technischen Kenntnisse besitzt und zu ihrer praktischen Anwendung in der Lage ist und
4. über ausreichende Kenntnisse einer umweltbewussten und energiesparenden Fahrweise verfügt und zu ihrer praktischen Anwendung in der Lage ist.

(6) Wer die Erteilung, Erweiterung, Verlängerung oder Änderung einer Fahrerlaubnis oder einer besonderen Erlaubnis nach Absatz 3, die Aufhebung einer Beschränkung oder Auflage oder die Ausfertigung oder Änderung eines Führerscheins beantragt, hat der Fahrerlaubnisbehörde nach näherer Bestimmung durch Rechtsverordnung gemäß § 6 Abs. 1 Nr. 1 Buchstabe h mitzuteilen und nachzuweisen
1. Familiennamen, Geburtsnamen, sonstige frühere Namen, Vornamen, Ordens- oder Künstlernamen, Doktorgrad, Geschlecht, Tag und Ort der Geburt, Anschrift und
2. das Vorliegen der Voraussetzungen nach Absatz 2 Satz 1 Nr. 1 bis 6 und Satz 2 und Absatz 3

sowie ein Lichtbild abzugeben. Außerdem hat der Antragsteller eine Erklärung darüber abzugeben, ob er bereits eine in- oder ausländische Fahrerlaubnis der beantragten Klasse oder einen entsprechenden Führerschein besitzt.

A. StVG   § 7

(7) Die Fahrerlaubnisbehörde hat zu ermitteln, ob der Antragsteller zum Führen von Kraftfahrzeugen, gegebenenfalls mit Anhänger, geeignet und befähigt ist und ob er bereits eine in- oder ausländische Fahrerlaubnis oder einen entsprechenden Führerschein besitzt. Sie hat dazu Auskünfte aus dem Fahreignungsregister und dem Zentralen Fahrerlaubnisregister nach den Vorschriften dieses Gesetzes einzuholen. Sie kann außerdem insbesondere entsprechende Auskünfte aus ausländischen Registern oder von ausländischen Stellen einholen sowie die Beibringung eines Führungszeugnisses zur Vorlage bei der Verwaltungsbehörde nach den Vorschriften des Bundeszentralregistergesetzes verlangen.

(8) Werden Tatsachen bekannt, die Bedenken gegen die Eignung oder Befähigung des Bewerbers begründen, so kann die Fahrerlaubnisbehörde anordnen, dass der Antragsteller ein Gutachten oder Zeugnis eines Facharztes oder Amtsarztes, ein Gutachten einer amtlich anerkannten Begutachtungsstelle für Fahreignung oder eines amtlichen anerkannten Sachverständigen oder Prüfers für den Kraftfahrzeugverkehr innerhalb einer angemessenen Frist beibringt.

(9) Die Registerauskünfte, Führungszeugnisse, Gutachten und Gesundheitszeugnisse dürfen nur zur Feststellung oder Überprüfung der Eignung oder Befähigung verwendet werden. Sie sind nach spätestens zehn Jahren zu vernichten, es sei denn, mit ihnen im Zusammenhang stehende Eintragungen im Fahreignungsregister oder im Zentralen Fahrerlaubnisregister sind nach den Bestimmungen für diese Register zu einem späteren Zeitpunkt zu tilgen oder zu löschen. In diesem Fall ist für die Vernichtung oder Löschung der spätere Zeitpunkt maßgeblich. Die Zehnjahresfrist nach Satz 2 beginnt mit der rechts- oder bestandskräftigen Entscheidung oder mit der Rücknahme des Antrags durch den Antragsteller. Die Sätze 1 bis 4 gelten auch für entsprechende Unterlagen, die der Antragsteller nach Absatz 6 Satz 1 Nr. 2 beibringt. Anstelle einer Vernichtung der Unterlagen sind die darin enthaltenen Daten zu sperren, wenn die Vernichtung wegen der besonderen Art der Führung der Akten nicht oder nur mit unverhältnismäßigem Aufwand möglich ist.

(10) Bundeswehr, Bundespolizei und Polizei können durch ihre Dienststellen Fahrerlaubnisse für das Führen von Dienstfahrzeugen erteilen (Dienstfahrerlaubnisse). Diese Dienststellen nehmen die Aufgaben der Fahrerlaubnisbehörde war. Für Dienstfahrerlaubnisse gelten die Bestimmungen dieses Gesetzes und der auf ihm beruhenden Rechtsvorschriften, soweit gesetzlich nichts anderes bestimmt ist. Mit Dienstfahrerlaubnissen dürfen nur Dienstfahrzeuge geführt werden.

(10a) Die nach Landesrecht zuständige Behörde kann Angehörigen der Freiwilligen Feuerwehren, der nach Landesrecht anerkannten Rettungsdienste, des Technischen Hilfswerks und sonstiger Einheiten des Katastrophenschutzes, die ihre Tätigkeit ehrenamtlich ausüben, Fahrberechtigungen zum Führen von Einsatzfahrzeugen auf öffentlichen Straßen bis zu einer zulässigen Gesamtmasse von

§ 7 Anhang

4,75 t – auch mit Anhängern, sofern die zulässige Gesamtmasse der Kombination 4,75 t nicht übersteigt – erteilen. Der Bewerber um die Fahrberechtigung muss
1. mindestens seit zwei Jahren eine Fahrerlaubnis der Klasse B besitzen,
2. in das Führen von Einsatzfahrzeugen bis zu einer zulässigen Gesamtmasse von 4,75 t eingewiesen worden sein und
3. in einer praktischen Prüfung seine Befähigung nachgewiesen haben.

Die Fahrberechtigung gilt im gesamten Hoheitsgebiet der Bundesrepublik Deutschland zur Aufgabenerfüllung der in Satz 1 genannten Organisationen oder Einrichtungen. Die Sätze 1 bis 3 gelten entsprechend für den Erwerb der Fahrberechtigung zum Führen von Einsatzfahrzeugen bis zu einer zulässigen Gesamtmasse von 7,5 t – auch mit Anhängern, sofern die zulässige Gesamtmasse der Kombination 7,5 t nicht übersteigt.

(11) Nach näherer Bestimmung durch Rechtsverordnung gemäß § 6 Abs. 1 Nr. 1 Buchstabe j berechtigen auch ausländische Fahrerlaubnisse zum Führen von Kraftfahrzeugen im Inland.

(12) Die Polizei hat Informationen über Tatsachen, die auf nicht nur vorübergehende Mängel hinsichtlich der Eignung oder auf Mängel hinsichtlich der Befähigung einer Person zum Führen von Kraftfahrzeugen schließen lassen, den Fahrerlaubnisbehörden zu übermitteln, soweit dies für die Überprüfung der Eignung oder Befähigung aus der Sicht der übermittelnden Stelle erforderlich ist. Soweit die mitgeteilten Informationen für die Beurteilung der Eignung oder Befähigung nicht erforderlich sind, sind die Unterlagen unverzüglich zu vernichten.

(13) Stellen oder Personen, die die Eignung oder Befähigung zur Teilnahme am Straßenverkehr oder Ortskenntnisse zwecks Vorbereitung einer verwaltungsbehördlichen Entscheidung beurteilen oder prüfen oder die in der Versorgung Unfallverletzter im Straßenverkehr oder Erster Hilfe (§ 2 Abs. 2 Satz 1 Nr. 6) ausbilden, müssen für diese Aufgaben gesetzlich oder amtlich anerkannt oder beauftragt sein. Personen, die die Befähigung zum Führen von Kraftfahrzeugen nach § 2 Abs. 5 prüfen, müssen darüber hinaus einer Technischen Prüfstelle für den Kraftfahrzeugverkehr nach § 10 des Kraftfahrsachverständigengesetzes angehören. Voraussetzungen, Inhalt, Umfang und Verfahren für die Anerkennung oder Beauftragung und die Aufsicht werden – soweit nicht bereits im Kraftfahrsachverständigengesetz oder in auf ihm beruhenden Rechtsvorschriften geregelt – durch Rechtsverordnung gemäß § 6 Abs. 1 Nr. 1 Buchstabe k näher bestimmt. Abweichend von den Sätzen 1 bis 3 sind Personen, die die Voraussetzungen des Absatzes 16 für die Begleitung erfüllen, berechtigt, die Befähigung zum Führen von Einsatzfahrzeugen der in Absatz 10a Satz 1 genannten Organisationen oder Einrichtungen zu prüfen.

(14) Die Fahrerlaubnisbehörden dürfen den in Absatz 13 Satz 1 genannten Stellen und Personen die Daten übermitteln, die diese zur Erfüllung ihrer Aufgaben benötigen.

Die betreffenden Stellen und Personen dürfen diese Daten und nach näherer Bestimmung durch Rechtsverordnung gemäß § 6 Abs. 1 Nr. 1 Buchstabe k die bei der Erfüllung ihrer Aufgaben anfallenden Daten verarbeiten und nutzen.

(15) Wer zur Ausbildung, zur Ablegung der Prüfung oder zur Begutachtung der Eignung oder Befähigung ein Kraftfahrzeug auf öffentlichen Straßen führt, muss dabei von einem Fahrlehrer im Sinne des Fahrlehrergesetzes begleitet werden. Bei den Fahrten nach Satz 1 sowie bei der Hin- und Rückfahrt zu oder von einer Prüfung oder einer Begutachtung gilt im Sinne dieses Gesetzes der Fahrlehrer als Führer des Kraftfahrzeugs, wenn der Kraftfahrzeugführer keine entsprechende Fahrerlaubnis besitzt.

(16) Wer zur Einweisung oder zur Ablegung der Prüfung nach Absatz 10a ein entsprechendes Einsatzfahrzeug auf öffentlichen Straßen führt, muss von einem Fahrlehrer im Sinne des Fahrlehrergesetzes oder abweichend von Absatz 15 Satz 1 von einem Angehörigen der in Absatz 10a Satz 1 genannten Organisationen oder Einrichtungen, der
1. das 30. Lebensjahr vollendet hat,
2. mindestens seit fünf Jahren eine gültige Fahrerlaubnis der Klasse C1 besitzt und
3. zum Zeitpunkt der Einweisungs- und Prüfungsfahrten im Fahreignungsregister mit nicht mehr als zwei Punkten belastet ist,

begleitet werden. Absatz 15 Satz 2 gilt entsprechend. Die nach Landesrecht zuständige Behörde kann überprüfen, ob die Voraussetzungen des Satzes 1 erfüllt sind; sie kann die Auskunft nach Satz 1 Nummer 3 beim Fahreignungsregister einholen. Die Fahrerlaubnis nach Satz 1 Nummer 2 ist durch einen gültigen Führerschein nachzuweisen, der während der Einweisungs- und Prüfungsfahrten mitzuführen und zur Überwachung des Straßenverkehrs berechtigten Personen auszuhändigen ist.

§ 2a Fahrerlaubnis auf Probe

(1) Bei erstmaligem Erwerb einer Fahrerlaubnis wird diese auf Probe erteilt; die Probezeit dauert zwei Jahre vom Zeitpunkt der Erteilung an. Bei Erteilung einer Fahrerlaubnis an den Inhaber einer im Ausland erteilten Fahrerlaubnis ist die Zeit seit deren Erwerb auf die Probezeit anzurechnen. Die Regelungen über die Fahrerlaubnis auf Probe finden auch Anwendung auf Inhaber einer gültigen Fahrerlaubnis aus einem Mitgliedstaat der Europäischen Union oder einem anderen Vertragsstaat des Abkommens über den Europäischen Wirtschaftsraum, die ihren ordentlichen Wohnsitz in das Inland verlegt haben. Die Zeit seit dem Erwerb der Fahrerlaubnis ist auf die Probezeit anzurechnen. Die Beschlagnahme, Sicherstellung oder Verwahrung von Führerscheinen nach § 94 der Strafprozessordnung, die vorläufige Entziehung nach § 111a der Strafprozessordnung und die sofort vollziehbare Entziehung durch die Fahrerlaubnisbehörde hemmen den Ablauf der Probezeit. Die Probezeit endet vorzei-

tig, wenn die Fahrerlaubnis entzogen wird oder der Inhaber auf sie verzichtet. In diesem Fall beginnt mit der Erteilung einer neuen Fahrerlaubnis eine neue Probezeit, jedoch nur im Umfang der Restdauer der vorherigen Probezeit.

(2) Ist gegen den Inhaber einer Fahrerlaubnis wegen einer innerhalb der Probezeit begangenen Straftat oder Ordnungswidrigkeit eine rechtskräftige Entscheidung ergangen, die nach § 28 Absatz 3 Nummer 1 und 3 in das Fahreignungsregister einzutragen ist, so hat, auch wenn die Probezeit zwischenzeitlich abgelaufen oder die Fahrerlaubnis nach § 6e Absatz 2 widerrufen worden ist, die Fahrerlaubnisbehörde
1. seine Teilnahme an einem Aufbauseminar anzuordnen und hierfür eine Frist zu setzen, wenn er eine schwerwiegende oder zwei weniger schwerwiegende Zuwiderhandlungen begangen hat,
2. ihn schriftlich zu verwarnen und ihm nahezulegen, innerhalb von zwei Monaten an einer verkehrspsychologischen Beratung nach Absatz 7 teilzunehmen, wenn er nach Teilnahme an einem Aufbauseminar innerhalb der Probezeit eine weitere schwerwiegende oder zwei weitere weniger schwerwiegende Zuwiderhandlungen begangen hat,
3. ihm die Fahrerlaubnis zu entziehen, wenn er nach Ablauf der in Nummer 2 genannten Frist innerhalb der Probezeit eine weitere schwerwiegende oder zwei weitere weniger schwerwiegende Zuwiderhandlungen begangen hat.

Die Fahrerlaubnisbehörde ist bei den Maßnahmen nach den Nummern 1 bis 3 an die rechtskräftige Entscheidung über die Straftat oder Ordnungswidrigkeit gebunden.

(2a) Die Probezeit verlängert sich um zwei Jahre, wenn die Teilnahme an einem Aufbauseminar nach Absatz 2 Satz 1 Nr. 1 angeordnet worden ist. Die Probezeit verlängert sich außerdem um zwei Jahre, wenn die Anordnung nur deshalb nicht erfolgt ist, weil die Fahrerlaubnis entzogen worden ist oder der Inhaber der Fahrerlaubnis auf sie verzichtet hat.

(3) Ist der Inhaber einer Fahrerlaubnis einer vollziehbaren Anordnung der zuständigen Behörde nach Absatz 2 Satz 1 Nr. 1 in der festgesetzten Frist nicht nachgekommen, so ist die Fahrerlaubnis zu entziehen.

(4) Die Entziehung der Fahrerlaubnis nach § 3 bleibt unberührt; die zuständige Behörde kann insbesondere auch die Beibringung eines Gutachtens einer amtlich anerkannten Begutachtungsstelle für Fahreignung anordnen, wenn der Inhaber einer Fahrerlaubnis innerhalb der Probezeit Zuwiderhandlungen begangen hat, die nach den Umständen des Einzelfalls bereits Anlass zu der Annahme geben, dass er zum Führen von Kraftfahrzeugen ungeeignet ist. Hält die Behörde auf Grund des Gutachtens seine Nichteignung nicht für erwiesen, so hat sie die Teilnahme an einem Aufbauseminar anzuordnen, wenn der Inhaber der Fahrerlaubnis an einem solchen Kurs nicht bereits teilgenommen hatte. Absatz 3 gilt entsprechend.

(5) Ist eine Fahrerlaubnis entzogen worden

1. nach § 3 oder nach § 4 Absatz 5 Satz 1 Nummer 3 dieses Gesetzes, weil innerhalb der Probezeit Zuwiderhandlungen begangen wurden, oder nach § 69 oder § 69b des Strafgesetzbuches,
2. nach Absatz 3, weil einer Anordnung zur Teilnahme an einem Aufbauseminar nicht nachgekommen wurde,

oder wurde die Fahrerlaubnis nach § 6e Absatz 2 widerrufen, so darf eine neue Fahrerlaubnis unbeschadet der übrigen Voraussetzungen nur erteilt werden, wenn der Antragsteller nachweist, dass er an einem Aufbauseminar teilgenommen hat. Das Gleiche gilt, wenn der Antragsteller nur deshalb nicht an einem angeordneten Aufbauseminar teilgenommen hat oder die Anordnung nur deshalb nicht erfolgt ist, weil die Fahrerlaubnis aus anderen Gründen entzogen worden ist oder er zwischenzeitlich auf die Fahrerlaubnis verzichtet hat. Ist die Fahrerlaubnis nach Absatz 2 Satz 1 Nr. 3 entzogen worden, darf eine neue Fahrerlaubnis frühestens drei Monate nach Wirksamkeit der Entziehung erteilt werden; die Frist beginnt mit der Ablieferung des Führerscheins. Auf eine mit der Erteilung einer Fahrerlaubnis nach vorangegangener Entziehung gemäß Absatz 1 Satz 7 beginnende neue Probezeit ist Absatz 2 nicht anzuwenden. Die zuständige Behörde hat in diesem Fall in der Regel die Beibringung eines Gutachtens einer amtlich anerkannten Begutachtungsstelle für Fahreignung anzuordnen, sobald der Inhaber einer Fahrerlaubnis innerhalb der neuen Probezeit erneut eine schwerwiegende oder zwei weniger schwerwiegende Zuwiderhandlungen begangen hat.

(6) Widerspruch und Anfechtungsklage gegen die Anordnung des Aufbauseminars nach Absatz 2 Satz 1 Nr. 1 und Absatz 4 Satz 2 sowie die Entziehung der Fahrerlaubnis nach Absatz 2 Satz 1 Nr. 3 und Absatz 3 haben keine aufschiebende Wirkung.

(7) In der verkehrspsychologischen Beratung
soll der Inhaber einer Fahrerlaubnis auf Probe veranlasst werden, Mängel in seiner Einstellung zum Straßenverkehr und im verkehrssicheren Verhalten zu erkennen und die Bereitschaft zu entwickeln, diese Mängel abzubauen. Die Beratung findet in Form eines Einzelgesprächs statt. Sie kann durch eine Fahrprobe ergänzt werden, wenn der Berater dies für erforderlich hält. Der Berater soll die Ursachen der Mängel aufklären und Wege zu ihrer Beseitigung aufzeigen. Erkenntnisse aus der Beratung sind nur für den Inhaber einer Fahrerlaubnis auf Probe bestimmt und nur diesem mitzuteilen. Der Inhaber einer Fahrerlaubnis auf Probe erhält jedoch eine Bescheinigung über die Teilnahme zur Vorlage bei der nach Landesrecht zuständigen Behörde. Die Beratung darf nur von einer Person durchgeführt werden, die hierfür amtlich anerkannt ist. Die amtliche Anerkennung ist zu erteilen, wenn der Bewerber
1. persönlich zuverlässig ist,
2. über den Abschluss eines Hochschulstudiums als Diplom-Psychologe oder eines gleichwertigen Masterabschlusses in Psychologie verfügt und

3. eine Ausbildung und Erfahrungen in der Verkehrspsychologie nach näherer Bestimmung durch Rechtsverordnung nach § 6 Absatz 1 Nummer 1 Buchstabe u nachweist.

§ 4 Fahreignungs-Bewertungssystem

(1) Zum Schutz vor Gefahren, die von Inhabern einer Fahrerlaubnis ausgehen, die wiederholt gegen die die Sicherheit des Straßenverkehrs betreffenden straßenverkehrsrechtlichen oder gefahrgutbeförderungsrechtlichen Vorschriften verstoßen, hat die nach Landesrecht zuständige Behörde die in Absatz 5 genannten Maßnahmen (Fahreignungs-Bewertungssystem) zu ergreifen. Den in Satz 1 genannten Vorschriften stehen jeweils Vorschriften gleich, die dem Schutz
1. von Maßnahmen zur Rettung aus Gefahren für Leib und Leben von Menschen oder
2. zivilrechtlicher Ansprüche Unfallbeteiligter
dienen. Das Fahreignungs-Bewertungssystem ist nicht anzuwenden, wenn sich die Notwendigkeit früherer oder anderer die Fahreignung betreffender Maßnahmen nach den Vorschriften über die Entziehung der Fahrerlaubnis nach § 3 Absatz 1 oder einer auf Grund § 6 Absatz 1 Nummer 1 erlassenen Rechtsverordnung ergibt. Das Fahreignungs-Bewertungssystem und die Regelungen über die Fahrerlaubnis auf Probe sind nebeneinander anzuwenden.

(2) Für die Anwendung des Fahreignungs-Bewertungssystems sind die in einer Rechtsverordnung nach § 6 Absatz 1 Nummer 1 Buchstabe s bezeichneten Straftaten und Ordnungswidrigkeiten maßgeblich. Sie werden nach Maßgabe der in Satz 1 genannten Rechtsverordnung wie folgt bewertet:
1. Straftaten mit Bezug auf die Verkehrssicherheit oder gleichgestellte Straftaten, sofern in der Entscheidung über die Straftat die Entziehung der Fahrerlaubnis nach den §§ 69 und 69b des Strafgesetzbuches oder eine Sperre nach § 69a Absatz 1 Satz 3 des Strafgesetzbuches angeordnet worden ist, mit drei Punkten,
2. Straftaten mit Bezug auf die Verkehrssicherheit oder gleichgestellte Straftaten, sofern sie nicht von Nummer 1 erfasst sind, und besonders verkehrssicherheitsbeeinträchtigende oder gleichgestellte Ordnungswidrigkeiten jeweils mit zwei Punkten und
3. verkehrssicherheitsbeeinträchtigende oder gleichgestellte Ordnungswidrigkeiten mit einem Punkt.
Punkte ergeben sich mit der Begehung der Straftat oder Ordnungswidrigkeit, sofern sie rechtskräftig geahndet wird. Soweit in Entscheidungen über Straftaten oder Ordnungswidrigkeiten auf Tateinheit entschieden worden ist, wird nur die Zuwiderhandlung mit der höchsten Punktzahl berücksichtigt.

A. StVG § 7

(3) Wird eine Fahrerlaubnis erteilt, dürfen Punkte für vor der Erteilung rechtskräftig gewordene Entscheidungen über Zuwiderhandlungen nicht mehr berücksichtigt werden. Diese Punkte werden gelöscht. Die Sätze 1 und 2 gelten auch, wenn
1. die Fahrerlaubnis entzogen,
2. eine Sperre nach § 69a Absatz 1 Satz 3 des Strafgesetzbuches angeordnet oder
3. auf die Fahrerlaubnis verzichtet
worden ist und die Fahrerlaubnis danach neu erteilt wird. Die Sätze 1 und 2 gelten nicht bei
1. Entziehung der Fahrerlaubnis nach § 2a Absatz 3,
2. Verlängerung einer Fahrerlaubnis oder
3. Erteilung nach Erlöschen einer befristet erteilten Fahrerlaubnis.

(4) Inhaber einer Fahrerlaubnis mit einem Punktestand von einem Punkt bis zu drei Punkten sind mit der Speicherung der zugrunde liegenden Entscheidungen nach § 28 Absatz 3 Nummer 1 oder 3 für die Zwecke des Fahreignungs-Bewertungssystems vorgemerkt.

(5) Die nach Landesrecht zuständige Behörde hat gegenüber den Inhabern einer Fahrerlaubnis folgende Maßnahmen stufenweise zu ergreifen, sobald sich in der Summe folgende Punktestände ergeben:
1. Ergeben sich vier oder fünf Punkte, ist der Inhaber einer Fahrerlaubnis beim Erreichen eines dieser Punktestände schriftlich zu ermahnen;
2. ergeben sich sechs oder sieben Punkte, ist der Inhaber einer Fahrerlaubnis beim Erreichen eines dieser Punktestände schriftlich zu verwarnen;
3. ergeben sich acht oder mehr Punkte, gilt der Inhaber einer Fahrerlaubnis als ungeeignet zum Führen von Kraftfahrzeugen und die Fahrerlaubnis ist zu entziehen.

Die Ermahnung nach Satz 1 Nummer 1 und die Verwarnung nach Satz 1 Nummer 2 enthalten daneben den Hinweis, dass ein Fahreignungsseminar nach § 4a freiwillig besucht werden kann, um das Verkehrsverhalten zu verbessern; im Fall der Verwarnung erfolgt zusätzlich der Hinweis, dass hierfür kein Punktabzug gewährt wird. In der Verwarnung nach Satz 1 Nummer 2 ist darüber zu unterrichten, dass bei Erreichen von acht Punkten die Fahrerlaubnis entzogen wird. Die nach Landesrecht zuständige Behörde ist bei den Maßnahmen nach Satz 1 an die rechtskräftige Entscheidung über die Straftat oder die Ordnungswidrigkeit gebunden. Sie hat für das Ergreifen der Maßnahmen nach Satz 1 auf den Punktestand abzustellen, der sich zum Zeitpunkt der Begehung der letzten zur Ergreifung der Maßnahme führenden Straftat oder Ordnungswidrigkeit ergeben hat. Bei der Berechnung des Punktestandes werden nur die Zuwiderhandlungen berücksichtigt, deren Tilgungsfrist zu dem in Satz 5 genannten Zeitpunkt noch nicht abgelaufen war. Spätere Verringerungen des Punktestandes auf Grund von Tilgungen bleiben unberücksichtigt.

§ 7 Anhang

(6) Ergibt sich ein Punktestand, auf Grund dessen die nach Landesrecht zuständige Behörde Maßnahmen nach Absatz 5 Satz 1 Nummer 2 oder 3 zu ergreifen hat, darf sie diese Maßnahmen nur ergreifen, wenn die jeweils davor liegende Maßnahme nach Absatz 5 Satz 1 Nummer 1 oder 2 bereits zuvor ergriffen worden ist. Erreicht oder überschreitet der Inhaber einer Fahrerlaubnis sechs oder acht Punkte, ohne dass die nach Landesrecht zuständige Behörde die Maßnahme nach Absatz 5 Satz 1 Nummer 1 ergriffen hat, verringert sich der Punktestand auf fünf Punkte. Erreicht oder überschreitet der Inhaber einer Fahrerlaubnis acht Punkte, ohne dass die nach Landesrecht zuständige Behörde die Maßnahme nach Absatz 5 Satz 1 Nummer 2 ergriffen hat, verringert sich der Punktestand auf sieben Punkte. Spätere Verringerungen auf Grund von Tilgungen werden von dem sich nach den Sätzen 2 oder 3 ergebenden Punktestand abgezogen.

(7) Nehmen Inhaber einer Fahrerlaubnis freiwillig an einem Fahreignungsseminar teil und legen sie hierüber der nach Landesrecht zuständigen Behörde innerhalb von zwei Wochen nach Beendigung des Seminars eine Teilnahmebescheinigung vor, wird ihnen bei einem Punktestand von ein bis fünf Punkten ein Punkt abgezogen; maßgeblich ist der Punktestand zum Zeitpunkt der Ausstellung der Teilnahmebescheinigung. Der Besuch eines Fahreignungsseminars führt jeweils nur einmal innerhalb von fünf Jahren zu einem Punktabzug. Für den zu verringernden Punktestand und die Berechnung der Fünfjahresfrist ist jeweils das Ausstellungsdatum der Teilnahmebescheinigung maßgeblich.

(8) Zur Vorbereitung der Maßnahmen nach Absatz 5 hat das Kraftfahrt-Bundesamt bei Erreichen der jeweiligen Punktestände nach Absatz 5, auch in Verbindung mit den Absätzen 6 und 7, der nach Landesrecht zuständigen Behörde die vorhandenen Eintragungen aus dem Fahreignungsregister zu übermitteln. Unabhängig von Satz 1 hat das Kraftfahrt-Bundesamt bei jeder Entscheidung, die wegen einer Zuwiderhandlung nach
1. § 315c Absatz 1 Nummer 1 Buchstabe a des Strafgesetzbuches,
2. den §§ 316 oder 323a des Strafgesetzbuches oder
3. den §§ 24a oder 24c
ergangen ist, der nach Landesrecht zuständigen Behörde die vorhandenen Eintragungen aus dem Fahreignungsregister zu übermitteln.

(9) Widerspruch und Anfechtungsklage gegen die Entziehung nach Absatz 5 Satz 1 Nummer 3 haben keine aufschiebende Wirkung.

(10) Ist die Fahrerlaubnis nach Absatz 5 Satz 1 Nummer 3 entzogen worden, darf eine neue Fahrerlaubnis frühestens sechs Monate nach Wirksamkeit der Entziehung erteilt werden. Das gilt auch bei einem Verzicht auf die Fahrerlaubnis, wenn zum Zeitpunkt der Wirksamkeit des Verzichtes mindestens zwei Entscheidungen nach § 28 Absatz 3 Nummer 1 oder 3 gespeichert waren. Die Frist nach Satz 1, auch in Ver-

bindung mit Satz 2, beginnt mit der Ablieferung des Führerscheins nach § 3 Absatz 2 Satz 3 in Verbindung mit dessen Satz 4. In den Fällen des Satzes 1, auch in Verbindung mit Satz 2, hat die nach Landesrecht zuständige Behörde unbeschadet der Erfüllung der sonstigen Voraussetzungen für die Erteilung der Fahrerlaubnis zum Nachweis, dass die Eignung zum Führen von Kraftfahrzeugen wiederhergestellt ist, in der Regel die Beibringung eines Gutachtens einer amtlich anerkannten Begutachtungsstelle für Fahreignung anzuordnen."

§ 4a Fahreignungsseminar

(1) Mit dem Fahreignungsseminar soll erreicht werden, dass die Teilnehmer sicherheitsrelevante Mängel in ihrem Verkehrsverhalten und insbesondere in ihrem Fahrverhalten erkennen und abbauen. Hierzu sollen die Teilnehmer durch die Vermittlung von Kenntnissen zum Straßenverkehrsrecht, zu Gefahrenpotenzialen und zu verkehrssicherem Verhalten im Straßenverkehr, durch Analyse und Korrektur verkehrssicherheitsgefährdender Verhaltensweisen sowie durch Aufzeigen der Bedingungen und Zusammenhänge des regelwidrigen Verkehrsverhaltens veranlasst werden.

(2) Das Fahreignungsseminar besteht aus einer verkehrspädagogischen und aus einer verkehrspsychologischen Teilmaßnahme, die aufeinander abzustimmen sind. Zur Durchführung sind berechtigt
1. für die verkehrspädagogische Teilmaßnahme Fahrlehrer, die über eine Seminarerlaubnis Verkehrspädagogik nach § 31a des Fahrlehrergesetzes und
2. für die verkehrspsychologische Teilmaßnahme Personen, die über eine Seminarerlaubnis Verkehrspsychologie nach Absatz 3 verfügen.

(3) Wer die verkehrspsychologische Teilmaßnahme des Fahreignungsseminars im Sinne des Absatzes 2 Satz 2 Nummer 2 durchführt, bedarf der Erlaubnis (Seminarerlaubnis Verkehrspsychologie). Die Seminarerlaubnis Verkehrspsychologie wird durch die nach Landesrecht zuständige Behörde erteilt. Die nach Landesrecht zuständige Behörde kann nachträglich Auflagen anordnen, soweit dies erforderlich ist, um die Einhaltung der Anforderungen an Fahreignungsseminare und deren ordnungsgemäße Durchführung sicherzustellen. § 7 des Fahrlehrergesetzes gilt entsprechend.

(4) Die Seminarerlaubnis Verkehrspsychologie wird auf Antrag erteilt, wenn der Bewerber
1. über einen Abschluss eines Hochschulstudiums als Diplom-Psychologe oder einen gleichwertigen Master-Abschluss in Psychologie verfügt,
2. eine verkehrspsychologische Ausbildung an einer Universität oder gleichgestellten Hochschule oder Stelle, die sich mit der Begutachtung oder Wiederherstellung der Kraftfahreignung befasst, oder eine fachpsychologische Qualifikation nach dem Stand der Wissenschaft durchlaufen hat,
3. über Erfahrungen in der Verkehrspsychologie

§ 7 Anhang

    a) durch eine mindestens dreijährige Begutachtung von Kraftfahrern an einer Begutachtungsstelle für Fahreignung oder eine mindestens dreijährige Durchführung von besonderen Aufbauseminaren oder von Kursen zur Wiederherstellung der Kraftfahreignung,

    b) durch eine mindestens fünfjährige freiberufliche verkehrspsychologische Tätigkeit, deren Nachweis durch Bestätigungen von Behörden oder Begutachtungsstellen für Fahreignung oder durch die Dokumentation von zehn Therapiemaßnahmen für verkehrsauffällige Kraftfahrer, die mit einer positiven Begutachtung abgeschlossen wurden, erbracht werden kann, oder

    c) durch eine mindestens dreijährige freiberufliche verkehrspsychologische Tätigkeit nach vorherigem Erwerb einer Qualifikation als klinischer Psychologe oder Psychotherapeut nach dem Stand der Wissenschaft verfügt und

4. im Fahreignungsregister mit nicht mehr als zwei Punkten belastet ist. Die Erlaubnis ist zu versagen, wenn Tatsachen vorliegen, die Bedenken gegen die Zuverlässigkeit des Antragstellers begründen.

(5) Die Seminarerlaubnis Verkehrspsychologie ist zurückzunehmen, wenn bei ihrer Erteilung eine der Voraussetzungen des Absatzes 4 nicht vorgelegen hat. Die nach Landesrecht zuständige Behörde kann von der Rücknahme absehen, wenn der Mangel nicht mehr besteht. Die Seminarerlaubnis Verkehrspsychologie ist zu widerrufen, wenn nachträglich eine der in Absatz 4 genannten Voraussetzungen weggefallen ist. Bedenken gegen die Zuverlässigkeit bestehen insbesondere dann, wenn der Seminarleiter wiederholt die Pflichten grob verletzt hat, die ihm nach diesem Gesetz oder den auf ihm beruhenden Rechtsverordnungen obliegen.

(6) Der Inhaber einer Seminarerlaubnis Verkehrspsychologie hat die personenbezogenen Daten, die ihm als Seminarleiter der verkehrspsychologischen Teilmaßnahme bekannt geworden sind, zu speichern und fünf Jahre nach der Ausstellung einer vorgeschriebenen Teilnahmebescheinigung unverzüglich zu löschen. Die Daten nach Satz 1 dürfen

1. vom Inhaber der Seminarerlaubnis Verkehrspsychologie längstens neun Monate nach der Ausstellung der Teilnahmebescheinigung für die Durchführung des jeweiligen Fahreignungsseminars genutzt werden,

2. vom Inhaber der Seminarerlaubnis Verkehrspsychologie der Bundesanstalt für Straßenwesen übermittelt und von dieser zur Evaluierung nach § 4b genutzt werden,

3. von der Bundesanstalt für Straßenwesen oder in ihrem Auftrag an Dritte, die die Evaluierung nach § 4b im Auftrag der Bundesanstalt für Straßenwesen durchführen oder an ihr beteiligt sind, übermittelt und von den Dritten für die Evaluierung genutzt werden,

4. vom Inhaber der Seminarerlaubnis Verkehrspsychologie ausschließlich in Gestalt von Name, Vorname, Geburtsdatum und Anschrift des Seminarteilnehmers sowie dessen Unterschrift zur Teilnahmebestätigung

a) der nach Landesrecht zuständigen Behörde übermittelt und von dieser zur Überwachung nach Absatz 8 genutzt werden,

b) an Dritte, die ein von der zuständigen Behörde genehmigtes Qualitätssicherungssystem nach Absatz 8 Satz 6 betreiben und an dem der Inhaber der Seminarerlaubnis Verkehrspsychologie teilnimmt, übermittelt und im Rahmen dieses Qualitätssicherungssystems genutzt werden. Die Empfänger nach Satz 2 haben die Daten unverzüglich zu löschen, wenn sie nicht mehr für die in Satz 2 jeweils genannten Zwecke benötigt werden, spätestens jedoch fünf Jahre nach der Ausstellung der Teilnahmebescheinigung nach Satz 1.

(7) Jeder Inhaber einer Seminarerlaubnis Verkehrspsychologie hat jährlich an einer insbesondere die Fahreignung betreffenden verkehrspsychologischen Fortbildung von mindestens sechs Stunden teilzunehmen.

(8) Die Durchführung der verkehrspsychologischen Teilmaßnahme des Fahreignungsseminars unterliegt der Überwachung der nach Landesrecht zuständigen Behörde. Die nach Landesrecht zuständige Behörde kann sich bei der Überwachung geeigneter Personen oder Stellen nach Landesrecht bedienen. Die nach Landesrecht zuständige Behörde hat mindestens alle zwei Jahre an Ort und Stelle zu prüfen, ob die gesetzlichen Anforderungen an die Durchführung der verkehrspsychologischen Teilmaßnahme eingehalten werden. Der Inhaber der Seminarerlaubnis Verkehrspsychologie hat die Prüfung zu ermöglichen. Die in Satz 3 genannte Frist kann von der nach Landesrecht zuständigen Behörde auf vier Jahre verlängert werden, wenn in zwei aufeinanderfolgenden Überprüfungen keine oder nur geringfügige Mängel festgestellt worden sind. Die nach Landesrecht zuständige Behörde kann von der wiederkehrenden Überwachung nach den Sätzen 1 bis 5 absehen, wenn der Inhaber einer Seminarerlaubnis Verkehrspsychologie sich einem von der nach Landesrecht zuständigen Behörde anerkannten Qualitätssicherungssystem angeschlossen hat. Im Fall des Satzes 6 bleibt die Befugnis der nach Landesrecht zuständigen Behörde zur Überwachung im Sinne der Sätze 1 bis 5 unberührt. Das Bundesministerium für Verkehr, Bau und Stadtentwicklung soll durch Rechtsverordnung mit Zustimmung des Bundesrates Anforderung an Qualitätssicherungssysteme und Regeln für die Durchführung der Qualitätssicherung bestimmen.

§ 4b Evaluierung

Das Fahreignungsseminar, die Vorschriften hierzu und der Vollzug werden von der Bundesanstalt für Straßenwesen wissenschaftlich begleitet und evaluiert. Die Evaluierung hat insbesondere zu untersuchen, ob das Fahreignungsseminar eine verhaltensverbessernde Wirkung im Hinblick auf die Verkehrssicherheit hat. Die Bundesanstalt für Straßenwesen legt das Ergebnis der Evaluierung bis zum 1. Mai 2019 dem Bundesministerium für Ver-

§ 7 Anhang

kehr, Bau und Stadtentwicklung in einem Bericht zur Weiterleitung an den Deutschen Bundestag vor.

(...)

§ 6 Ausführungsvorschriften

6 (1) Das Bundesministerium für Verkehr, Bau und Stadtentwicklung wird ermächtigt, Rechtsverordnungen mit Zustimmung des Bundesrates zu erlassen über
   1. die Zulassung von Personen zum Straßenverkehr, insbesondere über
      a) Ausnahmen von der Fahrerlaubnispflicht nach § 2 Abs. 1 Satz 1, Anforderungen für das Führen fahrerlaubnisfreier Kraftfahrzeuge, Ausnahmen von einzelnen Erteilungsvoraussetzungen nach § 2 Abs. 2 Satz 1 und vom Erfordernis der Begleitung und Beaufsichtigung durch einen Fahrlehrer nach § 2 Abs. 15 Satz 1,
      b) den Inhalt der Fahrerlaubnisklassen nach § 2 Abs. 1 Satz 2 und der besonderen Erlaubnis nach § 2 Abs. 3, die Gültigkeitsdauer der Fahrerlaubnis der Klassen C und D, ihrer Unterklassen und Anhängerklassen, die Gültigkeitsdauer der Führerscheine und der besonderen Erlaubnis nach § 2 Abs. 3 sowie Auflagen und Beschränkungen zur Fahrerlaubnis und der besonderen Erlaubnis nach § 2 Abs. 3,
      c) die Anforderungen an die Eignung zum Führen von Kraftfahrzeugen, die Beurteilung der Eignung durch Gutachten sowie die Feststellung und Überprüfung der Eignung durch die Fahrerlaubnisbehörde nach § 2 Abs. 2 Satz 1 Nr. 3 in Verbindung mit Abs. 4, 7 und 8,
      d) die Maßnahmen zur Beseitigung von Eignungsmängeln, insbesondere Inhalt und Dauer entsprechender Kurse, die Teilnahme an solchen Kursen, die Anforderungen an die Kursleiter sowie die Zertifizierung der Qualitätssicherung, deren Inhalt einschließlich der hierfür erforderlichen Verarbeitung und Nutzung personenbezogener Daten und die Begutachtung, einschließlich der verfahrensmäßigen und fachwissenschaftlichen Anforderungen, der für die Qualitätssicherung verantwortlichen Stellen oder Personen durch die Bundesanstalt für Straßenwesen, um die ordnungsgemäße Durchführung der Kurse zu gewährleisten, wobei ein Erfahrungsaustausch unter Leitung der Bundesanstalt für Straßenwesen vorgeschrieben werden kann,
      e) die Prüfung der Befähigung zum Führen von Kraftfahrzeugen, insbesondere über die Zulassung zur Prüfung sowie über Inhalt, Gliederung, Verfahren, Bewertung, Entscheidung und Wiederholung der Prüfung nach § 2 Abs. 2 Satz 1 Nr. 5 in Verbindung mit Abs. 5, 7 und 8 sowie die Erprobung neuer Prüfungsverfahren,

f) die Prüfung der umweltbewussten und energiesparenden Fahrweise nach § 2 Abs. 2 Satz 1 Nr. 5 in Verbindung mit Abs. 5 Nr. 4,
g) die nähere Bestimmung der sonstigen Voraussetzungen nach § 2 Abs. 2 Satz 1 und 2 für die Erteilung der Fahrerlaubnis und die Voraussetzungen der Erteilung der besonderen Erlaubnis nach § 2 Abs. 3,
h) den Nachweis der Personendaten, das Lichtbild sowie die Mitteilung und die Nachweise über das Vorliegen der Voraussetzungen im Antragsverfahren nach § 2 Abs. 6,
i) die Sonderbestimmungen bei Dienstfahrerlaubnissen nach § 2 Abs. 10 und die Erteilung von allgemeinen Fahrerlaubnissen auf Grund von Dienstfahrerlaubnissen,
j) die Zulassung und Registrierung von Inhabern ausländischer Fahrerlaubnisse und die Behandlung abgelieferter ausländischer Führerscheine nach § 2 Abs. 11 und § 3 Abs. 2,
k) die Anerkennung oder Beauftragung von Stellen oder Personen nach § 2 Abs. 13, die Aufsicht über sie, die Übertragung dieser Aufsicht auf andere Einrichtungen, die Zertifizierung der Qualitätssicherung, deren Inhalt einschließlich der hierfür erforderlichen Verarbeitung und Nutzung personenbezogener Daten und die Begutachtung, einschließlich der verfahrensmäßigen und fachwissenschaftlichen Anforderungen, der für die Qualitätssicherung verantwortlichen Stellen oder Personen durch die Bundesanstalt für Straßenwesen, um die ordnungsgemäße und gleichmäßige Durchführung der Beurteilung, Prüfung oder Ausbildung nach § 2 Abs. 13 zu gewährleisten, wobei ein Erfahrungsaustausch unter Leitung der Bundesanstalt für Straßenwesen vorgeschrieben werden kann, sowie die Verarbeitung und Nutzung personenbezogener Daten für die mit der Anerkennung oder Beauftragung bezweckte Aufgabenerfüllung nach § 2 Abs. 14,
l) Ausnahmen von der Probezeit, die Anrechnung von Probezeiten bei der Erteilung einer allgemeinen Fahrerlaubnis an Inhaber von Dienstfahrerlaubnissen nach § 2a Abs. 1, den Vermerk über die Probezeit im Führerschein,
m) die Einstufung der im Verkehrszentralregister gespeicherten Entscheidungen über Straftaten und Ordnungswidrigkeiten als schwerwiegend oder weniger schwerwiegend für die Maßnahmen nach den Regelungen der Fahrerlaubnis auf Probe gemäß § 2a Abs. 2,
n) die Anforderungen an die Aufbauseminare, besonderen Aufbauseminare und Fahreignungsseminare, insbesondere an Inhalt, Methoden und Dauer, einschließlich der Befugnis der nach Landesrecht zuständigen Behörde zur Feststellung der Gleichwertigkeit anderer Inhalte und Methoden, die Teilnahme an den Seminaren nach § 2b Absatz 1 und 2, die Anforderungen

§ 7 Anhang

an die Seminarleiter und deren Anerkennung nach § 2b Absatz 2 Satz 2 oder deren Seminarerlaubnis nach § 4a Absatz 2, die Anforderungen an die Qualitätssicherung, deren Inhalt und Methoden einschließlich der hierfür erforderlichen Erhebung, Verarbeitung und Nutzung personenbezogener Daten, die Anforderungen an die Begutachtung und die Überwachung der Einhaltung der Anforderungen sowie Ausnahmen von der Überwachung einschließlich der Befugnis der nach Landesrecht zuständigen Behörde zur Genehmigung eines Qualitätssicherungssystems, wobei eine Bewertung des Qualitätssicherungssystems durch die Bundesanstalt für Straßenwesen und ein Erfahrungsaustausch unter Leitung der Bundesanstalt für Straßenwesen vorgeschrieben werden können,

o) die Übermittlung der Daten nach § 2c, insbesondere über den Umfang der zu übermittelnden Daten und die Art der Übermittlung,

p) Maßnahmen zur Erzielung einer verantwortungsbewussteren Einstellung im Straßenverkehr und damit zur Senkung der besonderen Unfallrisiken von Fahranfängern
 – durch eine Ausbildung, die schulische Verkehrserziehung mit der Ausbildung nach den Vorschriften des Fahrlehrergesetzes verknüpft, als Voraussetzung für die Erteilung der Fahrerlaubnis im Sinne des § 2 Abs. 2 Satz 1 Nr. 4 und
 – durch die freiwillige Fortbildung in geeigneten Seminaren nach Erwerb der Fahrerlaubnis mit der Möglichkeit der Abkürzung der Probezeit, insbesondere über Inhalt und Dauer der Seminare, die Anforderungen an die Seminarleiter und die Personen, die im Rahmen der Seminare praktische Fahrübungen auf hierfür geeigneten Flächen durchführen, die Anerkennung und die Aufsicht über sie, die Qualitätssicherung, deren Inhalt und die wissenschaftliche Begleitung einschließlich der hierfür erforderlichen Verarbeitung und Nutzung personenbezogener Daten sowie über die, auch zunächst nur zur modellhaften Erprobung befristete, Einführung in den Ländern durch die obersten Landesbehörden, die von ihr bestimmten oder nach Landesrecht zuständigen Stellen,

q) die Maßnahmen bei bedingt geeigneten oder ungeeigneten oder bei nicht befähigten Fahrerlaubnisinhabern oder bei Zweifeln an der Eignung oder Befähigung nach § 3 Abs. 1 sowie die Ablieferung, die Vorlage und die weitere Behandlung der Führerscheine nach § 3 Abs. 2,

r) die Neuerteilung der Fahrerlaubnis nach vorangegangener Entziehung oder vorangegangenem Verzicht und die Erteilung des Rechts, nach vorangegangener Entziehung oder vorangegangenem Verzicht von einer ausländischen Fahrerlaubnis wieder Gebrauch zu machen nach § 3 Abs. 6,

s) die Bezeichnung der Straftaten und Ordnungswidrigkeiten, auch soweit sie gefahrgutrechtliche Vorschriften oder im Sinne des § 4 Absatz 1 Satz 2 gleichgestellte Vorschriften betreffen, die als Entscheidungen im Rahmen des Fahreignungs-Bewertungssystems zugrunde zu legen sind und die Bewertung dieser
aa) Straftaten mit Bezug auf die Verkehrssicherheit,
aaa) sofern in der Entscheidung über die Straftat die Entziehung der Fahrerlaubnis nach den §§ 69 und 69b des Strafgesetzbuches oder eine Sperre nach § 69a Absatz 1 Satz 3 des Strafgesetzbuches angeordnet worden ist, mit drei Punkten oder
bbb) in den übrigen Fällen mit zwei Punkten,
bb) Ordnungswidrigkeiten als
aaa) besonders verkehrssicherheitsbeeinträchtigende Ordnungswidrigkeit mit zwei Punkten oder
bbb) verkehrssicherheitsbeeinträchtigende Ordnungswidrigkeit mit einem Punkt;
der Bezeichnung der Straftaten ist deren Bedeutung für die Sicherheit im Straßenverkehr zugrunde zu legen, der Bezeichnung und der Bewertung der Ordnungswidrigkeiten sind deren jeweilige Bedeutung für die Sicherheit des Straßenverkehrs und die Höhe des angedrohten Regelsatzes der Geldbuße zugrunde zu legen,
t) (*weggefallen*)
u) die Anforderungen an die verkehrspsychologische Beratung, insbesondere über Inhalt und Dauer der Beratung, die Teilnahme an der Beratung sowie die Anforderungen an die Berater und ihre Anerkennung nach § 2a Absatz 7,
v) die Herstellung, Lieferung und Gestaltung des Musters des Führerscheins und dessen Ausfertigung sowie die Bestimmung, wer die Herstellung und Lieferung durchführt, nach § 2 Abs. 1 Satz 3,
w) die Zuständigkeit und das Verfahren bei Verwaltungsmaßnahmen nach diesem Gesetz und den auf diesem Gesetz beruhenden Rechtsvorschriften sowie die Befugnis der nach Landesrecht zuständigen Stellen, Ausnahmen von § 2 Abs. 1 Satz 3, Abs. 2 Satz 1 und 2, Abs. 15, § 2a Absatz 2 Satz 1 Nummer 1 bis 3 und Absatz 7 Satz 7 Nummer 3, § 2b Abs. 1, § 4 Absatz 5 Satz 1 Nummer 3, Absatz 10 sowie Ausnahmen von den auf diesem Gesetz beruhenden Rechtsvorschriften zuzulassen,
x) den Inhalt und die Gültigkeit bisher erteilter Fahrerlaubnisse, den Umtausch von Führerscheinen, deren Muster nicht mehr ausgefertigt werden, sowie die Neuausstellung von Führerscheinen, deren Gültigkeitsdauer abgelaufen ist, und die Regelungen des Besitzstandes im Falle des Umtausches oder der Neuausstellung,

§ 7 Anhang

y) Maßnahmen, um die sichere Teilnahme sonstiger Personen am Straßenverkehr zu gewährleisten, sowie die Maßnahmen, wenn sie bedingt geeignet oder ungeeignet oder nicht befähigt zur Teilnahme am Straßenverkehr sind;

(...)

§ 6a Gebühren

7 (1) Kosten (Gebühren und Auslagen) werden erhoben

1. für Amtshandlungen, einschließlich Prüfungen und Überprüfungen im Rahmen der Qualitätssicherung, Abnahmen, Begutachtungen, Untersuchungen, Verwarnungen
   – ausgenommen Verwarnungen im Sinne des Gesetzes über Ordnungswidrigkeiten
   – und Registerauskünften
   a) nach diesem Gesetz und nach den auf diesem Gesetz beruhenden Rechtsvorschriften,
   b) nach dem Gesetz zu dem Übereinkommen vom 20. März 1958 über die Annahme einheitlicher Bedingungen für die Genehmigung der Ausrüstungsgegenstände und Teile von Kraftfahrzeugen und über die gegenseitige Anerkennung der Genehmigung vom 12. Juni 1965 (BGBl. 1965 II S. 857) in der Fassung des Gesetzes vom 20. Dezember 1968 (BGBl. 1968 II S. 1224) und nach den auf diesem Gesetz beruhenden Rechtsvorschriften,
   c) nach dem Gesetz zu dem Europäischen Übereinkommen vom 30. September 1957 über die internationale Beförderung gefährlicher Güter auf der Straße (ADR) vom 18. August 1969 (BGBl. 1969 II S. 1489) und nach den auf diesem Gesetz beruhenden Rechtsvorschriften,
   d) nach dem Fahrpersonalgesetz und den darauf beruhenden Rechtsverordnungen, soweit die Amtshandlungen vom Kraftfahrt-Bundesamt vorgenommen werden,
   e) nach dem Berufskraftfahrer-Qualifikations-Gesetz und den darauf beruhenden Rechtsverordnungen,
2. für Untersuchungen von Fahrzeugen nach dem Personenbeförderungsgesetz in der im Bundesgesetzblatt Teil III, Gliederungsnummer 9240–1, veröffentlichten bereinigten Fassung, zuletzt geändert durch Artikel 7 des Gesetzes über die unentgeltliche Beförderung Schwerbehinderter im öffentlichen Personenverkehr vom 9. Juli 1979 (BGBl. I S. 989), und nach den auf diesem Gesetz beruhenden Rechtsvorschriften,
3. für Maßnahmen im Zusammenhang mit der Stillegung von Kraftfahrzeugen und Kraftfahrzeuganhängern.

(2) Das Bundesministerium für Verkehr, Bau und Stadtentwicklung wird ermächtigt, die gebührenpflichtigen Amtshandlungen sowie die Gebührensätze für die einzelnen Amtshandlungen, einschließlich Prüfungen und Überprüfungen im Rahmen der Qualitätssicherung, Abnahmen, Begutachtungen, Untersuchungen, Verwarnungen – aus-

genommen Verwarnungen im Sinne des Gesetzes über Ordnungswidrigkeiten – und Registerauskünften im Sinne des Absatzes 1 durch Rechtsverordnung zu bestimmen und dabei feste Sätze, auch in Form von Zeitgebühren, oder Rahmensätze vorzusehen. Die Gebührensätze sind so zu bemessen, dass der mit den Amtshandlungen, einschließlich Prüfungen, Abnahmen, Begutachtungen, Untersuchungen, Verwarnungen – ausgenommen Verwarnungen im Sinne des Gesetzes über Ordnungswidrigkeiten – und Registerauskünften verbundene Personal- und Sachaufwand gedeckt wird der Sachaufwand kann den Aufwand für eine externe Begutachtung umfassen; bei begünstigenden Amtshandlungen kann daneben die Bedeutung, der wirtschaftliche Wert oder der sonstige Nutzen für den Gebührenschuldner angemessen berücksichtigt werden. Im Bereich der Gebühren der Landesbehörden übt das Bundesministerium für Verkehr, Bau und Stadtentwicklung die Ermächtigung auf der Grundlage eines Antrags oder einer Stellungnahme von mindestens fünf Ländern beim Bundesministerium für Verkehr, Bau und Stadtentwicklung aus. Der Antrag oder die Stellungnahme sind mit einer Schätzung des Personal- und Sachaufwands zu begründen. Das Bundesministerium für Verkehr, Bau und Stadtentwicklung kann die übrigen Länder ebenfalls zur Beibringung einer Schätzung des Personal- und Sachaufwands auffordern.

§ 28 Führung und Inhalt des Fahreignungsregisters
(…) 8
(3) Im Fahreignungsregister werden Daten gespeichert über
1. rechtskräftige Entscheidungen der Strafgerichte wegen einer Straftat, die in der Rechtsverordnung nach § 6 Absatz 1 Nummer 1 Buchstabe s bezeichnet ist, soweit sie auf Strafe, Verwarnung mit Strafvorbehalt erkennen oder einen Schuldspruch enthalten,
2. rechtskräftige Entscheidungen der Strafgerichte, die die Entziehung der Fahrerlaubnis, eine isolierte Sperre oder ein Fahrverbot anordnen, sofern sie nicht von Nummer 1 erfasst sind, sowie Entscheidungen der Strafgerichte, die die vorläufige Entziehung der Fahrerlaubnis anordnen,
3. rechtskräftige Entscheidungen wegen einer Ordnungswidrigkeit
    a) nach den §§ 24, 24a oder § 24c, soweit sie in der Rechtsverordnung nach § 6 Absatz 1 Nummer 1 Buchstabe s bezeichnet ist und gegen den Betroffenen
        aa) ein Fahrverbot nach § 25 angeordnet worden ist oder
        bb) eine Geldbuße von mindestens sechzig Euro festgesetzt worden ist und § 28a nichts anderes bestimmt,
    b) nach den §§ 24, 24a oder § 24c, soweit kein Fall des Buchstabens a vorliegt und ein Fahrverbot angeordnet worden ist,
    c) nach § 10 des Gefahrgutbeförderungsgesetzes, soweit sie in der Rechtsverordnung nach § 6 Absatz 1 Nummer 1 Buchstabe s bezeichnet ist,

§ 7 Anhang

4. unanfechtbare oder sofort vollziehbare Verbote oder Beschränkungen, ein fahrerlaubnisfreies Fahrzeug zu führen,
5. unanfechtbare Versagungen einer Fahrerlaubnis,
6. unanfechtbare oder sofort vollziehbare Entziehungen, Widerrufe, Aberkennungen oder Rücknahmen einer Fahrerlaubnis oder die Feststellung über die fehlende Berechtigung, von der Fahrerlaubnis im Inland Gebrauch zu machen,
7. Verzichte auf die Fahrerlaubnis,
8. unanfechtbare Ablehnungen eines Antrags auf Verlängerung der Geltungsdauer einer Fahrerlaubnis,
9. die Beschlagnahme, Sicherstellung oder Verwahrung von Führerscheinen nach § 94 der Strafprozessordnung,
10. *(aufgehoben)*
11. Maßnahmen der Fahrerlaubnisbehörde nach § 2a Abs. 2 Satz 1 Nr. 1 und 2 und § § 4 Absatz 5 Satz 1 Nr. 1 und 2,
12. die Teilnahme an einem Aufbauseminar, an einem besonderen Aufbauseminar und an einer verkehrspsychologischen Beratung, soweit dies für die Anwendung der Regelungen der Fahrerlaubnis auf Probe (§ 2a) erforderlich ist,
13. die Teilnahme an einem Fahreignungsseminar, soweit dies für die Anwendung der Regelungen des Fahreignungs-Bewertungssystems (§ 4) erforderlich ist,
14. Entscheidungen oder Änderungen, die sich auf eine der in den Nummern 1 bis 13 genannten Eintragungen beziehen.

§ 28a Eintragung beim Abweichen vom Bußgeldkatalog

(...)

Wird die Geldbuße wegen einer Ordnungswidrigkeit nach den §§ 24, 24a und § 24c lediglich mit Rücksicht auf die wirtschaftlichen Verhältnisse des Betroffenen abweichend von dem Regelsatz der Geldbuße festgesetzt, der für die zugrunde liegende Ordnungswidrigkeit im Bußgeldkatalog (§ 26a) vorgesehen ist, so ist in der Entscheidung dieser Paragraph bei den angewendeten Bußgeldvorschriften aufzuführen, wenn der Regelsatz der Geldbuße

1. sechzig Euro oder mehr beträgt und eine geringere Geldbuße festgesetzt wird oder
2. weniger als sechzig Euro beträgt und eine Geldbuße von sechzig Euro oder mehr festgesetzt wird.

In diesen Fällen ist für die Eintragung in das Fahreignungsregister der im Bußgeldkatalog vorgesehene Regelsatz maßgebend.

§ 29 Tilgung der Eintragungen

(1) Die im Register gespeicherten Eintragungen werden nach Ablauf der in Satz 2 bestimmten Fristen getilgt. Die Tilgungsfristen betragen

1. zwei Jahre und sechs Monate bei Entscheidungen über eine Ordnungswidrigkeit,
   a) die in der Rechtsverordnung nach § 6 Absatz 1 Nummer 1 Buchstabe s Doppelbuchstabe bb Dreifachbuchstabe bbb als verkehrssicherheitsbeeinträchtigende oder gleichgestellte Ordnungswidrigkeit mit einem Punkt bewertet ist oder
   b) soweit weder ein Fall des Buchstaben a noch der Nummer 2 Buchstabe b vorliegt und in der Entscheidung ein Fahrverbot angeordnet worden ist,
2. fünf Jahre
   a) bei Entscheidungen über eine Straftat, vorbehaltlich der Nummer 3 Buchstabe a,
   b) bei Entscheidungen über eine Ordnungswidrigkeit, die in der Rechtsverordnung nach § 6 Absatz 1 Nummer 1 Buchstabe s Doppelbuchstabe bb Dreifachbuchstabe aaa als besonders verkehrssicherheitsbeeinträchtigende oder gleichgestellte Ordnungswidrigkeit mit zwei Punkten bewertet ist,
   c) bei von der nach Landesrecht zuständigen Behörde verhängten Verboten oder Beschränkungen, ein fahrerlaubnisfreies Fahrzeug zu führen,
   d) bei Mitteilungen über die Teilnahme an einem Fahreignungsseminar, einem Aufbauseminar, einem besonderen Aufbauseminar oder einer verkehrspsychologischen Beratung,
3. zehn Jahre
   a) bei Entscheidungen über eine Straftat, in denen die Fahrerlaubnis entzogen oder eine isolierte Sperre angeordnet worden ist,
   b) bei Entscheidungen über Maßnahmen oder Verzichte nach § 28 Absatz 3 Nummer 5 bis 8.

Eintragungen über Maßnahmen der nach Landesrecht zuständigen Behörde nach § 2a Absatz 2 Satz 1 Nummer 1 und 2 und § 4 Absatz 5 Satz 1 Nummer 1 und 2 werden getilgt, wenn dem Inhaber einer Fahrerlaubnis die Fahrerlaubnis entzogen wird. Sonst erfolgt eine Tilgung bei den Maßnahmen nach § 2a Absatz 2 Satz 1 Nummer 1 und 2 ein Jahr nach Ablauf der Probezeit und bei Maßnahmen nach § 4 Absatz 5 Satz 1 Nummer 1 und 2 dann, wenn die letzte Eintragung wegen einer Straftat oder Ordnungswidrigkeit getilgt ist.

(2) Die Tilgungsfristen gelten nicht, wenn die Erteilung einer Fahrerlaubnis oder die Erteilung des Rechts, von einer ausländischen Fahrerlaubnis wieder Gebrauch zu machen, für immer untersagt ist.

(3) Ohne Rücksicht auf den Lauf der Fristen nach Absatz 1 und das Tilgungsverbot nach Absatz 2 werden getilgt
1. Eintragungen über Entscheidungen, wenn ihre Tilgung im Bundeszentralregister angeordnet oder wenn die Entscheidung im Wiederaufnahmeverfahren oder nach den §§ 86, 102 Abs. 2 des Gesetzes über Ordnungswidrigkeiten rechtskräftig aufgehoben wird,

§ 7 Anhang

2. Eintragungen, die in das Bundeszentralregister nicht aufzunehmen sind, wenn ihre Tilgung durch die nach Landesrecht zuständige Behörde angeordnet wird, wobei die Anordnung nur ergehen darf, wenn dies zur Vermeidung ungerechtfertigter Härten erforderlich ist und öffentliche Interessen nicht gefährdet werden,
3. Eintragungen, bei denen die zugrundeliegende Entscheidung aufgehoben wird oder bei denen nach näherer Bestimmung durch Rechtsverordnung gemäß § 30c Abs. 1 Nr. 2 eine Änderung der zugrundeliegenden Entscheidung Anlass gibt,
4. sämtliche Eintragungen, wenn eine amtliche Mitteilung über den Tod des Betroffenen eingeht.

(4) Die Tilgungsfrist (Absatz 1) beginnt
1. bei strafgerichtlichen Verurteilungen und bei Strafbefehlen mit dem Tag der Rechtskraft, wobei dieser Tag auch dann maßgebend bleibt, wenn eine Gesamtstrafe oder eine einheitliche Jugendstrafe gebildet oder nach § 30 Abs. 1 des Jugendgerichtsgesetzes auf Jugendstrafe erkannt wird oder eine Entscheidung im Wiederaufnahmeverfahren ergeht, die eine registerpflichtige Verurteilung enthält,
2. bei Entscheidungen der Gerichte nach den §§ 59, 60 des Strafgesetzbuchs und § 27 des Jugendgerichtsgesetzes mit dem Tag der Rechtskraft,
3. bei gerichtlichen und verwaltungsbehördlichen Bußgeldentscheidungen sowie bei anderen Verwaltungsentscheidungen mit dem Tag der Rechtskraft oder Unanfechtbarkeit der beschwerenden Entscheidung,
4. bei Aufbauseminaren nach § 2a Absatz 2 Satz 1 Nummer 1, verkehrspsychologischen Beratungen nach § 2a Absatz 2 Satz 1 Nummer 2 und Fahreignungsseminaren nach § 4 Absatz 7 mit dem Tag der Ausstellung der Teilnahmebescheinigung.

(5) Bei der Versagung oder Entziehung der Fahrerlaubnis wegen mangelnder Eignung, der Anordnung einer Sperre nach § 69a Abs. 1 Satz 3 des Strafgesetzbuchs oder bei einem Verzicht auf die Fahrerlaubnis beginnt die Tilgungsfrist erst mit der Erteilung oder Neuerteilung der Fahrerlaubnis, spätestens jedoch fünf Jahre nach der Rechtskraft der beschwerenden Entscheidung oder dem Tag des Zugangs der Verzichtserklärung bei der zuständigen Behörde. Bei von der nach Landesrecht zuständigen Behörde verhängten Verboten oder Beschränkungen, ein fahrerlaubnisfreies Fahrzeug zu führen, beginnt die Tilgungsfrist fünf Jahre nach Ablauf oder Aufhebung des Verbots oder der Beschränkung.

(6) Nach Eintritt der Tilgungsreife wird eine Eintragung vorbehaltlich der Sätze 2 und 4 gelöscht. Eine Eintragung nach § 28 Absatz 3 Nummer 1 oder 3 wird nach Eintritt der Tilgungsreife erst nach einer Überliegefrist von einem Jahr gelöscht. Während dieser Überliegefrist darf der Inhalt dieser Eintragung nur noch zu folgenden Zwecken übermittelt, genutzt oder über ihn eine Auskunft erteilt werden:
1. an die nach Landesrecht zuständige Behörde zur Anordnung von Maßnahmen im Rahmen der Fahrerlaubnis auf Probe nach § 2a,

2. an die nach Landesrecht zuständige Behörde zur Ergreifung von Maßnahmen nach dem Fahreignungs-Bewertungssystem nach § 4 Absatz 5,
3. zur Auskunftserteilung an den Betroffenen nach § 30 Absatz 8.

Die Löschung einer Eintragung nach § 28 Absatz 3 Nummer 3 unterbleibt in jedem Fall so lange, wie der Betroffene im Zentralen Fahrerlaubnisregister als Inhaber einer Fahrerlaubnis auf Probe gespeichert ist.

(7) Ist eine Eintragung im Fahreignungsregister gelöscht, dürfen die Tat und die Entscheidung dem Betroffenen für die Zwecke des § 28 Absatz 2 nicht mehr vorgehalten und nicht zu seinem Nachteil verwertet werden. Unterliegt eine Eintragung im Fahreignungsregister über eine gerichtliche Entscheidung nach Absatz 1 Satz 2 Nummer 3 Buchstabe a einer zehnjährigen Tilgungsfrist, darf sie nach Ablauf eines Zeitraums, der einer fünfjährigen Tilgungsfrist nach den vorstehenden Vorschriften entspricht, nur noch für folgende Zwecke an die nach Landesrecht zuständige Behörde übermittelt und dort genutzt werden:
1. zur Durchführung von Verfahren, die eine Erteilung oder Entziehung einer Fahrerlaubnis zum Gegenstand haben,
2. zum Ergreifen von Maßnahmen nach dem Fahreignungs-Bewertungssystem nach § 4 Absatz 5.

Außerdem dürfen für die Prüfung der Berechtigung zum Führen von Kraftfahrzeugen Entscheidungen der Gerichte nach den §§ 69 bis 69b des Strafgesetzbuches an die nach Landesrecht zuständige Behörde übermittelt und dort genutzt werden. Die Sätze 1 und 2 gelten nicht für Eintragungen wegen strafgerichtlicher Entscheidungen, die für die Ahndung von Straftaten herangezogen werden. Insoweit gelten die Regelungen des Bundeszentralregistergesetzes.

§ 30 Übermittlung

(1) Die Eintragungen im Fahreignungsregister dürfen an die Stellen, die
1. für die Verfolgung von Straftaten, zur Vollstreckung oder zum Vollzug von Strafen,
2. für die Verfolgung von Ordnungswidrigkeiten und die Vollstreckung von Bußgeldbescheiden und ihren Nebenfolgen nach diesem Gesetz und dem Gesetz über das Fahrpersonal im Straßenverkehr oder
3. für Verwaltungsmaßnahmen auf Grund dieses Gesetzes oder der auf ihm beruhenden Rechtsvorschriftenzuständig sind, übermittelt werden, soweit dies für die Erfüllung der diesen Stellen obliegenden Aufgaben zu den in § 28 Abs. 2 genannten Zwecken jeweils erforderlich ist.

(2) Die Eintragungen im Fahreignungsregister dürfen an die Stellen, die für Verwaltungsmaßnahmen auf Grund des Gesetzes über die Beförderung gefährlicher Güter, des Kraftfahrsachverständigengesetzes, des Fahrlehrergesetzes, des Personenbe-

§ 7 Anhang

förderungsgesetzes, der gesetzlichen Bestimmungen über die Notfallrettung und den Krankentransport, des Güterkraftverkehrsgesetzes einschließlich der Verordnung (EWG) Nr. 881/92 des Rates vom 26. März 1992 über den Zugang zum Güterkraftverkehrsmarkt in der Gemeinschaft für Beförderungen aus oder nach einem Mitgliedstaat oder durch einen oder mehrere Mitgliedstaaten (ABl. EG Nr. L 95 S. 1), des Gesetzes über das Fahrpersonal im Straßenverkehr oder der auf Grund dieser Gesetze erlassenen Rechtsvorschriften zuständig sind, übermittelt werden, soweit dies für die Erfüllung der diesen Stellen obliegenden Aufgaben zu den in § 28 Abs. 2 Nr. 2 und 4 genannten Zwecken jeweils erforderlich ist.

(3) Die Eintragungen im Fahreignungsregister dürfen an die für Verkehrs- und Grenzkontrollen zuständigen Stellen übermittelt werden, soweit dies zu dem in § 28 Abs. 2 Nr. 2 genannten Zweck erforderlich ist.

(4) Die Eintragungen im Fahreignungsregister dürfen außerdem für die Erteilung, Verlängerung, Erneuerung, Rücknahme oder den Widerruf einer Erlaubnis für Luftfahrer oder sonstiges Luftfahrpersonal nach den Vorschriften des Luftverkehrsgesetzes oder der auf Grund dieses Gesetzes erlassenen Rechtsvorschriften an die hierfür zuständigen Stellen übermittelt werden, soweit dies für die genannten Maßnahmen erforderlich ist.

(4a) Die Eintragungen im Fahreignungsregister dürfen außerdem an die hierfür zuständigen Stellen übermittelt werden für die Erteilung, den Entzug oder das Anordnen des Ruhens von Befähigungszeugnissen und Erlaubnissen für Kapitäne, Schiffsoffiziere oder sonstige Seeleute nach den Vorschriften des Seemannsgesetzes und des Seeaufgabengesetzes und für Schiffs- und Sportbootführer und sonstige Besatzungsmitglieder nach dem Seeaufgabengesetz oder dem Binnenschifffahrtsaufgabengesetz oder der aufgrund dieser Gesetze erlassenen Rechtsvorschriften, soweit dies für die genannten Maßnahmen erforderlich ist.

(4b) Die Eintragungen im Fahreignungsregister dürfen außerdem für die Erteilung, Aussetzung, Einschränkung und Entziehung des Triebfahrzeugführerscheins auf Grund des Allgemeinen Eisenbahngesetzes oder der auf Grund dieses Gesetzes erlassenen Rechtsvorschriften an die hierfür zuständigen Stellen übermittelt werden, soweit die Eintragungen für die dortige Prüfung der Voraussetzungen für die Erteilung, Aussetzung, Einschränkung und Entziehung des Triebfahrzeugführerscheins erforderlich sind.

(5) Die Eintragungen im Fahreignungsregister dürfen für die wissenschaftliche Forschung entsprechend § 38 und für statistische Zwecke entsprechend § 38a übermittelt und genutzt werden. Zur Vorbereitung von Rechts- und allgemeinen Verwaltungsvorschriften auf dem Gebiet des Straßenverkehrs dürfen die Eintragungen entsprechend § 38b übermittelt und genutzt werden.

(6) Der Empfänger darf die übermittelten Daten nur zu dem Zweck verarbeiten und nutzen, zu dessen Erfüllung sie ihm übermittelt worden sind. Der Empfänger darf die übermittelten Daten auch für andere Zwecke verarbeiten und nutzen, soweit sie ihm auch für diese Zwecke hätten übermittelt werden dürfen. Ist der Empfänger eine nichtöffentliche Stelle, hat die übermittelnde Stelle ihn darauf hinzuweisen. Eine Verarbeitung und Nutzung für andere Zwecke durch nichtöffentliche Stellen bedarf der Zustimmung der übermittelnden Stelle.

(7) Die Eintragungen im Fahreignungsregister dürfen an die zuständigen Stellen anderer Staaten übermittelt werden, soweit dies
1. für Verwaltungsmaßnahmen auf dem Gebiet des Straßenverkehrs,
2. zur Verfolgung von Zuwiderhandlungen gegen Rechtsvorschriften auf dem Gebiet des Straßenverkehrs oder
3. zur Verfolgung von Straftaten, die im Zusammenhang mit dem Straßenverkehr oder sonst mit Kraftfahrzeugen, Anhängern oder Fahrzeugpapieren, Fahrerlaubnissen oder Führerscheinen stehen,

erforderlich ist. Der Empfänger ist darauf hinzuweisen, dass die übermittelten Daten nur zu dem Zweck verarbeitet oder genutzt werden dürfen, zu dessen Erfüllung sie ihm übermittelt werden. Die Übermittlung unterbleibt, wenn durch sie schutzwürdige Interessen des Betroffenen beeinträchtigt würden, insbesondere wenn im Empfängerland ein angemessener Datenschutzstandard nicht gewährleistet ist.

(8) Dem Betroffenen wird auf Antrag schriftlich über den ihn betreffenden Inhalt des Fahreignungsregisters und über die Anzahl der Punkte unentgeltlich Auskunft erteilt. Der Antragsteller hat dem Antrag einen Identitätsnachweis beizufügen. Die Auskunft kann elektronisch erteilt werden, wenn der Antrag unter Nutzung des elektronischen Identitätsnachweises nach § 18 des Personalausweisgesetzes oder nach § 78 Absatz 5 des Aufenthaltsgesetzes gestellt wird. Hinsichtlich der Protokollierung gilt § 30a Absatz 3 entsprechend.

(9) Übermittlungen von Daten aus dem Fahreignungsregister sind nur auf Ersuchen zulässig, es sei denn, auf Grund besonderer Rechtsvorschrift wird bestimmt, dass die Registerbehörde bestimmte Daten von Amts wegen zu übermitteln hat. Die Verantwortung für die Zulässigkeit der Übermittlung trägt die übermittelnde Stelle. Erfolgt die Übermittlung auf Ersuchen des Empfängers, trägt dieser die Verantwortung. In diesem Fall prüft die übermittelnde Stelle nur, ob das Übermittlungsersuchen im Rahmen der Aufgaben des Empfängers liegt, es sei denn, dass besonderer Anlass zur Prüfung der Zulässigkeit der Übermittlung besteht.

(10) Die Eintragungen über rechtskräftige oder unanfechtbare Entscheidungen nach § 28 Absatz 3 Nummer 1, 2 und 6, in denen Inhabern ausländischer Fahrerlaubnisse das Recht von einer ausländischen Fahrerlaubnis Gebrauch zu machen, aberkannt oder eingeschränkt wird oder die fehlende Berechtigung von der Fahrerlaubnis im Inland

§ 7 Anhang

Gebrauch zu machen festgestellt wird, werden vom Kraftfahrt-Bundesamt an die zuständigen Stellen der Mitgliedstaaten der Europäischen Union übermittelt, um ihnen die Einleitung eigener Maßnahmen zu ermöglichen. Der Umfang der zu übermittelnden Daten wird durch Rechtsverordnung bestimmt (§ 30c Absatz 1 Nummer 3).

§ 30a Abruf im automatisierten Verfahren

12 (1) Den Stellen, denen die Aufgaben nach § 30 Absatz 1 bis 4a obliegen, dürfen die für die Erfüllung dieser Aufgaben jeweils erforderlichen Daten aus dem Fahreignungsregister durch Abruf im automatisierten Verfahren übermittelt werden.
(…)

§ 65 Übergangsbestimmungen

13 (1) Registerauskünfte, Führungszeugnisse, Gutachten und Gesundheitszeugnisse, die sich am 1. Januar 1999 bereits in den Akten befinden, brauchen abweichend von § 2 Abs. 9 Satz 2 bis 4 erst dann vernichtet zu werden, wenn sich die Fahrerlaubnisbehörde aus anderem Anlass mit dem Vorgang befasst. Eine Überprüfung der Akten muss jedoch spätestens bis zum 1. Januar 2014 durchgeführt werden. Anstelle einer Vernichtung der Unterlagen sind die darin enthaltenen Daten zu sperren, wenn die Vernichtung wegen der besonderen Art der Führung der Akten nicht oder nur mit unverhältnismäßigem Aufwand möglich ist.
(2) Ein örtliches Fahrerlaubnisregister (§ 48 Abs. 1) darf nicht mehr geführt werden, sobald
1. sein Datenbestand mit den in § 50 Abs. 1 genannten Daten in das Zentrale Fahrerlaubnisregister übernommen worden ist,
2. die getroffenen Maßnahmen der Fahrerlaubnisbehörde nach § 2a Abs. 2 und § 4 Absatz 5 in das Fahreignungsregister übernommen worden sind und
3. der Fahrerlaubnisbehörde die Daten, die ihr nach § 30 Abs. 1 Nr. 3 und § 52 Abs. 1 Nr. 3 aus den zentralen Registern mitgeteilt werden dürfen, durch Abruf im automatisierten Verfahren mitgeteilt werden können.

Die Fahrerlaubnisbehörden löschen aus ihrem örtlichen Fahrerlaubnisregister spätestens bis zum 31. Dezember 2014 die im Zentralen Fahrerlaubnisregister gespeicherten Daten, nachdem sie sich von der Vollständigkeit und Richtigkeit der in das Zentrale Fahrerlaubnisregister übernommenen Einträge überzeugt haben. Die noch nicht im Zentralen Fahrerlaubnisregister gespeicherten Daten der Fahrerlaubnisbehörden werden bis zur jeweiligen Übernahme im örtlichen Register gespeichert. Maßnahmen der Fahrerlaubnisbehörde nach § 2a Abs. 2 Satz 1 Nr. 1 und 2 und § 4 Absatz 5 Satz 1 Nr. 1 und 2 werden erst dann im Fahreignungsregister gespeichert, wenn eine Speicherung im örtlichen Fahrerlaubnisregister nicht mehr vorgenommen wird.

A. StVG   § 7

(3) Die Regelungen über das Verkehrszentralregister und das Punktsystem werden in die Regelungen über das Fahreignungsregister und das Fahreignungs-Bewertungssystem nach folgenden Maßgaben überführt:
1. Entscheidungen, die nach § 28 Absatz 3 in der bis zum Ablauf des 30. April 2014 anwendbaren Fassung im Verkehrszentralregister gespeichert worden sind und nach § 28 Absatz 3 in der ab dem 1. Mai 2014 anwendbaren Fassung nicht mehr zu speichern wären, werden am 1. Mai 2014 gelöscht. Für die Feststellung nach Satz 1, ob eine Entscheidung nach § 28 Absatz 3 in der ab dem 1. Mai 2014 anwendbaren Fassung nicht mehr zu speichern wäre, bleibt die Höhe der festgesetzten Geldbuße außer Betracht.
2. Entscheidungen, die nach § 28 Absatz 3 in der bis zum Ablauf des 30. April 2014 anwendbaren Fassung im Verkehrszentralregister gespeichert worden und nicht von Nummer 1 erfasst sind, werden bis zum Ablauf des 30. April 2019 nach den Bestimmungen des § 29 in der bis zum Ablauf des 30. April 2014 anwendbaren Fassung getilgt und gelöscht. Dabei kann eine Ablaufhemmung nach § 29 Absatz 6 Satz 2 in der bis zum Ablauf des 30. April 2014 anwendbaren Fassung nicht durch Entscheidungen, die erst ab dem 1. Mai 2014 im Fahreignungsregister gespeichert werden, ausgelöst werden. Für Entscheidungen wegen Ordnungswidrigkeiten nach § 24a gilt Satz 1 mit der Maßgabe, dass sie spätestens fünf Jahre nach Rechtskraft der Entscheidung getilgt werden. Ab dem 1. Mai 2019 gilt
    a) für die Berechnung der Tilgungsfrist § 29 Absatz 1 bis 5 in der ab dem 1. Mai 2014 anwendbaren Fassung mit der Maßgabe, dass die nach Satz 1 bisher abgelaufene Tilgungsfrist angerechnet wird,
    b) für die Löschung § 29 Absatz 6 in der ab dem 1. Mai 2014 anwendbaren Fassung.
3. Auf Entscheidungen, die bis zum Ablauf des 30. April 2014 begangene Zuwiderhandlungen ahnden und erst ab dem 1. Mai 2014 im Fahreignungsregister gespeichert werden, sind dieses Gesetz und die auf Grund des § 6 Absatz 1 Nummer 1 Buchstabe s erlassenen Rechtsverordnungen in der ab dem 1. Mai 2014 geltenden Fassung anzuwenden. Dabei sind § 28 Absatz 3 Nummer 3 Buchstabe a Doppelbuchstabe bb und § 28a in der ab dem 1. Mai 2014 geltenden Fassung mit der Maßgabe anzuwenden, dass jeweils anstelle der dortigen Grenze von sechzig Euro die Grenze von vierzig Euro gilt.
4. Personen, zu denen bis zum Ablauf des 30. April 2014 im Verkehrszentralregister eine oder mehrere Entscheidungen nach § 28 Absatz 3 Satz 1 Nummer 1 bis 3 in der bis zum Ablauf des 30. April 2014 anwendbaren Fassung gespeichert worden sind, sind wie folgt in das Fahreignungs-Bewertungssystem einzuordnen:

§ 7 Anhang

Punktestand vor dem 1. Mai 2014	Fahreignungs-Bewertungssystem ab dem 1. Mai 2014	
	Punktestand	Stufe
1–3	1	Vormerkung (§ 4 Absatz 4)
4–5	2	
6–7	3	
8–10	4	1: Ermahnung (§ 4 Absatz 5 Satz 1 Nummer 1)
11–13	5	
14–15	6	2: Verwarnung (§ 4 Absatz 5 Satz 1 Nummer 2)
16–17	7	
>= 18	8	3: Entzug (§ 4 Absatz 5 Satz 1 Nummer 3)

Die am 1. Mai 2014 erreichte Stufe wird für Maßnahmen nach dem Fahreignungs-Bewertungssystem zugrunde gelegt. Die Einordnung nach Satz 1 führt allein nicht zu einer Maßnahme nach dem Fahreignungs-Bewertungssystem.

5. Die Regelungen über Punkteabzüge und Aufbauseminare werden wie folgt überführt:
   a) Punkteabzüge nach § 4 Absatz 4 Satz 1 und 2 in der bis zum Ablauf des 30. April 2014 anwendbaren Fassung sind vorzunehmen, wenn die Bescheinigung über die Teilnahme an einem Aufbauseminar oder einer verkehrspsychologischen Beratung bis zum Ablauf des 30. April 2014 der nach Landesrecht zuständigen Behörde vorgelegt worden ist. Punkteabzüge nach § 4 Absatz 4 Satz 1 und 2 in der bis zum Ablauf des 30. April 2014 anwendbaren Fassung bleiben bis zur Tilgung der letzten Eintragung wegen einer Straftat oder einer Ordnungswidrigkeit nach § 28 Absatz 3 Nummer 1 bis 3 in der bis zum Ablauf des 30. April 2014 anwendbaren Fassung, längstens aber zehn Jahre ab dem 1. Mai 2014 im Fahreignungsregister gespeichert.
   b) Bei der Berechnung der Fünfjahresfrist nach § 4 Absatz 7 Satz 2 und 3 sind auch Punkteabzüge zu berücksichtigen, die nach § 4 Absatz 4 Satz 1 und 2 in der bis zum Ablauf des 30. April 2014 anwendbaren Fassung vorgenommen worden sind.
   c) Aufbauseminare, die bis zum Ablauf des 30. April 2014 nach § 4 Absatz 3 Satz 1 Nummer 2 in der bis zum Ablauf des 30. April 2014 anwendbaren Fassung angeordnet, aber bis zum Ablauf des 30. April 2014 nicht abgeschlossen worden sind, sind bis zum Ablauf des 30. November 2014 nach dem bis zum Ablauf des 30. April 2014 anwendbaren Recht durchzuführen.

d) Abweichend von Buchstabe c kann anstelle von Aufbauseminaren, die bis zum Ablauf des 30. April 2014 nach § 4 Absatz 3 Satz 1 Nummer 2 in der bis zum Ablauf des 30. April 2014 anwendbaren Fassung angeordnet, aber bis zum Ablauf des 30. April 2014 noch nicht begonnen worden sind, die verkehrspädagogische Teilmaßnahme des Fahreignungsseminars absolviert werden.

e) Die nach Landesrecht zuständige Behörde hat dem Kraftfahrt-Bundesamt unverzüglich die Teilnahme an einem Aufbauseminar oder einer verkehrspsychologischen Beratung mitzuteilen.

6. Nachträgliche Veränderungen des Punktestandes nach den Nummern 2 oder 5 führen zu einer Aktualisierung der nach der Tabelle zu Nummer 4 erreichten Stufe im Fahreignungs- Bewertungssystem.

(4) § 4 Absatz 7 ist mit Ablauf des 30. April 2020 mit der Maßgabe nicht mehr anzuwenden, dass eine Teilnahmebescheinigung für ein Fahreignungsseminar, das spätestens an dem vorstehend genannten Tag begonnen worden ist, noch binnen der in § 4 Absatz 7 Satz 1 genannten Frist mit der Rechtsfolge des § 4 Absatz 7 vorgelegt werden kann.

B. Gesetz über das Fahrlehrerwesen (Fahrlehrergesetz – FahrlG)

Fahrlehrergesetz vom 25. August 1969 (BGBl. I S. 1336), das durch Artikel 2 des Gesetzes vom 28. August 2013 (BGBl. I S. 3313) geändert worden ist

– Auszüge –

§ 31a Erfordernis, Inhalt und Voraussetzung der Seminarerlaubnis Verkehrspädagogik

(1) Wer die verkehrspädagogische Teilmaßnahme des Fahreignungsseminars im Sinne des § 4a Absatz 2 Satz 2 Nummer 1 des Straßenverkehrsgesetzes durchführt, bedarf der Erlaubnis (Seminarerlaubnis Verkehrspädagogik). Die nach Landesrecht zuständige Behörde kann nachträglich Auflagen anordnen, soweit dies erforderlich ist, um die Einhaltung der Anforderungen an Fahreignungsseminare und deren ordnungsgemäße Durchführung sicherzustellen. § 7 gilt entsprechend.

(2) Die Seminarerlaubnis Verkehrspädagogik wird auf Antrag erteilt, wenn der Fahrlehrer
1. mindestens die Fahrlehrerlaubnis der Klassen A und BE besitzt,
2. innerhalb der letzten fünf Jahre drei Jahre lang Fahrschülern hauptberuflich theoretischen und praktischen Unterricht erteilt hat,
3. im Fahreignungsregister mit nicht mehr als zwei Punkten belastet ist und
4. innerhalb der letzten zwei Jahre erfolgreich an einem Einweisungslehrgang teilgenommen hat, der
   a) einen viertägigen verkehrspädagogischen Grundkurs,

14

§ 7 Anhang

b) einen viertägigen Kurs zur inhaltlichen Gestaltung der verkehrspädagogischen Teilmaßnahme des Fahreignungsseminars,
c) die Hospitation einer vollständigen verkehrspädagogischen Teilmaßnahme des Fahreignungsseminars und
d) eine eigenständige, durch den Lehrgangsleiter beaufsichtigte Durchführung einer vollständigen verkehrspädagogischen Teilmaßnahme des Fahreignungsseminars umfasst.

Die Seminarerlaubnis ist zu versagen, wenn Tatsachen vorliegen, die Bedenken gegen die Zuverlässigkeit des Antragstellers begründen.

(3) Die Teilnahme an einem Einweisungslehrgang nach Absatz 2 Satz 1 Nummer 4 war erfolgreich, wenn der Teilnehmer an allen Veranstaltungen des Lehrgangs teilgenommen und gezeigt hat, dass er zur Erfüllung der aufgestellten Qualitätsmerkmale zur Seminardurchführung befähigt ist. Über das Vorliegen dieser Voraussetzung entscheidet die nach Landesrecht zuständige Behörde unter Berücksichtigung einer Stellungnahme des Lehrgangsleiters.

(4) Die Seminarerlaubnis Verkehrspädagogik wird durch einen Vermerk auf dem Fahrlehrerschein erteilt; wird diese Seminarerlaubnis aufgehoben, ist der Vermerk zu löschen. Von der Seminarerlaubnis Verkehrspädagogik darf nur zusammen mit der Fahrschulerlaubnis oder im Rahmen eines Beschäftigungsverhältnisses mit dem Inhaber einer Fahrschule Gebrauch gemacht werden. Der Inhaber oder der verantwortliche Leiter der Fahrschule muss ebenfalls die Seminarerlaubnis Verkehrspädagogik besitzen.

(5) Die Seminarerlaubnis Verkehrspädagogik ist zurückzunehmen, wenn bei ihrer Erteilung eine der Voraussetzungen des Absatzes 2 nicht vorgelegen hat. Die nach Landesrecht zuständige Behörde kann von der Rücknahme absehen, wenn der Mangel nicht mehr besteht. Die Seminarerlaubnis Verkehrspädagogik ist zu widerrufen, wenn nachträglich eine der in Absatz 2 genannten Voraussetzungen weggefallen ist. Bedenken gegen die Zuverlässigkeit bestehen insbesondere dann, wenn der Seminarleiter wiederholt die Pflichten grob verletzt hat, die ihm nach diesem Gesetz oder den auf ihm beruhenden Rechtsverordnungen obliegen.

(6) Der Inhaber der Seminarerlaubnis Verkehrspädagogik hat die personenbezogenen Daten, die ihm als Seminarleiter der verkehrspädagogischen Teilmaßnahme bekannt geworden sind, zu speichern und fünf Jahre nach der Ausstellung einer vorgeschriebenen Teilnahmebescheinigung unverzüglich zu löschen. Die Daten nach Satz 1 dürfen

1. vom Inhaber der Seminarerlaubnis Verkehrspädagogik längstens neun Monate nach der Ausstellung der Teilnahmebescheinigung für die Durchführung des jeweiligen Fahreignungsseminars genutzt werden,

B. Gesetz über das Fahrlehrerwesen (Fahrlehrergesetz – FahrlG) § 7

2. vom Inhaber der Seminarerlaubnis Verkehrspädagogik der Bundesanstalt für Straßenwesen übermittelt und von dieser zur Evaluierung nach § 31d genutzt werden,
3. von der Bundesanstalt für Straßenwesen oder in ihrem Auftrag an Dritte, die die Evaluierung nach § 31d im Auftrag der Bundesanstalt für Straßenwesen durchführen oder an ihr beteiligt sind, übermittelt und von den Dritten für die Evaluierung genutzt werden,
4. vom Inhaber der Seminarerlaubnis Verkehrspädagogik ausschließlich in Gestalt von Name, Vorname, Geburtsdatum und Anschrift der Seminarteilnehmer sowie deren Unterschrift auf der Teilnehmerliste
   a) der nach Landesrecht zuständigen Behörde übermittelt und von dieser zur Überwachung nach Absatz 7 genutzt werden,
   b) an Dritte, die ein von der zuständigen Behörde genehmigtes Qualitätssicherungssystem nach § 34 Absatz 3 betreiben und an dem der Inhaber der Seminarerlaubnis Verkehrspädagogik teilnimmt, übermittelt und im Rahmen dieses Qualitätssicherungssystems genutzt werden.

Die Empfänger nach Satz 2 haben die Daten unverzüglich zu löschen, wenn sie nicht mehr für die in Satz 2 jeweils genannten Zwecke benötigt werden, spätestens jedoch fünf Jahre nach der Ausstellung der Teilnahmebescheinigung nach Satz 1.

(7) Die Durchführung der verkehrspädagogischen Teilmaßnahme des Fahreignungsseminars unterliegt der Überwachung der nach Landesrecht zuständigen Behörde.

§ 31b Voraussetzungen für die Durchführung von Einweisungslehrgängen nach § 31a Absatz 2 Satz 1 Nummer 4

(1) Zur Durchführung von Einweisungslehrgängen nach § 31a Absatz 2 Satz 1 Nummer 4 ist berechtigt, wer von der nach Landesrecht zuständigen Behörde anerkannt ist. Die Anerkennung ist auf Antrag zu erteilen, wenn der Bewerber folgende Voraussetzungen erfüllt:
1. Vorlage eines Ausbildungsprogramms, mit dem Kenntnisse und Fähigkeiten vermittelt werden, die erforderlich sind, um die verkehrspädagogische Teilmaßnahme des Fahreignungsseminars nach § 4a Absatz 2 Satz 2 Nummer 1 des Straßenverkehrsgesetzes und der auf Grund des Straßenverkehrsgesetzes erlassenen Rechtsvorschriften durchzuführen,
2. Nachweis geeigneter Räumlichkeiten sowie einer sachgerechten Ausstattung,
3. Nachweis der folgenden Qualifikation:
   a) Seminarerlaubnis Verkehrspädagogik nach § 31a, Seminarerlaubnis für Aufbauseminare nach § 31 in der bis zum Ablauf des 30. April 2014 anwendbaren Fassung oder Seminarerlaubnis für Aufbauseminare nach § 31 und eine mindestens dreijährige Erfahrung in der Durchführung eines dieser Seminare oder

b) Abschluss eines Studiums der Erziehungswissenschaft mit Diplom an einer Hochschule oder gleichwertiger Masterabschluss, Besitz der Fahrerlaubnis der Klasse BE und mindestens dreijährige Berufserfahrung in der Erwachsenenbildung,
4. Belastung mit nicht mehr als zwei Punkten im Fahreignungsregister und
5. Teilnahme an einem mindestens viertägigen Einführungsseminar für Lehrgangsleiter von Einweisungslehrgängen bei einem von der nach Landesrecht zuständigen Behörde anerkannten Träger.

Die Anerkennung ist zu versagen, wenn Tatsachen vorliegen, die Bedenken gegen die Zuverlässigkeit des Antragstellers begründen. Die Anerkennung kann – auch nachträglich – mit Auflagen, insbesondere hinsichtlich der Aufsicht über die Durchführung der Einweisungslehrgänge sowie der Teilnahme an Fortbildungsmaßnahmen verbunden werden.

(2) Der Einweisungslehrgang besteht mindestens aus einem viertägigen verkehrspädagogischen Grundkurs und einem viertägigen spezialisierten Kurs, in dem die Inhalte der verkehrspädagogischen Teilmaßnahme des Fahreignungsseminars vermittelt werden. Die Kurse sollen an jeweils vier zusammenhängenden Tagen stattfinden. Ihre tägliche Dauer beträgt acht Unterrichtseinheiten zu je 45 Minuten. Die Zahl der Teilnehmer darf zwölf nicht überschreiten.

(3) Die Durchführung des Einweisungslehrgangs unterliegt der Überwachung der nach Landesrecht zuständigen Behörde.

§ 31c Voraussetzungen für die Durchführung von Einführungsseminaren für Lehrgangsleiter

16 Zur Durchführung von Einführungsseminaren für Lehrgangsleiter ist ein Träger berechtigt, der von der nach Landesrecht zuständigen Behörde anerkannt ist. Die amtliche Anerkennung wird auf Antrag erteilt, wenn der Träger ein auf wissenschaftlicher Grundlage entwickeltes Ausbildungsprogramm vorgelegt hat, mit dem Kenntnisse und Fähigkeiten vermittelt werden, die erforderlich sind, um eine einheitliche Qualität bei der Durchführung der Einweisungslehrgänge nach § 31b zu gewährleisten. Für die wissenschaftliche Beurteilung des Ausbildungsprogramms kann sich die Behörde geeigneter Personen oder Stellen bedienen. Die Durchführung des Einführungsseminars unterliegt der Überwachung nach § 33 Absatz 2a.

§ 31d Evaluierung

17 Das Fahreignungsseminar, die Vorschriften hierzu und der Vollzug einschließlich insbesondere der Einweisungslehrgänge und Einführungsseminare werden von der Bundesanstalt für Straßenwesen wissenschaftlich begleitet und evaluiert. Die Evaluierung hat insbesondere zu untersuchen, ob das Fahreignungsseminar eine verhaltensverbessernde Wirkung im Hinblick auf die Verkehrssicherheit hat. Die Bundesanstalt für Straßenwesen legt das Ergebnis der Evaluierung bis zum 1. Mai 2019 dem Bundesministerium für Verkehr, Bau und Stadtentwicklung in einem Bericht zur Weiterleitung an den Deutschen Bundestag vor.

§ 33 Überwachung

(1) Die nach Landesrecht zuständige Behörde überwacht die Fahrlehrer, die Fahrschulen und deren Zweigstellen, die Fahrlehrerausbildungsstätten sowie die Anbieter von Einweisungslehrgängen nach § 31b oder von Einführungsseminaren für Lehrgangsleiter nach § 31c. Sie kann sich hierbei geeigneter Personen und Stellen nach Landesrecht bedienen.

(2) Die nach Landesrecht zuständige Behörde hat mindestens alle zwei Jahre an Ort und Stelle zu prüfen, ob
1. die Ausbildung, die Aufbauseminare nach § 2a Absatz 2 Satz 1 Nummer 1 des Straßenverkehrsgesetzes, die verkehrspädagogische Teilmaßnahme der Fahreignungsseminare nach § 4a des Straßenverkehrsgesetzes und die Einweisungslehrgänge nach § 31b ordnungsgemäß durchgeführt werden,
2. die Unterrichtsräume, Lehrmittel und Lehrfahrzeuge zur Verfügung stehen und den gesetzlichen Vorschriften entsprechen und
3. die sonstigen Pflichten auf Grund dieses Gesetzes und der auf ihm beruhenden Rechtsverordnungen erfüllt werden.

Die mit der Prüfung beauftragten Personen sind befugt,
1. Grundstücke und Geschäftsräume des Erlaubnisinhabers zu betreten,
2. dort Prüfungen und Besichtigungen vorzunehmen,
3. dem Unterricht, den Aufbauseminaren nach § 2a Absatz 2 Satz 1 Nummer 1 des Straßenverkehrsgesetzes, den verkehrspädagogischen Teilmaßnahmen der Fahreignungsseminare nach § 4a des Straßenverkehrsgesetzes und den Einweisungslehrgängen nach § 31b beizuwohnen und
4. in die vorgeschriebenen Aufzeichnungen Einsicht zu nehmen.

Der Erlaubnisinhaber hat diese Maßnahmen zu ermöglichen. Die in Satz 1 genannte Frist kann von der nach Landesrecht zuständigen Behörde auf vier Jahre verlängert werden, wenn in zwei aufeinanderfolgenden Überprüfungen keine oder nur geringfügige Mängel festgestellt worden sind.

(2a) Die nach Landesrecht zuständige Behörde hat mindestens alle zwei Jahre in einem Einführungsseminar für Lehrgangsleiter zu hospitieren, das der Träger nach § 31c durchführt. Sie kann sich hierbei geeigneter Personen oder Stellen nach Landesrecht bedienen. Sie hat bei der Hospitation zu prüfen, ob die Durchführung dem vorgelegten Ausbildungsprogramm entspricht.

§ 7 Anhang

(3) Die Erlaubnisbehörde kann die Vorlage eines amts- oder fachärztlichen Zeugnisses oder eines Gutachtens einer amtlich anerkannten Begutachtungsstelle für Fahreignung verlangen, wenn Tatsachen bekannt werden, die Bedenken gegen die geistige oder körperliche Eignung eines Fahrlehrers begründen.

(4) Erhält die Behörde, welche eine Fahrlehrerlaubnis nach § 1 oder eine Fahrschulerlaubnis nach § 10 erteilt hat, von einer öffentlichen Stelle eines anderen Mitgliedstaats der Europäischen Union, eines anderen Vertragsstaats des Abkommens über den Europäischen Wirtschaftsraum oder der Schweiz, in dem der Inhaber der jeweiligen Erlaubnis die Fahrlehrertätigkeit ausübt, Mitteilung über eine Tatsache, auf Grund derer eine Rücknahme oder ein Widerruf der Erlaubnis in Betracht kommt, so prüft sie die Richtigkeit der übermittelten Tatsache, befindet über Art und Ausmaß der nach diesem Gesetz oder einer auf Grund dieses Gesetzes erlassenen Rechtsverordnung durchzuführenden Maßnahmen und unterrichtet die öffentliche Stelle, die die Tatsache übermittelt hat, über die Maßnahmen, die sie oder eine andere inländische Behörde auf Grund der übermittelten Tatsache trifft. Die Daten über die von der inländischen Behörde getroffenen Maßnahmen sind mit der Maßgabe zu übermitteln, dass sie nur verwendet werden dürfen, soweit dies erforderlich ist
1. für Verwaltungsmaßnahmen auf dem Gebiet des Fahrlehrerrechts,
2. zur Verfolgung von Zuwiderhandlungen gegen Rechtsvorschriften auf dem Gebiet des Fahrlehrerrechts oder
3. zur Verfolgung von Straftaten, die im Zusammenhang mit der Tätigkeit als Fahrlehrer stehen.

Die Übermittlung unterbleibt, soweit der Betroffene ein schutzwürdiges Interesse an dem Ausschluss der Übermittlung der Daten hat, insbesondere wenn im Empfängerstaat ein angemessenes Datenschutzniveau nicht gewährleistet ist.

§ 33a Fortbildung

(1) Jeder Fahrlehrer hat alle vier Jahre an einem jeweils dreitägigen Fortbildungslehrgang teilzunehmen.

(2) Ist er Inhaber einer Seminarerlaubnis nach § 31 Absatz 1 oder § 31a Absatz 1, hat er außerdem jährlich an einer eintägigen Fortbildung von mindestens acht Unterrichtseinheiten zu je 45 Minuten teilzunehmen, in der Inhalte und Methoden der jeweiligen Seminardurchführung vermittelt werden.

(3) Die Lehrgänge sind an aufeinanderfolgenden Tagen durchzuführen. Hiervon kann bei der Fortbildung nach Absatz 1 abgewichen werden; die Dauer der Fortbildung beträgt dann vier Tage. Die tägliche Dauer beträgt acht Stunden zu 45 Minuten. Bei Lehrgängen nach Absatz 1 darf die Zahl der Teilnehmer 36, bei Lehrgängen nach Absatz 2 darf die Zahl der Teilnehmer 16 nicht überschreiten. Der Träger der Lehr-

B. Gesetz über das Fahrlehrerwesen (Fahrlehrergesetz – FahrlG) § 7

gänge bedarf einer Anerkennung durch die zuständige oberste Landesbehörde oder durch die von dieser bestimmten oder nach Landesrecht zuständigen Stelle.

(4) Wird zweimal gegen die Fortbildungspflicht nach Absatz 1 verstoßen, kann die Fahrlehrerlaubnis widerrufen werden. Wird zweimal gegen die Fortbildungspflicht nach Absatz 2 verstoßen, kann die entsprechende Seminarerlaubnis widerrufen werden.

(5) Das Bundesministerium für Verkehr, Bau und Stadtentwicklung kann durch Rechtsverordnung mit Zustimmung des Bundesrates nähere Anforderungen an die inhaltliche und zeitliche Gestaltung der Lehrgänge festlegen sowie eine Aufteilung der Lehrgänge im Ausnahmefall ermöglichen.

§ 34 Ausnahmen

(1) Die nach § 32 zuständigen Behörden oder Stellen können Ausnahmen von den Vorschriften des § 2 Abs. 1 Satz 1 Nr. 1, 4, 5 und 6, Abs. 3, des § 9a Abs. 1 Satz 5, des § 9b Abs. 1, des § 11 Abs. 1 Nr. 4 und 5, des § 11 Abs. 2, des § 15 Abs. 2, des § 21a Abs. 1 Nr. 1, 2, des § 31 Abs. 2 Nr. 2 und 3, des § 31a Absatz 2 Satz 1 Nummer 2 bis 4 und des § 31b Absatz 1 Satz 2 Nummer 2 bis 4 sowie den Vorschriften der auf § 11 Abs. 4 beruhenden Rechtsverordnung zulassen. Von den auf § 23 Abs. 2 beruhenden Rechtsverordnungen können Ausnahmen von den Anforderungen an die Unterrichtsräume, die Lehrmittel und die Lehrfahrzeuge genehmigt werden. Die Ausnahmen nach Satz 1 und Satz 2 können nur genehmigt werden, wenn Gründe der Verkehrssicherheit nicht entgegenstehen.

(2) In den Fällen des Absatzes 1 kann eine Ausnahme erteilt werden von
1. § 2 Abs. 1 Satz 1 Nr. 6, wenn der Bewerber eine andere Ausbildung oder eine Berufstätigkeit von ausreichender Dauer nachweist, die ihm den Erwerb der für einen Fahrlehrer notwendigen Kenntnisse und Fertigkeiten ganz oder überwiegend ermöglicht haben kann;
2. § 11 Abs. 1 Nr. 4, wenn der Bewerber eine andere Tätigkeit von ausreichender Dauer nachweist, die ihm den Erwerb der für einen Fahrschulleiter nötigen Fertigkeiten und Erfahrungen ermöglicht haben kann;
3. § 11 Abs. 1 Nr. 5, wenn der Bewerber nachweist, daß er die erforderlichen Kenntnisse auf andere Weise erworben hat.
4. (*aufgehoben*)

(3) Die nach Landesrecht zuständigen Behörden können von der wiederkehrenden Überwachung nach § 33 Absatz 2 absehen, wenn die in § 33 Absatz 1 Satz 1 genannten Einrichtungen oder Personen sich einem von der zuständigen obersten Landesbehörde oder von einer durch sie bestimmten oder nach Landesrecht zuständigen Stelle genehmigten Qualitätssicherungssystem angeschlossen haben. Im Fall des Satzes 1 bleibt die Befugnis der nach Landesrecht zuständigen Behörde zur Überwachung im Sinne des § 33 Absatz 2 unberührt.

§ 7 Anhang

(4) Das Bundesministerium für Verkehr, Bau und Stadtentwicklung soll durch Rechtsverordnung mit Zustimmung des Bundesrates Anforderungen an die Überwachung, die Qualitätssicherungssysteme und Regeln für die Durchführung der Qualitätssicherung bestimmen.

(5) Das Bundesministerium des Innern, das Bundesministerium der Verteidigung und die für die Polizei zuständigen obersten Landesbehörden können die nach § 30 Abs. 2 zuständigen Dienststellen ihres Geschäftsbereichs ermächtigen, Ausnahmen von § 6 Abs. 2, § 18 Abs. 1 und 2, § 21a Abs. 1 Nr. 1 und 3, § 26 Abs. 2 Satz 2 und von den Vorschriften der auf § 11 Abs. 4 beruhenden Rechtsverordnungen zuzulassen, soweit dies aus dienstlichen Gründen geboten ist.

§ 49 Übergangsregelung

21 (1) Personen, die bei Inkrafttreten dieses Gesetzes Inhaber einer Fahrlehrerlaubnis sind, gilt die Fahrlehrerlaubnis nach diesem Gesetz als erteilt; der Fahrlehrerschein nach bisherigem Recht gilt als Fahrlehrerschein nach § 5 dieses Gesetzes.

(2) Natürlichen oder juristischen Personen oder nichtrechtsfähigen Vereinen, die bei Inkrafttreten dieses Gesetzes Fahrschüler selbständig ausbilden oder sie durch Fahrlehrer, die von ihnen beschäftigt werden, ausbilden lassen, gilt die Fahrschulerlaubnis nach diesem Gesetz als erteilt. Sie haben ihren Betrieb bis zum 1. März 1970 bei der zuständigen Erlaubnisbehörde anzuzeigen. Dabei haben sie, falls mehrere Betriebsstellen der Fahrschule bestehen, eine davon als Hauptbetriebsstelle zu benennen. Die anderen Betriebsstellen gelten fortan als Zweigstellen.

(3) Die in Absatz 2 genannten Inhaber der Fahrschulerlaubnis, die nicht Fahrlehrer im Sinne dieses Gesetzes sind, haben innerhalb einer Frist von zwei Jahren eine andere Person zum verantwortlichen Leiter des Ausbildungsbetriebs zu bestellen und dies der Erlaubnisbehörde unverzüglich anzuzeigen. Für diese Personen gilt § 11 Abs. 1 Nr. 1 bis 4 und Abs. 2 entsprechend.

(4) Bei Bewerbern um die Fahrlehrerlaubnis, die vor dem 1. November 1987 ihre Ausbildung in einer amtlich anerkannten Fahrlehrerausbildungsstätte abgeschlossen haben, gilt hinsichtlich der Erteilung der Fahrlehrerlaubnis die bis zu diesem Zeitpunkt geltende Regelung des § 2 Nr. 4 und 4a.

(5) Nichtrechtsfähige Vereine, denen vor dem 17. Mai 1986 die Fahrschulerlaubnis erteilt worden ist, können von ihr weiterhin Gebrauch machen.

(6) Bei Bewerbern, die ihre Ausbildung in einer amtlich anerkannten Fahrlehrerausbildungsstätte oder in einer Stelle nach § 30 Abs. 2 vor dem 1. Januar 1999 begonnen und vor dem 1. Januar 2001 abgeschlossen haben, richtet sich die Erteilung der Fahrlehrerlaubnis während dieser zwei Jahre noch nach den vor dem 1. Januar 1999 geltenden Vorschriften.

(7) Die vor dem 1. Januar 1999 erteilten Fahrlehrerlaubnisse der Klassen 3, 1 und 2 gelten weiter im Umfang der Erlaubnis der Klassen BE, A und CE. Die Fahrlehrerlaubnis der Klasse 2 berechtigt zur Ausbildung von Fahrschülern, welche die Fahrerlaubnis der Klasse DE erwerben wollen, wenn der Fahrlehrer als Inhaber der Fahrerlaubnis zur Fahrgastbeförderung am 31. Dezember 1998 berechtigt war, Bewerber um die Fahrerlaubnis zur Fahrgastbeförderung für Kraftomnibusse auszubilden. Die vor dem 1. Januar 1999 erteilten Fahrlehrerlaubnisse der Bundeswehr gelten weiter.

(8) Die vor dem 1. Januar 1999 erteilten Fahrschulerlaubnisse gelten weiter im Umfang der zugrundeliegenden Fahrlehrerlaubnis des Inhabers oder verantwortlichen Leiters. Absatz 7 Satz 1 und 2 gilt entsprechend.

(9) Hat eine juristische Person als Inhaberin der Fahrschulerlaubnis vor dem 1. Januar 1999 mehr als einen verantwortlichen Leiter des Ausbildungsbetriebs bestellt, darf sie den Ausbildungsbetrieb in der an diesem Tage vorhandenen Organisationsform bis spätestens zwei Jahre nach dem genannten Zeitpunkt fortsetzen.

(10) Ist vor dem 1. Januar 1999 der Betrieb einer Gemeinschaftsfahrschule aufgenommen worden, haben die Anzeige und die Vorlage der beglaubigten Abschrift des Gesellschaftsvertrages (§ 17 Nr. 9) innerhalb von zwei Jahren nach dem genannten Zeitpunkt zu erfolgen.

(11) Wer als Inhaber einer Fahrschule vor dem 1. Januar 1999 durch von ihm beschäftigte Fahrlehrer Nachschulungskurse hat durchführen lassen, ohne selbst Inhaber der Nachschulungserlaubnis nach § 31 Abs. 1 zu sein, bedarf auch weiterhin keiner eigenen Seminarerlaubnis.

(12) (*aufgehoben*)

(13) Die vor dem 1. Januar 1999 erteilte Anerkennung einer Fahrlehrerausbildungsstätte berechtigt zur Ausbildung von Fahrlehreranwärtern der jeweiligen entsprechenden neuen Fahrlehrerlaubnisklasse. Absatz 7 Satz 1 und 2 gilt entsprechend.

(14) Die Vorschriften über die Fahrlehrerausbildung nach § 2 Abs. 5 sind ab 1. Oktober 1999 anzuwenden.

(15) Inhaber einer Fahrlehrerlaubnis, die noch nicht an einer Fortbildung nach § 33a teilgenommen haben, müssen der Verpflichtung zur Fortbildung bis spätestens 1. Januar 2001 nachkommen.

(16) Eine bis zum 31. März 2008 nach § 2 Abs. 6 in der bis zum 31. März 2008 geltenden Fassung erteilte Fahrlehrerlaubnis behält vorbehaltlich der vorstehenden Absätze ihre Gültigkeit.

(17) Seminarerlaubnisse nach § 31 Absatz 1 in der bis zum Ablauf des 30. April 2014 anwendbaren Fassung, die bis zum Ablauf des 29. August 2013 erteilt worden sind, berechtigen noch bis zum 30. April 2016 zur Durchführung der verkehrspädagogischen Teilmaßnahme des Fahreignungsseminars, wenn der Inhaber der

§ 7 Anhang

Seminarerlaubnis vor der Durchführung des Fahreignungsseminars an einem mindestens dreitägigen Fortbildungslehrgang über die Inhalte des Fahreignungsseminars teilgenommen hat. Die Pflicht zur regelmäßigen Fortbildung nach § 33a Absatz 2 entsteht nach der Teilnahme an diesem Fortbildungslehrgang. Im Fall des Satzes 1 gilt § 31a mit der Maßgabe, dass die Voraussetzung nach § 31a Absatz 2 Satz 1 Nummer 4 durch die Teilnahme an dem Fortbildungslehrgang nach Satz 1 als erfüllt anzusehen ist.

C. FeV

Fahrerlaubnis-Verordnung vom 13. Dezember 2010 (BGBl. I S. 1980), die durch Artikel 2 der Verordnung vom 5. November 2013 (BGBl. I S. 3920) geändert worden ist

– Auszüge –

§ 40 Bezeichnung und Bewertung nach dem Fahreignungs-Bewertungssystem

22 Dem Fahreignungs-Bewertungssystem sind die in Anlage 13 bezeichneten Zuwiderhandlungen mit der dort jeweils festgelegten Bewertung zu Grunde zu legen.

§ 41 Maßnahmen der nach Landesrecht zuständigen Behörde

23 (1) Die Ermahnung des Inhabers einer Fahrerlaubnis nach § 4 Absatz 5 Satz 1 Nummer 1 des Straßenverkehrsgesetzes, seine Verwarnung nach § 4 Absatz 5 Satz 1 Nummer 2 des Straßenverkehrsgesetzes und der jeweils gleichzeitige Hinweis auf die freiwillige Teilnahme an einem Fahreignungsseminar erfolgen schriftlich unter Angabe der begangenen Verkehrszuwiderhandlungen.
(2) *(aufgehoben)*
(3) *(aufgehoben)*
(2) Die Anordnung eines Verkehrsunterrichts nach § 48 der Straßenverkehrs-Ordnung bleibt unberührt.

§ 42 Fahreignungsseminar

24 (1) Das Fahreignungsseminar besteht aus einer verkehrspädagogischen und aus einer verkehrspsychologischen Teilmaßnahme. Die Teilmaßnahmen sind durch gegenseitige Information der jeweiligen Seminarleiter aufeinander abzustimmen.
(2) Die verkehrspädagogische Teilmaßnahme zielt auf die Vermittlung von Kenntnissen zum Risikoverhalten, die Verbesserung der Gefahrenkognition, die Anregung zur Selbstreflexion und die Entwicklung von Verhaltensvarianten ab. Sie umfasst zwei Module zu je 90 Minuten entsprechend der Anlage 16. Neben den dort genannten Lehr- und Lernmethoden und Medien dürfen auch Methoden und Medien eingesetzt werden, die den gleichen Lernerfolg gewährleisten. Über die Geeignetheit der Methoden und

Medien entscheidet die nach Landesrecht zuständige Behörde, die zur Bewertung ein unabhängiges wissenschaftliches Gutachten einer für die Bewertung geeigneten Stelle einholen kann. Die verkehrspädagogische Teilmaßnahme kann als Einzelmaßnahme oder in Gruppen mit bis zu sechs Teilnehmern durchgeführt werden.

(3) Modul 1 der verkehrspädagogischen Teilmaßnahme umfasst folgende Bausteine:
1. Einzelbaustein „Seminarüberblick",
2. teilnehmerbezogene Darstellung der individuellen Fahrerkarriere und Sicherheitsverantwortung,
3. teilnehmerbezogene Darstellung der individuellen Mobilitätsbedeutung,
4. Darstellung der individuellen Mobilitätsbedeutung als Hausaufgabe,
5. Einzelbaustein „Erläuterung des Fahreignungs-Bewertungssystems",
6. tatbezogene Bausteine zu Verkehrsregeln und Rechtsfolgen bei Zuwiderhandlungen mit folgenden Varianten:
   a) Geschwindigkeit,
   b) Abstand,
   c) Vorfahrt und Abbiegen,
   d) Überholen,
   e) Ladung,
   f) Telefonieren im Fahrzeug,
   g) Alkohol und andere berauschende Mittel,
   h) Straftaten,
7. Festigungsbaustein „Übung zur Klärung der individuellen Mobilitätssituation" und
8. Hausaufgabenbaustein „Übung zur Selbstbeobachtung".

(4) Modul 2 der verkehrspädagogischen Teilmaßnahme umfasst folgende Bausteine:
1. Auswertung der Hausaufgaben,
2. tatbezogene Bausteine zu Risikoverhalten und Unfallfolgen und
3. Festigungsbaustein „individuelle Sicherheitsverantwortung".

(5) Die Auswahl der tatbezogenen Bausteine nach den Absätzen 3 und 4 wird vom Seminarleiter in Abhängigkeit von den in den individuellen Fahrerkarrieren dargestellten Verkehrszuwiderhandlungen vorgenommen. Modul 2 der verkehrspädagogischen Teilmaßnahme darf frühestens nach Ablauf von einer Woche nach Abschluss des Moduls 1 begonnen werden.

(6) Die verkehrspsychologische Teilmaßnahme zielt darauf ab, dem Teilnehmer Zusammenhänge zwischen auslösenden und aufrechterhaltenden Bedingungen des regelwidrigen Verkehrsverhaltens aufzuzeigen. Sie soll beim Teilnehmer Reflexionsbereitschaft erzeugen und Veränderungsbereitschaft schaffen. Sie umfasst zwei Sitzungen zu je 75 Minuten und ist als Einzelmaßnahme durchzuführen.

(7) Sitzung 1 der verkehrspsychologischen Teilmaßnahme dient der Verhaltensanalyse, der Entwicklung eines funktionalen Bedingungsmodells und der Erarbeitung von Lösungsstrategien. Sie umfasst
1. die Erarbeitung der auslösenden und aufrechterhaltenden inneren und äußeren Bedingungen der Verkehrszuwiderhandlungen als Verhaltensanalyse,
2. die Erarbeitung der Funktionalität des Fehlverhaltens in Form einer Mittel-Zweck-Relation,
3. die Aktivierung persönlicher Stärken und Unterstützungsmöglichkeiten sowie Motivationsarbeit,
4. die Ausarbeitung schriftlicher Zielvereinbarungen, diese umfassen
   a) die Spezifikation des Zielverhaltens in Form von Lösungsstrategien,
   b) die Festlegung der Verstärker, Belohnungen und positiven Konsequenzen und
   c) die Festlegung der zu erreichenden Schritte und
5. die Hausaufgaben „Selbstbeobachtung des Verhaltens in kritischen Situationen" und „Erprobung des neuen Zielverhaltens".
(8) Sitzung 2 der verkehrspsychologischen Teilmaßnahme dient der Festigung der Lösungsstrategien. Sie umfasst
1. die Besprechung der Erfahrungen aus der Selbstbeobachtung,
2. die Besprechung der Einhaltung der Zielvereinbarungen,
3. die Erarbeitung und Weiterentwicklung von Verhaltensstrategien und
4. die Aktivierung persönlicher Stärken und Unterstützungsmöglichkeiten sowie Motivationsarbeit.
(9) Mit Sitzung 2 der verkehrspsychologischen Teilmaßnahme darf frühestens nach Ablauf von drei Wochen nach Abschluss von Sitzung 1 begonnen werden.

§ 43 Überwachung der Fahreignungsseminare nach § 42 und der Einweisungslehrgänge nach § 31a Absatz 2 Satz 1 Nummer 4 des Fahrlehrergesetzes

(1) Die nach Landesrecht zuständige Behörde hat die Durchführung der Fahreignungsseminare auf die Einhaltung von folgenden Kriterien zu prüfen:
1. das Vorliegen der Voraussetzungen für die Seminarerlaubnis
   a) Verkehrspädagogik nach § 31a Absatz 2 des Fahrlehrergesetzes oder
   b) Verkehrspsychologie nach § 4a Absatz 4 des Straßenverkehrsgesetzes,
2. das Vorliegen des Nachweises der jährlichen Fortbildung nach § 4a Absatz 7 des Straßenverkehrsgesetzes oder § 33a Absatz 2 des Fahrlehrergesetzes,
3. die räumliche und sachliche Ausstattung,
4. die Aufzeichnungen über die Seminarteilnehmer in Gestalt von Name, Vorname, Geburtsdatum und Anschrift sowie deren Unterschriften auf der Teilnehmerliste je Modul oder Sitzung und

5. die anonymisierte Dokumentation der durchgeführten Seminare, die Folgendes umfasst:
   a) für die verkehrspädagogische Teilmaßnahme
      aa) das Datum, die Dauer und den Ort der durchgeführten Module,
      bb) die Anzahl der Teilnehmer,
      cc) die Kurzdarstellungen der Fahrerkarrieren,
      dd) die eingesetzten Bausteine und Medien,
      ee) die Hausaufgaben und
      ff) die Seminarverträge,
   b) für die verkehrspsychologische Teilmaßnahme
      aa) das Datum, die Dauer und den Ort der durchgeführten Sitzungen,
      bb) die auslösenden und aufrechterhaltenden Bedingungen der Verkehrszuwiderhandlungen,
      cc) die Funktionalität des Problemverhaltens,
      dd) die erarbeiteten Lösungsstrategien,
      ee) die persönlichen Stärken des Teilnehmers,
      ff) die Zielvereinbarungen und
      gg) den Seminarvertrag.

Die nach Landesrecht zuständige Behörde kann die Einhaltung weiterer gesetzlicher Bestimmungen in die Überwachung einbeziehen.

(2) Die nach Landesrecht zuständige Behörde hat die Durchführung der Einweisungslehrgänge nach § 31a Absatz 2 Satz 1 Nummer 4 des Fahrlehrergesetzes auf die Einhaltung von folgenden Kriterien zu prüfen:
1. das Vorliegen der Voraussetzungen für die Anerkennung von Einweisungslehrgängen nach § 31b Absatz 1 des Fahrlehrergesetzes,
2. die Einhaltung des Ausbildungsprogramms nach § 31b Absatz 1 Satz 2 Nummer 1 des Fahrlehrergesetzes,
3. die Dokumentation der durchgeführten Einweisungslehrgänge, die Folgendes umfasst:
   a) die Vornamen und Familiennamen des Lehrgangsleiters und der eingesetzten Lehrkräfte,
   b) die Vornamen und Familiennamen und die Geburtsdaten der Teilnehmer,
   c) die Kurzdarstellung des Verlaufs des Lehrgangs einschließlich der Inhalte und eingesetzten Methoden,
   d) das Datum, die Dauer und den Ort der durchgeführten Kurse und e) die Anwesenheit der Teilnehmer bei allen Kursen.

Die nach Landesrecht zuständige Behörde kann die Einhaltung weiterer gesetzlicher Bestimmungen in die Überwachung einbeziehen.

§ 44 Teilnahmebescheinigung

26 (1) Nach Abschluss des Fahreignungsseminars ist vom Seminarleiter der abschließenden Teilmaßnahme eine Bescheinigung zur Vorlage bei der nach Landesrecht zuständigen Behörde auszustellen. Sie enthält
1. den Vornamen und Familiennamen, den Tag der Geburt und die Anschrift des Seminarteilnehmers,
2. die Bezeichnung der absolvierten Bausteine und
3. die Daten der durchgeführten Module und Sitzungen.

Die Bescheinigung ist von den Seminarleitern beider Teilmaßnahmen und vom Seminarteilnehmer unter Angabe des Ausstellungsdatums zu unterschreiben.

(2) Die Ausstellung einer Teilnahmebescheinigung ist vom Seminarleiter zu verweigern, wenn der Seminarteilnehmer
1. nicht an allen Sitzungen des Seminars teilgenommen hat,
2. eine offene Ablehnung gegenüber den Zielen der Maßnahme zeigt oder
3. den Lehrstoff und Lernstoff nicht aktiv mitgestaltet.

Anlage 13 Bezeichnung und Bewertung der im Rahmen des Fahreignungs-Bewertungssystems zu berücksichtigenden Straftaten und Ordnungswidrigkeiten (zu § 40 FeV)

27 Im Fahreignungsregister sind nachfolgende Entscheidungen zu speichern und im Fahreignungs-Bewertungssystem wie folgt zu bewerten:

1. mit drei Punkten folgende Straftaten, soweit die Entziehung der Fahrerlaubnis oder eine isolierte Sperre angeordnet worden ist:

laufende Nummer	Straftat	Vorschriften
1.1	Fahrlässige Tötung	§ 222 StGB
1.2	Fahrlässige Körperverletzung	§ 229 StGB
1.3	Nötigung	§ 240 StGB
1.4	Gefährliche Eingriffe in den Straßenverkehr	§ 315b StGB
1.5	Gefährdung des Straßenverkehrs	§ 315c StGB
1.6	Unerlaubtes Entfernen vom Unfallort	§ 142 StGB
1.7	Trunkenheit im Verkehr	§316 StGB
1.8	Vollrausch	§ 323a StGB
1.9	Unterlassene Hilfeleistung	§ 323c StGB

laufende Nummer	Straftat	Vorschriften
1.10	Führen oder Anordnen oder Zulassen des Führens eines Kraftfahrzeugs ohne Fahrerlaubnis, trotz Fahrverbots oder trotz Verwahrung, Sicherstellung oder Beschlagnahme des Führerscheins	§ 21 StVG
1.11	Kennzeichenmissbrauch	§ 22 StVG

2. mit zwei Punkten:

2.1 folgende Straftaten, soweit sie nicht von Nummer 1 erfasst sind:

laufende Nummer	Straftat	Vorschriften
2.1.1	Fahrlässige Tötung, soweit ein Fahrverbot angeordnet worden ist	§ 222 StGB
2.1.2	Fahrlässige Körperverletzung, soweit ein Fahrverbot angeordnet worden ist	§ 229 StGB
2.1.3	Nötigung, soweit ein Fahrverbot angeordnet worden ist	§ 240 StGB
2.1.4	Gefährliche Eingriffe in den Straßenverkehr	§315b StGB
2.1.5	Gefährdung des Straßenverkehrs	§ 315c StGB
2.1.6	Unerlaubtes Entfernen vom Unfallort	§ 142 StGB
2.1.7	Trunkenheit im Verkehr	§ 316 StGB
2.1.8	Vollrausch, soweit ein Fahrverbot angeordnet worden ist	§ 323a StGB
2.1.9	Unterlassene Hilfeleistung, soweit ein Fahrverbot angeordnet worden ist	§ 323c StGB
2.1.10	Führen oder Anordnen oder Zulassen des Führens eines Kraftfahrzeugs ohne Fahrerlaubnis, trotz Fahrverbots oder trotz Verwahrung, Sicherstellung oder Beschlagnahme des Führerscheins	§ 21 StVG
2.1.11	Kennzeichenmissbrauch, soweit ein Fahrverbot angeordnet worden ist	§ 22 StVG

§ 7 Anhang

2.2 folgende besonders Verkehrssicherheitsbeeinträchtigende Ordnungswidrigkeiten:

laufende Nummer	Ordnungswidrigkeit	laufende Nummer der Anlage zur Bußgeldkatalog-Verordnung (BKat)*
2.2.1	Kraftfahrzeug geführt mit einer Atemalkoholkonzentration von 0,25 mg/l oder mehr oder mit einer Blutalkoholkonzentration von 0,5 Promille oder mehr oder mit einer Alkoholmenge im Körper, die zu einer solchen Atem- oder Blutalkoholkonzentration führt	241, 241.1, 241.2
2.2.2	Kraftfahrzeug unter der Wirkung eines in der Anlage zu § 24a Absatz 2 des Straßenverkehrsgesetzes genannten berauschenden Mittels geführt	242, 242.1, 242.2
2.2.3	Zulässige Höchstgeschwindigkeit überschritten	9.1 bis 9.3, 11.1 bis 11.3 jeweils in Verbindung mit 11.1.6 bis 11.1.10 der Tabelle 1 des Anhangs (11.1.6 nur innerhalb geschlossener Ortschaften), 11.2.5 bis 11.2.10 der Tabelle 1 des Anhangs (11.2.5 nur innerhalb geschlossener Ortschaften) oder 11.3.6 bis 11.3.10 der Tabelle 1 des Anhangs (11.3.6 nur innerhalb geschlossener Ortschaften)
2.2.4	Erforderlichen Abstand von einem vorausfahrenden Fahrzeug nicht eingehalten	12.6 in Verbindung mit 12.6.3, 12.6.4 oder 12.6.5 der Tabelle 2 des Anhangs sowie 12.7 in Verbindung mit 12.7.3, 12.7.4 oder 12.7.5 der Tabelle 2 des Anhangs
2.2.5	Überholvorschriften nicht eingehalten	19.1.1, 19.1.2, 21.1, 21.2
2.2.6	Auf der durchgehenden Fahrbahn von Autobahnen oder Kraftfahrstraßen gewendet, rückwärts oder entgegen der Fahrtrichtung gefahren	83.3
2.2.7	Als Fahrzeugführer Bahnübergang unter Verstoß gegen die Wartepflicht oder trotz geschlossener Schranke oder Halbschranke überquert	89b.2, 244

* Bußgeldkatalog

C. FeV § 7

laufende Nummer	Ordnungswidrigkeit	laufende Nummer der Anlage zur Bußgeldkatalog-Verordnung (BKat)
2.2.8	Als Fahrzeugführer rotes Wechsellichtzeichen oder rotes Dauerlichtzeichen nicht befolgt bei Gefährdung, mit Sachbeschädigung oder bei schon länger als einer Sekunde andauernder Rotphase eines Wechsellichtzeichens	132.1, 132.2, 132.3, 132.3.1, 132.3.2
2.2.9	Als Kraftfahrzeugführer an einem Kraftfahrzeugrennen teilgenommen	248

3. mit einem Punkt folgende Verkehrssicherheitsbeeinträchtigende Ordnungswidrigkeiten:

3.1 folgende Verstöße gegen die Vorschriften des Straßenverkehrsgesetzes:

laufende Nummer	Verstöße gegen die Vorschriften	laufende Nummer des BKat*
3.1.1	des § 24c des Straßen Verkehrsgesetzes	243

3.2 folgende Verstöße gegen die Vorschriften der Straßenverkehrs-Ordnung:

laufende Nummer	Verstöße gegen die Vorschriften über	laufende Nummer des BKat*
3.2.1	die Straßenbenutzung durch Fahrzeuge	4.1, 4.2, 5a, 5a. 1, 6
3.2.2	die Geschwindigkeit	8.1, 9, 10,11 in Verbindung mit 11.1.3, 11.1.4, 11.1.5, 11.1.6 der Tabelle 1 des Anhangs (11.1.6 nur außerhalb geschlossener Ortschaften), 11.2.2, 11.2.3, 11.2.4, 11.2.5 der Tabelle 1 des Anhangs (11.2.5 nur außerhalb geschlossener Ortschaften), 11.3.4, 11.3.5, 11.3.6 der Tabelle 1 des Anhangs (11.3.6 nur außerhalb geschlossener Ortschaften)

* Bußgeldkatalog

§ 7 Anhang

laufende Nummer	Verstöße gegen die Vorschriften über	laufende Nummer des BKat*
3.2.3	den Abstand	12.5 in Verbindung mit 12.5.1, 12.5.2, 12.5.3, 12.5.4 oder 12.5.5 der Tabelle 2 des Anhangs, 12.6 in Verbindung mit 12.6.1 oder 12.6.2 der Tabelle 2 des Anhangs, 12.7 in Verbindung mit 12.7.1 oder 12.7.2 der Tabelle 2 des Anhangs, 15
3.2.4	das Überholen	17, 18, 19, 19.1, 153a, 21, 22
3.2.5	die Vorfahrt	34
3.2.6	das Abbiegen, Wenden und Rückwärtsfahren	39.1, 41, 42.1, 44
3.2.7	Park- oder Halteverbote mit Behinderung von Rettungsfahrzeugen	51b.3, 53.1
3.2.8	das Liegenbleiben von Fahrzeugen	66
3.2.9	die Beleuchtung	76
3.2.10	die Benutzung von Autobahnen und Kraftfahrstraßen	79, 80.1, 82, 83.1, 83.2, 85, 87a, 88
3.2.11	das Verhalten an Bahnübergängen	89, 89b.1
3.2.12	das Verhalten an öffentlichen Verkehrsmitteln und Schulbussen	92.1, 92.2, 93, 95.1, 95.2
3.2.13	die Personenbeförderung, die Sicherungspflichten	99.1, 99.2
3.2.14	die Ladung	102.1, 102.1.1, 102.2.1, 104
3.2.15	die sonstigen Pflichten des Fahrzeugführers	108, 246.1, 247
3.2.16	das Verhalten am Fußgängerüberweg	113
3.2.17	die übermäßige Straßenbenutzung	116
3.2.18	Verkehrshindernisse	123
3.2.19	das Verhalten gegenüber Zeichen oder Haltgebot eines Polizeibeamten sowie an Wechsellichtzeichen, Dauerlichtzeichen und Grünpfeil	129, 132, 133.1, 133.2, 133.3.1, 133.3.2
3.2.20	Vorschriftzeichen	150, 151.1, 151.2, 152, 152.1
3.2.21	Richtzeichen	157.3, 159b
3.2.22	andere verkehrsrechtliche Anordnungen	164
3.2.23	Auflagen	166, 233

3.3 folgende Verstöße gegen die Vorschriften der Fahrerlaubnis-Verordnung:

laufende Nummer	Verstöße gegen die Vorschriften über	laufende Nummer des BKat*
3.3.1	die Fahrerlaubnis zur Fahrgastbeförderung	171, 172
3.3.2	das Führen von Kraftfahrzeugen ohne Begleitung	251a

3.4 folgende Verstöße gegen die Vorschriften der Fahrzeug-Zulassungsverordnung:

laufende Nummer	Verstöße gegen die Vorschriften über	laufende Nummer des BKat*
3.4.1	die Zulassung	175
3.4.2	ein Betriebsverbot und Beschränkungen	253

3.5 folgende Verstöße gegen die Vorschriften der Straßenverkehrs-Zulassungs-Ordnung:

laufende Nummer	Verstöße gegen die Vorschriften über	laufende Nummer des BKat*
3.5.1	die Untersuchung der Kraftfahrzeuge und Anhänger	186.1.3, 186.1.4, 186.2.3, 187a
3.5.2	die Verantwortung für den Betrieb der Fahrzeuge	189.1.2, 189.2.1, 189.3.1, 189.3.2, 189a.1, 189a.2
3.5.3	die Abmessungen von Fahrzeugen und Fahrzeugkombinationen	192, 193
3.5.4	die Kurvenlaufeigenschaften von Fahrzeugen	195, 196
3.5.5	die Achslast, das Gesamtgewicht, die Anhängelast hinter Kraftfahrzeugen	198 und 199 jeweils in Verbindung mit 198.1.2 bis 198.1.7, 199.1.2 bis 199.1.6, 198.2.4 oder 199.2.4, 198.2.5 oder 199.2.5, 198.2.6 oder 199.2.6 der Tabelle 3 des Anhangs
3.5.6	die Besetzung von Kraftomnibussen	201, 202
3.5.7	Bereifung und Laufflächen	212, 213

* Bußgeldkatalog
* Bußgeldkatalog

§ 7 Anhang

laufende Nummer	Verstöße gegen die Vorschriften über	laufende Nummer des BKat
3.5.8	die sonstigen Pflichten für den verkehrssicheren Zustand des Fahrzeugs	214.1, 214.2, 214a.1, 214a.2
3.5.9	die Stützlast	217
3.5.10	den Geschwindigkeitsbegrenzer	223, 224

3.6 folgende Verstöße gegen die Vorschriften der Gefahrgutverordnung Straße, Eisenbahn und Binnenschifffahrt (GGVSEB):

laufende Nummer	Beschreibung der Zuwiderhandlung	gesetzliche Grundlage
3.6.1	Als tatsächlicher Verlader Versandstücke, die gefährliche Güter enthalten, und unverpackte gefährliche Gegenstände nicht durch geeignete Mittel gesichert, die in der Lage sind, die Güter im Fahrzeug oder Container zurückzuhalten, sowie, wenn gefährliche Güter zusammen mit anderen Gütern befördert werden, nicht alle Güter in den Fahrzeugen oder Containern so gesichert oder verpackt, dass das Austreten gefährlicher Güter verhindert wird.	Unterabschnitt 7.5.7.1 ADR i.V.m. § 37 Absatz 1 Nummer 21 Buchstabe a GGVSEB
3.6.2	Als Fahrzeugführer Versandstücke, die gefährliche Güter enthalten, und unverpackte gefährliche Gegenstände nicht durch geeignete Mittel gesichert, die in der Lage sind, die Güter im Fahrzeug oder Container zurückzuhalten, sowie, wenn gefährliche Güter zusammen mit anderen Gütern befördert werden, nicht alle Güter in den Fahrzeugen oder Containern so gesichert oder verpackt, dass das Austreten gefährlicher Güter verhindert wird.	Unterabschnitt 7.5.7.1 ADR i.V.m. § 37 Absatz 1 Nummer 21 Buchstabe a GGVSEB
3.6.3	Als Beförderer und in der Funktion als Halter des Fahrzeugs entgegen § 19 Absatz 2 Nummer 15 GGVSEB dem Fahrzeugführer die erforderliche Ausrüstung zur Durchführung der Ladungssicherung nicht übergeben	Unterabschnitt 7.5.7.1 ADR i.V.m. § 37 Absatz 1 Nummer 6 Buchstabe o GGVSEB

Anlage 16 Rahmenplan für die Durchführung der verkehrspädagogischen Teilmaßnahme des Fahreignungsseminars

Modul 1

1. Baustein „Seminarüberblick"

	Lehr-Lernziele Der Seminarteilnehmer kann ...	Lehr-Lerninhalte	Lehr-Lernmethoden	Medien/Materialien
1.1	... den organisatorischen Ablauf des Fahreignungsseminars beschreiben.	■ Anzahl der Teilmaßnahmen und Module ■ Zeitliche Vorgaben zu den Teilmaßnahmen, zu den Modulen und zur Gesamtmaßnahme	Lehrvortrag	Folien-Präsentation/Film Merkblatt „Seminarüberblick"
1.2	... die wichtigsten Lehr-Lerninhalte und Lehr-Lernmethoden der verkehrspädagogischen Teilmaßnahme wiedergeben.	■ Bausteinstruktur und -inhalte ■ Lehr-Lernmethoden		
1.3	... den Inhalt der Vertraulichkeitsversicherung darlegen.	■ Vertraulichkeitsversicherung		
1.4	... die Voraussetzungen der Seminaranerkennung und die möglichen Konsequenzen einer Nichterfüllung benennen.	■ Anwesenheit ■ Aktive Mitarbeit ■ Hausaufgabenbearbeitung ■ Keine offene Ablehnung ■ Konsequenzen der Nichterfüllung der Voraussetzungen		
1.5	... die wesentlichen Inhalte der verkehrspsychologischen Teilmaßnahme skizzieren.	■ Überblick über die Inhalte der verkehrspsychologischen Teilmaßnahme		

2. Baustein „Individuelle Fahrkarriere und Sicherheitsverantwortung"

	Lehr-Lernziele Der Seminarteilnehmer kann ...	Lehr-Lerninhalte	Lehr-Lernmethoden	Medien/Materialien
2.1	... das Gefahrenpotenzial beschreiben, welches sein bisheriges Tatverhalten birgt.	■ Bedeutsame kritische Fahrsituationen seit dem Fahrerlaubniserwerb	Erfahrungsberichte/ Diskussion/kooperatives Lernen	Arbeitsblatt „Meine Fahrkarriere"
		■ Unfallrisiken und Verantwortung im Zusammenhang mit den berichteten Fahrsituationen	Lehrvortrag	Folien-Präsentation/Film/Fotos/ Zeitungsartikel

3. Baustein „Individuelle Mobilitätsbedeutung"

	Lehr-Lernziele Der Seminarteilnehmer kann ...	Lehr-Lerninhalte	Lehr-Lernmethoden	Medien/Materialien
3.1	... erläutern, warum das Kraftfahrzeug ein für ihn bedeutsames Fortbewegungs- und Transportmittel darstellt.	■ Individuell bedeutsame Nutzungsmöglichkeiten des Kraftfahrzeugs	Kooperatives Lernen/Einzelarbeit/ Diskussion	Arbeitsblatt „Wann brauche ich ein Kraftfahrzeug?"
3.2	... Folgen eines Mobilitätsverlusts benennen.	■ Folgen eines Mobilitätsverlusts		

4. Baustein Hausaufgabe „Darstellung der individuellen Mobilitätsbedeutung"

	Lehr-Lernziele Der Seminarteilnehmer kann ...	Lehr-Lerninhalte	Lehr-Lernmethoden	Medien/Materialien
4.1	... begründen, inwiefern ein Mobilitätsverlust zu einer Abnahme seiner Lebensqualität führt.	■ Individuelle Bedeutung des Mobilseins ■ Individuelle Konsequenzen eines Mobilitätsverlusts	Hausaufgabe	Arbeitsblatt „Meine individuelle Mobilitätsbedeutung"

5. Baustein „Erläuterung des Fahreignungs-Bewertungssystems"

	Lehr-Lernziele Der Seminarteilnehmer kann ...	Lehr-Lerninhalte	Lehr-Lernmethoden	Medien/Materialien
5.1	... die Regelungen des Fahreignungs-Bewertungssystems wiedergeben.	■ Punkte und Sanktionen bei Regelverstößen ■ Stufen des Punktsystems ■ Fristen zur Punktetilgung	Lehrvortrag	Folien-Präsentation/Film

6. Baustein „Verkehrsregeln und Rechtsfolgen bei Regelverstößen"

	Lehr-Lernziele Der Seminarteilnehmer kann ...	Lehr-Lerninhalte	Lehr-Lernmethoden	Medien/Materialien
6.1	... die Auswahl der tatbezogenen Bausteine begründen.	■ Zuwiderhandlungen und daraus resultierende Bausteinauswahl	Lehrvortrag	

C. FeV §7

	Lehr-Lernziele Der Seminarteilnehmer kann …	Lehr-Lerninhalte	Lehr-Lernmethoden	Medien/Materialien
6.2	… die tatbezogenen Verkehrsregeln anwenden und begründen.	■ Tatbezogene Verkehrsregeln	Computergestütztes kooperatives Lernen	Aufgaben
6.3	… die resultierenden Rechtsfolgen tatbezogener Regelverstöße benennen.	■ Rechtsfolgen tatbezogener Regelverstöße	Übung/Lernstandkontrolle 100% korrekt / nein → Erläuterung / ja	„Verkehrsregeln" Filme/Simulationen/animierte Grafiken/Fotos/Grafiken

7. Baustein „Übung zur Klärung der individuellen Mobilitätssituation"

	Lehr-Lernziele Der Seminarteilnehmer kann …	Lehr-Lerninhalte	Lehr-Lernmethoden	Medien/ Materialien
7.1	… bestimmte tatbezogene Regelverstöße den entsprechenden Punktekategorien zuordnen und für jeden Verstoß ableiten, ob dieser zum Entzug der Fahrerlaubnis führen würde.	■ Tatbezogene Regelverstöße ■ Punktekategorien des Fahreignungs- Bewertungssystems ■ Fahrerlaubnisentzug als Folge tatbezogener Regelverstöße	Kooperatives Lernen/Diskussion	

8. Baustein Hausaufgabe „Übung zur Selbstbeobachtung"

	Lehr-Lernziele Der Seminarteilnehmer kann …	Lehr-Lerninhalte	Lehr-Lernmethoden	Medien/ Materialien
8.1	… auslösende und aufrecht erhaltende Bedingungen seines Tatverhaltens schildern.	■ Individuelle Gelegenheitsstrukturen, die das Begehen von Regelverstößen fördern	Hausaufgabe	Arbeitsblatt „Selbstbeobachtung"

§ 7 Anhang

Modul 2

9. Baustein „Auswertung der Hausaufgaben"

	Lehr-Lernziele Der Seminarteilnehmer kann ...	Lehr-Lerninhalte	Lehr-Lernmethoden	Medien/Materialien
9.1	... begründen, inwiefern ein Mobilitätsverlust zu einer Abnahme seiner Lebensqualität führt.	■ Individuelle Bedeutung des Mobilseins ■ Individuelle Konsequenzen eines Mobilitätsverlusts	Diskussion/Erfahrungsberichte/Lernstandkontrolle	Arbeitsblatt „Meine individuelle Mobilitätsbedeutung"
9.2	... auslösende und aufrechterhaltende Bedingungen seines Tatverhaltens schildern.	■ Individuelle Gelegenheitsstrukturen, die das Begehen von Regelverstößen fördern		Arbeitsblatt „Selbstbeobachtung"

10. Baustein „Risikoverhalten und Unfallfolgen"

	Lehr-Lernziele Der Seminarteilnehmer kann ...	Lehr-Lerninhalte	Lehr-Lernmethoden	Medien/Materialien
10.1	... darüber berichten, dass bestimmte (Gefahren-) Situationen verzerrt wahrgenommen und falsch beurteilt werden.	■ Wahrnehmungs- und Beurteilungsfehler	Computergestütztes kooperatives Lernen	Aufgaben
10.2	... Konsequenzen des aus Fehleinschätzungen resultierenden Fahrverhaltens benennen.	■ Konsequenzen des aus Fehleinschätzungen resultierenden Fahrverhaltens		„Fehleinschätzungen" Filme/animierte Grafiken/Fotos/ Grafiken
10.3	... risikominimierende Fahrverhaltensweisen darstellen.	■ Risikominimierende Fahrverhaltensstrategien		
10.4	... die Sinnhaftigkeit von Verkehrsregeln begründen.	■ Sinnhaftigkeit von Verkehrsregeln		
10.5	... tatbezogene Auslöser nennen, die einen Unfall verursachen können.	■ Tatbezogene Auslöser von Unfällen	Diskussion/ Lehrvortrag	Folien-Präsentation/Filme
10.6	... das tatbezogene Unfallrisiko einschätzen.	■ Tatbezogenes Unfallrisiko		
10.7	... mögliche Unfallfolgen für Unfallbeteiligte und deren Angehörige benennen.	■ Mögliche Unfallfolgen für Unfallbeteiligte und deren Angehörige		

C. FeV §7

11. Baustein „Individuelle Sicherheitsverantwortung"

	Lehr-Lernziele	Lehr-Lerninhalte	Lehr-Lernmethoden	Medien/Materialien
	Der Seminarteilnehmer kann …			
11.1	… anhand realer Unfälle über mögliche Unfallfolgen seines Tatverhaltens berichten.	■ Mögliche Unfallfolgen für Unfallbeteiligte und deren Angehörige (Einzelschicksale)	Diskussion/ Lehrvortrag	Folien-Präsentation/Film
11.2	… die in der verkehrspädagogischen Teilmaßnahme vermittelten Kenntnisse wiedergeben.	■ Zusammenfassung der in der verkehrspädagogischen Maßnahme vermittelten Kenntnisse		
11.3	… seine Einstellungen zum eigenen Fahrverhalten und zur persönlichen Sicherheitsverantwortung beschreiben.	■ Meinungen und Positionen der Teilnehmer zur Gefährlichkeit ihres bisherigen Fahrverhaltens und zu ihrer individuellen Sicherheitsverantwortung	Diskussion/ Lernstandkontrolle	

Stichwortverzeichnis

Abbau des Punktekontos *siehe Punkteabbaukurs*
Ablaufhemmung **1** 33 ff.
Akteneinsicht **5** 2 ff., **6** 2
- in Kanzleiräumen **5** 10
- KBA-Anfrage *siehe dort*
- Rechte gegen Beschränkung **5** 11 f.
- rechtl. Grundlage **5** 3, 5 ff.
- Verfahrensrecht **5** 9
Aufbauseminar **1** 26
- Anordnung **2** 12, 21, **3** 73, 126 ff., **6** 15
- freiwilliges **2** 11, 21, 23
- Frist bzgl. Abzugswirkung **6** 13, 15
- Punkteüberführung **3** 70 ff., 75, 102, 111, 123 ff., **6** 11 ff.
- taktische Überlegungen **6** 10 ff.
- Tilgungsfrist **3** 92
- Tilgungsfristbeginn **2** 32
- Übergangszeit nach Reform **3** 73 f., 102, 126 ff.
Außergerichtliche Vereinbarung **5** 14

Belehrungs-/Unterrichtungsrecht im Strafverfahren **5** 5 ff.
Beratungsformular bzgl. Punkteeintrag **6** M33
Berufung **5** 30
- unbestimmtes Rechtsmittel **5** 30
Beschwerde
- vorläufiger Fahrerlaubnisentzug **5** 59 f.
Beweisverwertungsverbot **5** 8, 12
- Rüge im Verfahren **5** 19 f.
- Verkehrszentralregistereintrag **5** 18

Cross-Border-Exchange-Richtlinie **1** 16

Ermahnung **1** 26, **3** 44 f., 55
- Fahreignungsseminar **3** 50, 55
- gebundenes Ermessen **3** 49 ff.
- Inhalt **3** 47, **4** 36 f.
- Kostenentscheidung **3** 47, 55
- Rechtsmittel **3** 55
- Schriftform **3** 55, **4** 36 f.
- Ziel **3** 55
Ermittlungsverfahren
- Einstellungsmöglichkeiten **1** 23

Fahreignungsbewertungssystem **3** 3
- erfasste Personen **3** 9 f.
- Fahrerlaubnis auf Probe **3** 6, 64
- Fahrerlaubnisentzug **3** 84
- maßgebliche OWi/Straftaten **3** 9, 20
- Verstoßkategorien **3** 8

Fahreignungsregister **1** 26
- Auslandstaten **3** 11
- Eintrag von Alt-Verstößen **3** 116 f.
- Eintragungsanlass **3** 2
- Eintragungsgrenze bei Geldbuße **3** 4, 20, 116, 128 ff.
- Eintragungstatbestände, entfallene **3** 43, 130
- erfasste Personen **3** 9 f.
- Fahreignungsbewertungssystem **3** 3, 6
- Fahrerlaubnis auf Probe **3** 6, 64, 93
- Fahrverbot ohne Punkte **3** 21
- Klage auf Punktelöschung **5** 47 ff.
- Mandanteninformationsblatt **6** M31
- Punktestandsanfrage *siehe KBA-Anfrage*
- Punkteüberführung *siehe dort*
- Tilgung bei Punkteabzug **3** 70
- Unfallflucht **3** 2
Fahreignungsseminar **1** 26, **3** 67 ff., **4** 1 ff. *siehe auch Verkehrspädagogische Teilmaßnahme, Verkehrspsychologische Teilmaßnahme*
- Anordnung **1** 5, **3** 56 f., 74, 127, **4** 7
- Evaluierung **1** 5, **3** 7, 69, **4** 4, 8, 34 ff.
- Fahrerlaubnis auf Probe **3** 64
- freiwillig **3** 50, 55
- freiwilliges **4** 6 ff.
- Frist bzgl. Abzugswirkung **3** 66 f., 75, **4** 12, **6** 13, 15
- Gesetzesgrundlage **4** 1
- Kosten **3** 68, **4** 4, 25
- Maßnahmestufe **1** 18
- Punkteabzug **1** 5, **3** 50, 54 f., 57 f., **4** 6, 9 ff., **6** 28
- Qualifikation der Schulungsleiter **4** 26 ff.
- Rechtsmittel **5** 52 ff.
- Seminarerlaubnis **4** 30, 33, 40
- statt angeordnetem Aufbauseminar **3** 73 f., 102, 127
- taktische Überlegungen **6** 10 ff.
- Teilnahmebescheinigungsinhalt **4** 36 f.
- Tilgungsfrist **3** 92
- verkehrspädagogischer Teil **4** 5, 13 ff.
- verkehrspsychologischer Teil **4** 5, 19 ff.
- Verwarnung **3** 56 ff.
- Vormerkung **3** 54
- Zeitablauf **3** 58
- Zeitablauf/Frist **4** 25
- Ziel **4** 5
Fahrerlaubnis auf Probe
- Aufbauseminar **3** 64
- Fahreignungsbewertungssystem **3** 6, 64
- Fahreignungsregister **3** 93
- Fahreignungsseminar **3** 64

Stichwortverzeichnis

- Fahrerlaubnisentzug **3** 84
- Tilgung von Maßnahmen **3** 84 f.
- Tilgungshemmung **2** 35
Fahrerlaubnisentzug **3** 59
- alte/neue Regelung **1** 26, **3** 46
- altes Recht **2** 13
- Bindungswirkung gerichtlicher Entscheidung **2** 40 ff., 44 ff.
- Bindungswirkung Straf-/OWi-Verfahrenseinstellung **2** 40 ff.
- Ermessen, gebundenes **3** 59
- Fahrerlaubnis auf Probe **3** 84
- Klageanträge **5** M54
- neues Recht **3** 4, 50
- Punktelöschung altes Recht **2** 25 ff., **6** 22 f.
- Rechtsmittel **3** 47, **5** 57
- Tilgung von Maßnahmen **3** 83
- Tilgungsfristbeginn **2** 32
- vorläufiger *siehe Vorläufiger Fahrerlaubnisentzug*
- Wiedererteilung **3** 47
Fahrerlaubnissperre
- Eintragungsfristbeginn **2** 10
- Tilgungsfristbeginn **2** 32
Fahrlässige Körperverletzung **1** 22 f., **3** 36 ff.
Fahrverbot **1** 26
Fair-Trial-Grundsatz **5** 5 ff., 8

Informationserhebungsrecht **5** 8 ff.
Instanzenzug Strafrecht **5** 28

KBA-Anfrage **2** 38 f., **5** M4
- Mandanteninformation **5** M16
- Verbindlichkeit **5** 46, **6** 2
- Verwaltungsakt **5** 46 f.
KBA-Mitteilung der Justiz **5** 47, 50

Mandanteninformationsblatt
- Fahreignungsregister **6** M31
- MPU **6** M32
- Rechtsschutzversicherung **6** M30
- Straf-/OWi-Verfahren **6** M30
Maßnahmestufe **3** 4, 44 ff.
- Checkliste **6** 25
- erfasste Personen **3** 47
- Ermahnung **1** 26, **3** 44 f., 55
- Fahrerlaubnisentzug **1** 26
- gebundenes Ermessen **3** 49 ff., 59
- Kostenentscheidung **3** 47
- maßgeblicher Punktestand/Zeitpunkt **3** 52, 99 ff., **6** 26 ff.
- Punkteüberführung **3** 102, 104, 118 ff.
- Rechtsmittel gegen Aufstieg **5** 33
- Rechtsmittel gegen Einordnung **5** 51
- Rückstufung durch Tilgung **3** 61 f.

- spätere Tilgung **3** 41, 52
- Überspringverbot **1** 18, **3** 60 ff.
- Verwaltungsakt **5** 51
- Verwarnung **1** 26, **3** 44 f., 56 ff.
- Vormerkung **1** 26, **3** 44 f., 48, 53 f.
Medizinisch-Psychologische Untersuchung (MPU)
- Anordnung **5** 54
- Mandanteninformationsblatt **6** M32
- Rechtsmittel **5** 54 ff.
- Verhältnismäßigkeit **5** 55 f.
- Verweigerungsbegründung **5** M58

Nachschulung *siehe Aufbauseminar*

Präklusion **5** 29
Probeführerschein *siehe Fahrerlaubnis auf Probe*
Punkte *siehe Punkteabbaukurs, Punktelöschung, Punktevergabe*
Punkteabbaukurs **3** 65 ff. *siehe auch Aufbauseminar (altes Recht), Fahreignungsseminar (neues Recht)*
- altes Recht **2** 20 ff.
- Anordnung **1** 5, **3** 56 f.
- Aufbauseminar **3** 70 ff. *siehe auch dort*
- Fahreignungsseminar **1** 5, **3** 50, 54, 55, 56 ff., 67 ff. *siehe dort, Punkteabzug*
- Frist bzgl. Abzugswirkung **3** 66 f., 75, **4** 12, **5** 15, **6** 13
- maßgeblicher Zeitpunkt **4** 9
- Punkteüberführung **3** 70 ff., 75, 102, 111, 123 ff., **6** 11 ff.
- taktische Überlegungen **6** 10 ff.
Punktelöschung
- bei Fahrerlaubnisentzug altes Recht **2** 25 ff., **6** 22 f.
- bei Tilgungs-/Überliegungsfristablauf **2** 28 ff.
Punktereform
- Inkrafttreten **1** 1
Punktestand *siehe Punktevergabe, Berechnung*
Punktestandsanfrage *siehe KBA-Anfrage*
Punktestandsmitteilung
- Verbindlichkeit **5** 46, **6** 2
- Verwaltungsakt **5** 46
Punkteüberführung **1** 26
- alter/neuer Punktestand **3** 102 f.
- Aufbauseminar **3** 102, 111, 123 ff., **6** 11 ff. *siehe auch dort*
- Aufbauseminar/verkehrspsych. Beratung **3** 70 ff.
- Checkliste **6** 6
- gesetzl. Grundlage **3** 102
- Löschung nicht mehr eintragungsrelevanter Verstöße **3** 102, 108 ff., **6** 5, 19 ff.
- Maßnahmestufeneinordnung **3** 102, 104, 118 ff.
- Punkteabzug **3** 75, 102, 111, 123 ff.

Stichwortverzeichnis

- Rechtsmittel **5** 43 ff.
- Tilgungsfrist **3** 102, 106 f., 113 ff., **6** 3
- Tilgungshemmung **3** 88, 102, 110 ff., **6** 5
- verkehrspsychologische Beratung **3** 123 ff.

Punktevergabe
- Abbiegen/Wenden/Rückwärtsfahren **3** 24
- Abstand **3** 24, 36
- Achslast/Gewicht **3** 24
- altes Recht OWi **2** 14
- altes Recht Straftat **2** 15
- altes/neues Recht **3** 28
- Autorennen **3** 36
- Bahnübergang **3** 24, 36
- Beharrlichkeit/Wiederholungstat **3** 34
- Beleuchtung **3** 24
- Beratungsformular **6** M33
- Berechnung **3** 40 ff., 94 ff.
- Betriebsverantwortung **3** 24
- Eintragungsgrenze bei Geldbuße **3** 26
- Entstehen der Punkte **3** 17, 41 f., 94
- Fahren ohne Fahrerlaubnis **3** 33, 37, **5** 26
- fahrlässige Tötung/Körperverletzung **3** 33, 37, **5** 26
- Fahrverbot ohne Punkte **3** 21
- Fußgängerüberweg **3** 24
- Gefährdung des Straßenverkehrs **3** 33, 37, **5** 26
- gefährlicher Eingriff in Straßenverkehr **3** 33, 37, **5** 26
- Geschwindigkeit **3** 24, 36
- Haltestelle **3** 24
- Kennzeichenmissbrauch **3** 33, 37, **5** 26
- Ladungssicherung **3** 23 f.
- maßgebliche OWi/Straftaten **3** 9, 20, 22 ff., 30 ff.
- Maßnahmestufen-Überspringverbot **3** 61 f., **6** 11
- neues Recht **3** 12 ff., 19 ff., 22 ff.
- Nötigung **3** 33, 37, **5** 26
- Park-/Halteverbot mit Behinderung **3** 24
- qualifizierter Rotlichtverstoß **3** 36
- Rechtskraftprinzip **3** 17, 40, **4** 11, **5** 33
- Rechtsmittel **5** 47 ff.
- Tateinheit **2** 16, **3** 18, **5** 21 ff.
- Tatmehrheit **2** 17, **5** 23 f.
- Tattagsprinzip **3** 40, **4** 11
- Trunkenheit **3** 33, 36, 37, **5** 26
- Überholen **3** 24, 36
- Unfallflucht **3** 31 ff., 37, **5** 26
- unterlassene Hilfeleistung **3** 33, 37, **5** 26
- Verkehrszeichen/Ampel/Polizist **3** 24
- Verwaltungsakt **5** 47
- Vorfahrt **3** 24
- Wenden/Rückwärtsfahren auf Autobahn/Kraftfahrtstraße **3** 36

Rechtsbeschwerde **5** 35 ff.
- Beschlussverfahren **5** 42

- Gesetzesgrundlagen **5** 36 f.
- Wertgrenze **5** 36, 39 f.
- Zulassung **5** 37 f.

Rechtsschutzversicherung **5** 26
- Mandanteninformationsblatt **6** M30

Reformziele **3** 1 ff., 7, 80, **4** 2 f.
- Ausgangshypothesen **1** 13 ff., **3** 8, 12

Revision **5** 30
- Präklusion **5** 29
- Sprungrevision **5** 30
- unbestimmtes Rechtsmittel **5** 30

Tateinheit **3** 18, **5** 21 ff.
- Punktevergabe **2** 16

Tatmehrheit **5** 23 f.
- Punktevergabe **2** 17

Tilgungsfrist **1** 26, **3** 76 ff.
- altes Recht **2** 29 ff.
- Beginn **2** 32, **3** 77, 90 ff., 94
- Begriff **3** 76
- Dauer **3** 76, 80, 82
- Fahreignungsseminar **3** 92
- Fahrerlaubnis auf Probe **3** 84 f.
- Fahrerlaubnisentzug **3** 83 f.
- Maßnahmeeintrag **3** 83 ff.
- mehrere Verstöße **3** 97 ff.
- Punkteüberführung **3** 102, 106 f., 113 ff., **6** 3
- Rechtskraftprinzip **3** 77, 87, 90
- Tattagsprinzip **3** 87
- Tilgungsreife **3** 78

Tilgungshemmung **1** 26, 33 ff., **2** 31, 33
- Auslandstaten **2** 7
- Bezug OWi/Straftat **2** 34, 37, **6** 9
- Dauer **2** 34, 36
- Fahrerlaubnis auf Probe **2** 35
- maßgeblicher Zeitpunkt **6** 7
- Punkteüberführung **3** 88, 102, 110 ff., **6** 5
- Tilgung des Hemmungseintrags **2** 35, **6** 5
- Wegfall mit Reform **3** 80 f., 87 f., 113

Überliegefrist **1** 26, **3** 94
- Begriff **2** 38, **3** 79
- KBA-Anfrage **2** 38 f.

Unfallflucht **3** 2, 31 ff., 37, **5** 26

Verfahrensgang OWi-Recht **5** 34 f.
Verfahrensgang Strafrecht **5** 27
Verkehrspädagogische Teilmaßnahme **4** 13 ff.
- Modul 1 **4** 17
- Modul 2 **4** 18
- Qualifizierungserfordernis des Seminarleiters **4** 29 ff.
- Teilnahmebescheinigung **4** 36 ff.

187

Stichwortverzeichnis

Verkehrspsychologische Beratung **2** 12, 21
- Punktereduzierung **2** 23
- Punkteüberführung **3** 70 ff., 123 ff.
- Tilgungsfrist **3** 92
- Tilgungsfristbeginn **2** 32

Verkehrspsychologische Teilmaßnahme
- Beratungsteil **4** 19 ff.
- Erste Sitzung **4** 22
- Qualifizierungserfordernis des Seminarleiters **4** 32 f.
- Teilnahmebescheinigung **4** 36 ff.
- Zweite Sitzung **4** 23

Verkehrszentralregister **1** 26, **2** 4 ff.
- Auslandstaten **2** 7
- Beweisverwertungsverbot **5** 18
- Eintragung ohne Punkte **2** 7 ff.
- Eintragungsanlass **2** 5 ff.
- Eintragungsfrist **2** 10
- Fahrverbot ohne Punkte **3** 21
- Klage auf Punktelöschung **5** 47 ff.
- Mandanteninformation **5** M16
- Maßnahmestufen **2** 11 ff.
- Punktestandsanfrage *siehe KBA-Anfrage*
- verkehrsfremde Anlasstat **2** 9

Verwarnung **1** 26, **3** 44 f., 56 ff.
- Fahreignungsseminar **3** 50, 56 ff., **4** 6, 9
- gebundenes Ermessen **3** 49 ff.
- Inhalt **3** 47, 56 ff., **60** f.
- Kostenentscheidung **3** 47
- Schriftform **3** 56, 60 f.

Verwarnungsgeld
- Obergrenze **3** 26

Verzicht auf Fahrerlaubnis
- Punktelöschung **6** 22 f.
- Punktelöschung altes Recht **2** 26, **6** 22 f.
- Tilgungsfristbeginn **2** 32

Vorläufiger Fahrerlaubnisentzug **5** 58 ff.
- rechtl. Grundlage **5** 58
- Rechtsmittel **5** 59
- Schriftsatzentwurf des Verteidigers **5** M61
- Verhältnismäßigkeit **5** 59

Vormerkung **1** 26, **3** 44 f., 48, 53 f.
- Fahreignungsseminar **3** 54

Wiedererteilung der Fahrerlaubnis **3** 47
- taktische Überlegungen bzgl. Antragszeitpunkt **6** 22

www.anwaltverlag.de

perfekt beraten

Beim Deutschen Anwaltverlag sprechen wir die Sprache unserer Zielgruppe. Hier arbeiten Anwälte für ihre Anwaltskollegen. So sind wir in der Lage, schnell und flexibel mit intelligenter Praxisliteratur auf aktuelle Veränderungen in allen Rechtsgebieten zu reagieren.

Zwanzig Jahre Zusammenarbeit mit Anwälten, Richtern und Professoren als Autoren garantieren Ihnen die **optimale Verbindung** von **hohem praktischen Nutzen** und **wissenschaftlicher Solidität**.

In **über 300 lieferbaren Titeln, elf Zeitschriften** sowie **attraktiven Online-Angeboten** findet jeder Anwalt das **richtige Werkzeug** für seine Arbeit und kann seiner Mandantschaft als **kompetenter Partner** zur Seite stehen.

Das meinen wir, wenn wir sagen: **perfekt beraten.**

perfekt beraten

Alles rund ums Verkehrsrecht!

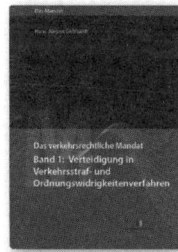

Diese und weitere Bücher finden Sie auf unserer Homepage unter:
www.anwaltverlag.de